EPISÓDIOS SEMINAIS DA
HISTÓRIA MONETÁRIA E SEUS
IMPACTOS NA CIVILIZAÇÃO MODERNA

ERROS E ACERTOS DO DINHEIRO

MILTON FRIEDMAN

EPISÓDIOS SEMINAIS DA
HISTÓRIA MONETÁRIA E SEUS
IMPACTOS NA CIVILIZAÇÃO MODERNA

ERROS E ACERTOS DO DINHEIRO

MILTON FRIEDMAN

ALTA BOOKS
GRUPO EDITORIAL
Rio de Janeiro, 2024

Erros e Acertos do Dinheiro

Copyright © 2024 STARLIN ALTA EDITORA E CONSULTORIA LTDA.

Alta Books é uma editora do Grupo Editorial Alta Books (Starlin Alta Editora e Consultoria LTDA).

Copyright © 1994 Milton Friedman.

ISBN: 978-85-508-2118-4

Translated from original Money Mischief. Copyright © 1994 by Milton Friedman . ISBN 978-0-15-661930-1. This translation is published and sold by Harcourt Brace fic Companyp, the owner of all rights to publish and sell the same. PORTUGUESE language edition published by Starlin Alta Editora e Consultoria Ltda, Copyright © 2024 por STARLIN ALTA EDITORA E CONSULTORIA LTDA.

Impresso no Brasil — 1ª Edição, 2024 — Edição revisada conforme o Acordo Ortográfico da Língua Portuguesa de 2009.

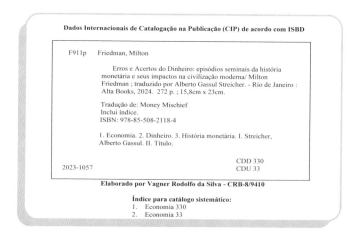

Todos os direitos estão reservados e protegidos por Lei. Nenhuma parte deste livro, sem autorização prévia por escrito da editora, poderá ser reproduzida ou transmitida. A violação dos Direitos Autorais é crime estabelecido na Lei nº 9.610/98 e com punição de acordo com o artigo 184 do Código Penal.

O conteúdo desta obra fora formulado exclusivamente pelo(s) autor(es).

Marcas Registradas: Todos os termos mencionados e reconhecidos como Marca Registrada e/ou Comercial são de responsabilidade de seus proprietários. A editora informa não estar associada a nenhum produto e/ou fornecedor apresentado no livro.

Material de apoio e erratas: Se parte integrante da obra e/ou por real necessidade, no site da editora o leitor encontrará os materiais de apoio (download), errata e/ou quaisquer outros conteúdos aplicáveis à obra. Acesse o site www.altabooks.com.br e procure pelo título do livro desejado para ter acesso ao conteúdo..

Suporte Técnico: A obra é comercializada na forma em que está, sem direito a suporte técnico ou orientação pessoal/exclusiva ao leitor.

A editora não se responsabiliza pela manutenção, atualização e idioma dos sites, programas, materiais complementares ou similares referidos pelos autores nesta obra.

Produção Editorial: Grupo Editorial Alta Books
Diretor Editorial: Anderson Vieira
Vendas Governamentais: Cristiane Mutüs
Editor da Obra: J.A Ruggeri
Gerência Comercial: Claudio Lima
Gerência Marketing: Andréa Guatiello

Produtor Editorial: Thales Silva
Tradução: Alberto Gassul Streicher
Copidesque: Andresa Vidal
Revisão: Vivian Sbravatti; Thamiris Leiroza
Diagramação: Maria Cristina dos Santos
Revisão Técnica: Douglas Nogueira assessor de investimentos da Blue3

Rua Viúva Cláudio, 291 — Bairro Industrial do Jacaré
CEP: 20.970-031 — Rio de Janeiro (RJ)
Tels.: (21) 3278-8069 / 3278-8419
www.altabooks.com.br — atendimento@altabooks.com.br
Ouvidoria: ouvidoria@altabooks.com.br

Editora afiliada à:

PARA RDF,
POR MAIS DE MEIO SÉCULO
DE AFETUOSA COLABORAÇÃO

SUMÁRIO

PREFÁCIO, IX

CAPÍTULO 1
A ILHA DO DINHEIRO DE PEDRA 3

CAPÍTULO 2
O MISTÉRIO DO DINHEIRO 9

CAPÍTULO 3
O CRIME DE 1873 49

CAPÍTULO 4
UM EXERCÍCIO CONTRAFACTUAL 75

CAPÍTULO 5
WILLIAM JENNINGS BRYAN E O PROCESSO DO CIANETO 95

CAPÍTULO 6
O BIMETALISMO REVISITADO 115

CAPÍTULO 7
FDR, A PRATA E A CHINA 143

CAPÍTULO 8
A CAUSA E A CURA DA INFLAÇÃO 173

CAPÍTULO 9
CHILE E ISRAEL: POLÍTICAS IDÊNTICAS, RESULTADOS OPOSTOS 215

CAPÍTULO 10
POLÍTICA MONETÁRIA EM UM MUNDO FIDUCIÁRIO 227

CAPÍTULO 11
UM EPÍLOGO 237

REFERÊNCIAS, 241

ÍNDICE, 253

PREFÁCIO

No decorrer de décadas estudando os fenômenos monetários, fiquei repetidamente impressionado com os efeitos ubíquos e geralmente imprevistos do que parecem ser mudanças triviais nas instituições monetárias.

No prefácio de um livro anterior, *The Optimum Quantity of Money*, escrevi: "A teoria monetária é como um jardim japonês. Sua unidade estética provém da variedade; uma simplicidade aparente que esconde uma realidade sofisticada; uma visão superficial que se dissolve em perspectivas cada vez mais profundas. Ambas podem ser totalmente apreciadas apenas se forem examinadas sob muitos ângulos diferentes, apenas se forem estudadas calmamente mas com profundidade. Ambas têm elementos que podem ser apreciados de forma independente do todo, contudo, alcançam sua realização integral apenas como parte do todo."

O que é verdadeiro na teoria monetária é igualmente verdadeiro na história monetária. As estruturas monetárias que, observadas sob um ângulo, parecem bizarras, ao serem analisadas sob outro ângulo são vistas apenas como versões pouco conhecidas de estruturas que aceitamos sem discussão, quase como se fizessem parte do mundo natural. O primeiro capítulo deste livro é um exemplo notável: o dinheiro de pedra e o dinheiro de ouro são tão parecidos que podem ser encontrados na mesma pedreira.

Tendo esse breve capítulo intrigado o leitor ao ilustrar como as aparências superficiais podem ser enganadoras quando o assunto são os fenômenos monetários, ou assim espero, o segundo capítulo esboça a essência da teoria monetária usando termos simples. Ele fornece um pano de fundo para apreciar os episódios históricos que vêm em seguida.

Os três capítulos seguintes contam histórias verdadeiras de eventos à primeira vista insignificantes, que levaram a efeitos abrangentes e totalmente imprevistos na história. O Capítulo 3 relata como uma omissão aparentemente inocente de uma linha em uma lei de cunhagem de moeda passou a ter grandes efeitos tanto na política quanto na economia dos Estados Unidos durante várias décadas; o Capítulo 4 apresenta os fundamentos empíricos para essas conclusões; e o Capítulo 5 conta como o trabalho de dois obscuros químicos escoceses destruiu as perspectivas presidenciais de William Jennings Bryan, um dos políticos mais vivazes e menos apreciados do século XIX.

Após essa análise dos episódios históricos, o Capítulo 6 examina uma questão importantíssima — o bimetalismo —, que desempenhou papel fundamental nos eventos descritos nos Capítulos 3, 4 e 5. Um escritor da atualidade descreve o bimetalismo como tendo dado origem "desde meados de 1860 a meados de 1890 às disputas teóricas mais agitadas entre os economistas e aos debates políticos econômicos mais contundentes no 'mundo civilizado'" (ROCCAS, 1987, p. 1).

O Capítulo 6 defende que a sabedoria convencional sobre os méritos e deméritos do bimetalismo como sistema monetário está seriamente equivocada. Meu foco é restrito: comparar o bimetalismo como um sistema com o monometalismo. *Não* para defender que os Estados Unidos, ou qualquer outro país, devessem buscar, sob as atuais condições, instituir um sistema bimetálico. Certamente, tentar fazê-lo entraria em conflito total com a minha crença de que (como destacou Walter Bagehot há mais de um século) os sistemas monetários, como Topsy, apenas crescem. Não são e não podem ser construídos *de novo*. Contudo, como exemplificado pelo "crime de 1873", eles *podem* ser alterados e afetados de todas as maneiras pela ação deliberada — razão pela qual uma compreensão dos fenômenos monetários é de enorme valor potencial.

Esses quatro capítulos, portanto, tratam de muitos eventos idênticos analisados sob pontos de vista diferentes.

O Capítulo 7 volta a um episódio histórico específico, os efeitos do programa de compra de prata dos EUA na década de 1930. Parece fantasia o fato de que a decisão do Presidente Franklin Delano Roosevelt de aplacar alguns senadores dos estados do oeste pudesse ter contribuído de qualquer forma palpável com o triunfo do comunismo na distante China. Contudo, a sequência de eventos que contribuiu para tal é clara e evidente, e os primeiros passos foram claros até mesmo para aqueles observadores contemporâneos que tinham certa compreensão sobre a teoria monetária básica.

O passo final na sequência para a qual a política de prata norte-americana contribuiu foi a hiperinflação, a forma extrema de uma mazela que acometeu muitos países no decorrer do milênio. O Capítulo 8 analisa a causa e a cura da inflação, usando dados recentes e históricos para diversos países, de modo a ilustrar sua tese central: de que a inflação é sempre, e em todos os lugares, um fenômeno *monetário*.

O Capítulo 9 é um testemunho ao papel do acaso no efeito das alterações monetárias. O que aconteceu nos Estados Unidos — e que estava completamente fora da esfera de influência dos políticos no Chile e em Israel — teve como efeito transformar em vilões um grupo de políticos em um desses países, enquanto o grupo de políticos do outro país se tornava o de heróis.

O Capítulo 10 explora as prováveis consequências do sistema monetário que agora predomina em todo o mundo — um sistema sem precedentes. Desde quando o Presidente Richard Nixon rompeu a última e tênue ligação entre o dólar e o ouro, em 1971, nenhuma grande moeda, pela primeira vez na história, tem qualquer conexão com uma *commodity*. Todas as moedas são agora fiduciárias, apoiadas unicamente na autorização ou sanção do governo.

O capítulo final é um epílogo que extrai algumas lições gerais a partir dos episódios analisados nos capítulos anteriores.

Este livro fornece apenas relances sobre os jardins monetários infinitamente fascinantes que floresceram e que decaíram no decurso de diversos milênios, desde o dia em que a humanidade achou útil separar o ato da venda do ato da compra, em que alguém decidiu que era seguro vender um produto ou serviço em troca de alguma coisa — que a pessoa não tinha a intenção de consumir ou empregar na produção, mas, pelo contrário, pretendia usar como um meio para comprar outro produto ou serviço a ser consumido ou empregado na produção. Essa "coisa" que conecta as duas transações é denominada dinheiro, que tem assumido inúmeras formas físicas — de pedras a penas, tabaco, conchas, cobre, prata e ouro, a pedaços de papel e a entradas em livros-razão. Quem sabe quais serão as encarnações futuras do dinheiro? *Bytes* de computador?

Outras versões de alguns capítulos deste livro foram publicadas separadamente: os Capítulos 3 e 4 no *Journal of Political/Economy* (dezembro de 1990), o Capítulo 6 no *Journal of Economic Perspectives* (terceiro trimestre de 1990), o Capítulo 7 no *Journal of Political Economy* (fevereiro de 1992), e o Capítulo 10 no *Bank of Japan Monetary and Economic Studies* (setembro de 1985). Agradeço a esses periódicos por permitirem a reimpressão. O Capítulo 8 é uma versão revisada do Capítulo 9 de *Livre para Escolher*, de Milton Friedman e Rose D. Friedman, (1980). Fiz pequenas edições das versões anteriores, de modo a evitar a repetição entre capítulos e proporcionar maior continuidade, assim como para levar em conta as reações às versões publicadas.

Fui muito agraciado pelo conhecimento e conselho de muitos amigos. Suas contribuições a capítulos específicos estão destacadas nas notas de cada um deles. Devo um agradecimento mais geral a Anna Jacobson Schwartz, minha colaboradora de longa data em estudos monetários, que sempre esteve presente quando precisei de ajuda. Agradeço também a minha secretária e assistente de longa data, Gloria Valentine, que fez pesquisas valiosíssimas de fundo em fontes básicas, e de forma paciente digitou, redigitou e revisou versão após versão do texto, garantiu que todas as referências estivessem corretas e esteve disponível quando precisei dela, tanto no horário de expediente como fora dele.

William Jovanovich, que tanto contribuiu para dois livros anteriores escritos por minha esposa e eu, *Livre para Escolher* e *Tirania do Status Quo*, também trouxe uma cooperação importante para a presente obra. E os leitores e eu temos uma dívida de gratidão a Marianna Lee, editora-executiva deste livro, e ao habilidoso preparador de textos que corrigiu muitas infelicidades do texto original.

O Instituto Hoover com seus dois diretores sucessivos, W. Glenn Campbell e John Raisian, proporcionou programas de trabalho ideais, dando-me a máxima liberdade para perseguir meus interesses e ofereceu os recursos quase ideais para tanto.

Deixei o melhor para o fim. Fui afortunado muito além dos meus sonhos por minha parceira, Rose Director Friedman, que enriquece minha vida desde que nos conhecemos há 59 anos. É impossível contar as inúmeras maneiras pelas quais ela contribuiu com este livro, assim como o fez em todas as minhas outras atividades pessoais e intelectuais.

MILTON FRIEDMAN
Stanford, Califórnia
5 de julho de 1991

EPISÓDIOS SEMINAIS DA
HISTÓRIA MONETÁRIA E SEUS
IMPACTOS NA CIVILIZAÇÃO MODERNA

ERROS E ACERTOS DO DINHEIRO

MILTON FRIEDMAN

CAPÍTULO 1

A Ilha do Dinheiro de Pedra

ENTRE 1899 E 1919, AS ILHAS CAROLINAS, NA MICRONÉSIA, FORAM UMA colônia alemã. A mais ocidental do grupo é a ilha Uap, ou Yap, que, na época, tinha uma população de cinco mil a seis mil pessoas.

Em 1903, um antropólogo norte-americano chamado William Henry Furness III passou diversos meses na ilha e escreveu um livro fascinante sobre os hábitos e costumes de seus habitantes. Ele ficou especialmente impressionado pelo sistema monetário dos ilhéus e, por isso, intitulou seu livro com o nome que dei a este capítulo: **The Island of Stone Money** (1910).

> Visto que a ilha não produz metal, recorreram às pedras; pedras em que foi despendido trabalho para apanhar e enfeitar, representa, na verdade, o mesmo trabalho de mineração e cunhagem das moedas da civilização.
>
> Seu meio de troca é chamado de **fei**, e consiste em rodas grandes, sólidas e espessas de pedra, variando em diâmetro de 30cm a 3,6m, tendo em seu centro um buraco que varia de tamanho conforme o

diâmetro da pedra, no qual pode ser inserida uma vara suficientemente grande e resistente para suportar o peso e facilitar o transporte. Tais "moedas" de pedra eram feitas de calcário, encontrado em uma ilha a cerca de 650km de distância. Era originalmente extraído de uma pedreira e talhado naquela ilha, e o produto era levado a Yap com certo risco por alguns navegadores nativos, em jangadas ou canoas.

Uma característica notável dessa moeda de pedra [...] é que seu proprietário não precisa ter sua posse. Após concluir o negócio que envolve o preço de um **fei**, demasiado grande para ser facilmente movido, seu novo proprietário fica perfeitamente satisfeito em aceitar o simples reconhecimento da propriedade e, sem mesmo uma marquinha para indicar a troca, ela permanece na casa do antigo dono.

Meu fiel e velho amigo, Fatumak, garantiu-me que na aldeia vizinha havia uma família cuja riqueza era inquestionável — reconhecida por todos —, contudo, ninguém, nem mesmo a própria família, tinha posto os olhos ou tocado nessa riqueza; ela consistia em uma **fei** enorme, cujo tamanho é conhecido apenas pela tradição; durante as últimas duas ou três gerações esteve, como estava naquele momento, no fundo do mar! Muito anos atrás, um antepassado dessa família, em uma expedição em busca de **fei**, conseguiu ficar com essa pedra excepcionalmente grande e extraordinariamente valiosa, a qual foi colocada em uma jangada para ser levada para casa. Surgiu uma tempestade violenta e o grupo, para salvar a vida, foi obrigado a soltar a jangada e deixá-la à deriva; a pedra afundou e desapareceu. Quando chegaram em casa, todos testemunharam que o **fei** era de proporções magníficas e de uma qualidade extraordinária e que tinha se perdido por forças maiores. A partir de então, foi aceita universalmente, pela simples fé, que o mero acidente de sua perda ao cair da jangada era insignificante demais para ser mencionado, e que algumas centenas de metros de água mar adentro não deveriam afetar seu valor de mercado, visto que estava talhada de forma adequada. O poder de compra daquela pedra permanece, portanto, tão válido quanto se estivesse repousando visivelmente ao lado da casa do proprietário.

Não há veículos com rodas em Yap e, consequentemente, não existem estradas para as carruagens; mas sempre houve caminhos claramente definidos comunicando-se entre as diferentes povoações. Quando o governo alemão assumiu a propriedade das Ilhas Carolinas, depois de as ter adquirido da Espanha, em 1898, muitos desses caminhos ou estradas estavam em mau estado e os chefes dos vários distritos foram informados de que precisavam repará--los e deixá-los em bom estado. No entanto, os blocos de coral grosseiramente aparados eram bastante satisfatórios para os pés descalços dos nativos; e foram muitas as repetições do comando, que ainda permanecem descumprido. Por fim, decidiu-se impor uma multa pela desobediência para os chefes dos distritos. De que forma deveria ser aplicada? […] Finalmente, surgiu a feliz ideia de cobrar a multa enviando um homem a todos os **failus** e **pabais** dos distritos desobedientes, nos quais simplesmente marcavam um certo número dos **fei** mais valiosos com uma cruz em tinta preta, para mostrar que as pedras haviam sido confiscadas pelo governo. Isso funcionou de imediato, como um feitiço; as pessoas, então tristemente empobrecidas, trataram de reparar os caminhos de uma ponta à outra da ilha e o fizeram tão bem que agora mais se parecem com as ruas de um parque. O governo enviou então seus agentes para apagarem as cruzes. Pronto! A multa foi paga, os felizes **failus** retomaram a posse de seu capital e fizeram a festa com sua riqueza (pp. 93, 96–100).

A reação do leitor comum, assim como a minha, será: "Que tolice. Como as pessoas podem ser tão ilógicas?" Porém, antes de criticarmos as pessoas de Yap de forma severa demais, vale a pena contemplarmos um episódio nos Estados Unidos ao qual os ilhéus talvez tivessem a mesma reação. Em 1932–33, o Banco da França temia que os Estados Unidos não continuariam seguindo o padrão-ouro ao preço tradicional de US$20,67 por onça de ouro. Consequentemente, o banco francês pediu ao **Federal Reserve Bank** de Nova York para converter em ouro uma grande parte dos ativos em dólar que possuía nos Estados Unidos. Para evitar a necessidade de enviar o ouro pelo oceano, foi solicitado ao **Federal Reserve Bank** para apenas armazenar o ouro na conta do banco francês. Em resposta, oficiais do **Federal Reserve Bank** foram ao cofre onde ficava o ouro, alocaram em gavetas separadas a quantidade correta de lingotes de ouro, e puseram uma etiqueta ou marca nessas gavetas, com a indicação de que seu conteúdo era propriedade dos franceses. Para todos os efeitos, as gavetas poderiam ter sido marcadas "com uma cruz de tinta preta", assim como os alemães haviam marcado as pedras.

O resultado se deu em manchetes nos jornais de finanças sobre a "perda do ouro", a ameaça ao sistema financeiro norte-americano e coisas do tipo. As reservas de ouro dos EUA estavam baixas, as da França estavam altas. Os mercados consideraram o dólar norte-americano mais fraco e o franco francês mais forte. O chamado esvaziamento do ouro dos Estados Unidos pela França foi um dos fatores que, em última análise, levaram ao pânico bancário de 1933.

Será que realmente há uma diferença entre a crença do **Federal Reserve Bank** de que estava em uma posição monetária mais fraca devido a algumas marcas nas gavetas em seu subsolo e a crença dos ilhéus de Yap de que estavam mais pobres por causa de algumas marcas em seu dinheiro de pedra? Ou entre a crença do Banco da França de que estava em uma posição monetária mais forte por causa de algumas marcas nas gavetas em um subsolo a mais de 4.800km e a convicção daquela família de Yap de que estava mais rica devido a uma pedra embaixo d'água a algumas centenas de metros? Para todos os efeitos, quantos de nós temos uma garantia direta, pessoal e literal da existência da maioria dos bens que consideramos que constituem a nossa riqueza? Provavelmente, o que temos são registros em uma conta bancária, devidamente certificados por pedaços de papel chamados de ações, e assim por diante.

Os ilhéus de Yap consideravam as pedras extraídas e moldadas em uma ilha distante e levada à ilha deles como uma manifestação concreta de sua riqueza. Por mais de um século, o mundo civilizado considerou como uma manifestação concreta de sua riqueza um metal extraído das profundezas do solo, refinado a grande custo, transportado a enormes distâncias e enterrado novamente em cofres elaborados nas profundezas do solo. Seria uma prática realmente mais racional que a outra?

O que ambos os exemplos — e inúmeros outros que poderiam ser mencionados — ilustram é a importância da aparência, da ilusão ou do "mito", em que se acredita cegamente quando se trata de assuntos monetários. Nosso próprio dinheiro, aquele com o qual crescemos, o sistema sob o qual ele é controlado, parecem-nos "reais" e "racionais". Contudo, o dinheiro de outros países normalmente nos parece como um papel qualquer ou como um metal sem valor, mesmo quando o poder de compra das unidades individuais é alto.

CAPÍTULO 2

O Mistério do Dinheiro

O TERMO DINHEIRO TEM DOIS SIGNIFICADOS DIFERENTES NA LINGUAGEM popular. Falamos com frequência de alguém que "faz dinheiro", quando na verdade queremos dizer que a pessoa está recebendo uma renda. Não pretendemos dizer que ela tem uma impressora no porão, despejando notas e mais notas verdinhas. Nesse caso, dinheiro é sinônimo de renda ou recebimentos; refere-se a um fluxo de renda ou de recebimentos semanais ou anuais. Também dizemos que alguém tem dinheiro no bolso, em um cofre ou depositado no banco. Nesse uso, dinheiro se refere a um ativo, um componente da riqueza total da pessoa. Dito de outro modo, o primeiro uso se refere a um item em uma demonstração de resultados, e o segundo a um item em um balanço.

Neste livro, tentarei usar o termo *dinheiro* exclusivamente no segundo sentido, referindo-se a um item em um balanço. Digo "tentarei" porque, sendo o uso do termo como sinônimo de renda ou recebimentos tão comum, não posso garantir que mesmo eu, durante décadas tendo cuidado com a importância de distinguir os dois usos, não me confundirei ocasionalmente e usarei o termo no primeiro sentido.

Um dos motivos pelos quais o dinheiro é um mistério para tantos é o papel desempenhado pelo mito, ficção ou convenção. Comecei este livro com o capítulo sobre o dinheiro de pedra precisamente para ilustrar esse argumento. Para destacar o mesmo argumento de uma forma que seja, talvez, mais relevante à experiência cotidiana da maioria de nós, considere dois retângulos de papel com o mesmo tamanho. Um é praticamente todo verde no lado de trás e tem uma foto de Abraham Lincoln na frente, que também tem o número 5 em cada canto, além de outros elementos textuais. É possível trocar alguns desses papéis por uma determinada quantidade de comida, roupas ou outros produtos. As pessoas fazem tais trocas de boa vontade.

O segundo papel, talvez recortado de uma revista com papel brilhante, também pode ter uma foto, alguns números e outros elementos textuais na parte da frente. Pode também ser verde na parte de trás. Contudo, serve apenas para alimentar o fogo.

De onde vem a diferença? O texto nas notas de cinco dólares não é a resposta. Ele apenas diz, "FEDERAL RESERVE NOTE / THE UNITED STATES OF AMERICA / FIVE DOLLARS"[1] e, em letras menores, "THIS NOTE IS LEGAL TENDER FOR ALL DEBTS, PUBLIC AND PRIVATE".[2] Não faz muito tempo que as palavras "WILL PROMISE TO PAY"[3] foram incluídas entre "THE UNITED STATES OF AMERICA" e "FIVE DOLLARS". Isso significava que o governo lhe daria algo tangível pelo papel? Não, significava apenas que, se você fosse a um banco do Federal Reserve e dissesse ao operador do caixa que queria resgatar a promessa, ele teria lhe dado cinco papéis idênticos com o número 1 no lugar do número 5, e com a foto de George Washington em vez da de Abraham Lincoln. Se tivesse, então, pedido ao caixa que lhe pagasse o US$1 prometido por

---

1 Nota do Federal Reserve/ Estados Unidos da América / Cinco Dólares. [N. do T.]
2 Esta nota é a moeda corrente para todas as dívidas públicas e privadas. [N. do T.]
3 Prometem pagar. [N. do T.]

esses pedaços de papel, ele teria lhe dado moedas que, caso as tivesse derretido (apesar de ser ilegal fazer isso), as teria vendido por menos de US$1 como metal. Os termos textuais presentes — sem mais com "*promise to pay*" — é pelo menos mais sincera, mesmo que igualmente obscura.

A qualidade de "moeda corrente" significa que o governo aceita esses papéis como liquidação de dívidas e impostos expressos em dólares, e que também serão aceitos nos tribunais. Por que deveriam também ser aceitos por pessoas de direito privado em transações particulares de troca por bens e serviços?

A resposta curta — e correta — é que as pessoas de direito privado aceitam esses papéis porque acreditam que outras também o farão. Os pedaços de papel verde têm valor porque todos acreditam que o possuem. Todos pensam que eles têm valor porque, na experiência de todos, eles vêm tendo valor — como é igualmente o caso para o dinheiro de pedra do Capítulo 1. Os Estados Unidos mal poderiam funcionar sem um meio de troca comum e amplamente aceito (ou, pelo menos, um pequeno número de tais meios); contudo, a existência de um meio de troca comum e amplamente aceito se apoia em uma convenção: nosso sistema monetário inteiro deve sua existência à aceitação mútua de algo que, sob um ponto de vista, não passa de uma ficção.

Essa ficção não é algo frágil. Pelo contrário, o valor de haver um dinheiro comum é tão grande que as pessoas se apegam à ficção mesmo sob provocações extremas. Mas a ficção tampouco é indestrutível: a expressão "não vale um Continental" é um lembrete de como a ficção foi destruída pela quantidade excessiva da moeda Continental emitida pelo Congresso Continental para financiar a Revolução Americana.

As inúmeras inflações ao longo da história — sejam as recentes inflações moderadas nos EUA, na Inglaterra e em outros países avançados, ou as inflações muito recentes nos países da América Latina e Central, ou as hiperinflações depois da Primeira e da Segunda Guerra Mundial, ou as inflações mais antigas, lá dos tempos romanos — demonstraram a força da ficção e, indiretamente, sua utilidade. São necessárias taxas de inflação muito altas — com dois dígitos muito elevados que persistem por anos — até que as pessoas parem de usar o dinheiro que está tão obviamente se inflando. E, quando perdem a fé na ficção, elas não se voltam à simples permuta. Não, elas adotam moedas substitutas. As moedas substitutas na maioria das inflações da história têm sido de ouro, prata ou cobre, frequentemente, como aconteceu durante a Revolução Americana, na forma de moedas estrangeiras. Além disso, as pessoas podem não abandonar o papel em si: podem se voltar ao papel-moeda que não foi emitido em excesso.

Dois exemplos especialmente reveladores são fornecidos pela Revolução Americana há mais de dois séculos, e pela Revolução Russa de 1918. A moeda Continental foi emitida em excesso. O resultado foi que a promessa de resgate em espécie não foi honrada, e o Continental passou a ser aceito apenas sob a mira de uma arma. Por outro lado, algumas das treze colônias originais emitiram seu próprio papel-moeda, que permaneceu limitado em quantidade, e esse papel-moeda continuou a ser usado, juntamente com moedas de outros países. Um exemplo ainda mais impressionante é o da Revolução Russa de 1918, que foi seguida por uma hiperinflação de magnitude muito maior do que a da inflação revolucionária Americana. Quando, em 1924, a inflação acabou e uma nova moeda foi estabelecida, 1 dos novos *rublos chervonet* era trocado por 50 bilhões dos rublos antigos! *Esses rublos antigos eram aqueles emitidos pelo novo governo soviético.* Também existiam os antigos *rublos czaristas* de papel. Visto que havia poucas chances de um czar voltar para resgatar a promessa impressa nos rublos czaristas, é impressionante que ainda fossem aceitos como uma moeda substituta e que retinham seu poder de compra. Mantiveram seu valor precisamente porque novos rublos czaristas não poderiam ser criados, sendo fixa sua quantidade disponível de circulação.

Durante a hiperinflação alemã depois da Primeira Guerra Mundial, as moedas de outros países serviram como substitutas. Depois da Segunda Guerra Mundial, as autoridades aliadas de ocupação exerceram um controle suficientemente rígido em questões monetárias na tentativa de garantir os controles de preço e de salários, dificultando o uso de moedas estrangeiras. Ainda assim, a pressão por uma moeda substituta foi tão grande que cigarros e conhaque surgiram como moedas substitutas e adquiriram um valor econômico muito acima de seu valor puramente como bens a serem consumidos.

Eu mesmo experimentei um resquício do uso de cigarros como dinheiro, em 1950, época em que a estabilidade monetária havia sido restaurada na Alemanha e o marco alemão em papel era novamente o meio comum em circulação. Eu estava indo de carro de Paris, onde estava passando alguns meses como consultor da agência dos EUA que administrava o Plano Marshall, para Frankfurt, a capital temporária recentemente estabelecida da Alemanha e também a base da ocupação das autoridades norte-americanas, e precisei abastecer o "Quatre Chevaux" (um carro pequeno da Renault) que estava dirigindo. O fato é que não tinha marcos comigo, pois receberia uma certa quantia quando chegasse a Frankfurt. Mas tinha dólares, francos franceses e libras esterlinas. A *frau* alemã que encheu meu tanque não aceitou nenhuma delas como pagamento — era ilegal, explicou. "*Haben sie keine wäre* ["Você tem algum produto?"], questionou prontamente. Chegamos a um acordo amigável quando lhe dei um pacote de cigarros (pelo qual eu havia pagado US$1 no PX[4] de Paris — lembre-se que isso aconteceu há um bom tempo) pela gasolina que ela avaliava em US$4 no câmbio oficial em marcos, mas que pude comprar em um PX americano por US$1. Na visão dela, ela havia obtido US$4 em cigarros em troca dos US$4 em gasolina. Na minha visão, eu havia obtido US$1 em gasolina em troca de US$1 em cigarros. E nós dois ficamos contentes. Mas, como costumava perguntar aos meus alunos, o que aconteceu com os US$3 faltantes?

---

4   Abreviação de "post exchange", ou posto de troca, que podia ser encontrado em instalações militares dos EUA. [N. do T.]

Devo acrescentar que, alguns anos antes, antes da reforma monetária de 1948 de Ludwig Erhard — o primeiro passo na impressionante recuperação da Alemanha pós-guerra —, um pacote de cigarros teria sido avaliado como equivalente a um número muito maior de marcos do que o número que, na taxa de câmbio da época, poderia ter sido comprado por US$4. Como moeda, os cigarros eram tipicamente negociados em maços, ou mesmo em cigarros individuais, mas não em pacotes — seria um valor excessivamente alto para a maioria das compras. Os estrangeiros normalmente expressavam surpresa pelo fato de os alemães serem tão viciados nos cigarros americanos a ponto de pagar um preço formidável por eles. A resposta comum era: "Não são para fumar, mas para negociar."

Como o exemplo dos cigarros (ou do conhaque) sugere, uma variedade impressionante de itens foi usada como dinheiro em uma época ou outra. A palavra "pecuniário" vem do latim *pecus*, que significa "gado", uma das muitas coisas que foram usadas como dinheiro. Outras incluem sal, seda, peles, peixe seco, tabaco e até penas e, como vimos no Capítulo 1, pedras. Contas, caurim e outras conchas, como a *wampum* dos indígenas dos Estados Unidos, têm sido as formas mais utilizadas de dinheiro primitivo. Metais — ouro, prata, cobre, ferro, estanho — foram as formas mais amplamente usadas entre os países desenvolvidos antes da vitória do papel e da caneta do contador (embora um uso temporário do papel como dinheiro tenha ocorrido na China há mais de um milênio).

O que determina o item específico que será usado como dinheiro? Não temos uma resposta genérica satisfatória a essa simples pergunta. Porém, sabemos que o hábito de usar um ou outro item como dinheiro surge, esse hábito ganha vida própria e, tal como a elefanta Topsy, apenas cresce. Como diz Walter Bagehot, editor do século XIX do periódico inglês *The Economist* em sua obra-prima *Lombard Street*: "O crédito é um poder que pode crescer, mas que não pode ser construído" (1873, p. 69). Substitua "crédito" por "unidade de conta" ou "dinheiro" para traduzir essa afirmação nos termos que usamos agora.

Podemos nos aproximar de uma resposta genérica razoável a uma pergunta diferente e basicamente mais importante: o que determina o valor em termos de bens e serviços do item que foi aceito como dinheiro?

Quando a maior parte do dinheiro consistia em prata, ouro ou algum outro item que tinha um uso não monetário, ou em uma promessa executável do pagamento de uma quantidade especificada de tal item, surgiu a falácia do "metalismo" de que "é logicamente essencial que o dinheiro consista em ou seja 'coberto' por alguma *commodity* para que a fonte lógica do valor de troca ou do poder de compra do dinheiro seja o valor de troca ou o poder de compra da *commodity*, considerada independentemente do seu papel monetário" (SCHUMPETER, 1954, p. 288). Os exemplos do dinheiro de pedra de Yap, dos cigarros na Alemanha depois da Segunda Guerra Mundial e do dinheiro de papel atual deixam claro que essa visão "metalista" é uma falácia. A utilidade dos itens para consumo ou para outros propósitos não monetários podem ter desempenhado um papel para adquirirem o status de dinheiro (embora o exemplo do dinheiro de pedra de Yap indique que esse nem sempre é o caso). Mas, uma vez que adquiriram o status de dinheiro, outros fatores claramente afetaram seu valor de troca. O valor não monetário de um item nunca é uma grandeza fixa. O número de alqueires de trigo, de pares de sapatos ou de horas de trabalho pelo qual uma onça de ouro pode ser trocada não é um fato constante. Depende dos gostos, preferências e quantidades relativas. O uso de, digamos, ouro como dinheiro tende a alterar a quantidade de ouro disponível para outros propósitos e, dessa forma, alterar a quantidade de bens pelos quais uma onça de ouro pode ser trocada. Como veremos no Capítulo 3, em que analisaremos o efeito da desmonetização da prata nos Estados Unidos em 1873, a demanda não monetária por um item usado como dinheiro tem um efeito importante em seu valor monetário, mas, de forma semelhante, a demanda monetária afeta seu valor não monetário.

Para o propósito presente, podemos simplificar nossa tentativa de desmistificar o dinheiro ao nos concentrarmos no arranjo monetário que, embora historicamente seja um caso muito especial, é atualmente a regra geral: um puro papel-moeda que praticamente não tem valor como *commodity* em si. Tal arranjo tem sido a regra geral desde que o presidente Richard M. Nixon "fechou a janela do ouro" em 15 de agosto de 1971 — quer dizer, encerrou a obrigação que os EUA haviam assumido em Bretton Woods de converter os dólares em posse de autoridades estrangeiras em ouro pelo preço fixo de US$35 por onça.

Antes de 1971, todas as principais moedas desde tempos imemoriais haviam estado direta ou indiretamente vinculadas a uma commodity. Quebras ocasionais desse vínculo ocorriam, mas, em geral, apenas em tempos de crise. Como escreveu Irving Fisher em 1911, ao avaliar a experiência do passado com tais episódios: "O papel-moeda irremível quase sempre demonstrou ser uma maldição ao país que o emprega" (1929, p. 131). Como resultado, esperava-se que esses episódios fossem temporários, como realmente foram. O vínculo foi sucessivamente enfraquecido, no entanto, até que por fim foi eliminado com a ação do presidente Nixon. Desde então, nenhuma moeda importante tem tido vínculo com uma *commodity*. Os bancos centrais, incluindo o Sistema do Federal Reserve dos EUA, ainda mantêm uma entrada em seus balanços para o ouro, avaliado em um preço nominal fixo, mas isso é apenas o sorriso de um "Gato de Cheshire" desaparecido.

Então, o que determina o quanto alguém pode comprar com a nota de papel verde de US$5 com a qual começamos? Como se dá com todos os preços, o fator determinante é a oferta e a demanda. Para uma resposta completa, devemos perguntar: o que determina a oferta de dinheiro? E o que determina a demanda de dinheiro? E o que, concretamente, é "dinheiro"?

O conceito abstrato de dinheiro está claro: dinheiro é qualquer coisa genericamente aceita em troca de bens e serviços — aceita não como um objeto a ser consumido, mas como um objeto que representa uma fixação temporária do poder de compra a ser usado para comprar ainda outros bens e serviços. A contraparte empírica desse conceito abstrato é muito menos clara. Por séculos, quando o ouro e a prata eram os principais meios de troca, economistas e outros consideravam apenas as moedas como dinheiro. Posteriormente, acrescentaram notas bancárias remíveis sob pedido por ouro ou prata. Mais tarde ainda, pouco mais de um século atrás, eles passaram a aceitar depósitos bancários pagáveis sob pedido e transferíveis por cheque. Atualmente, nos Estados Unidos, diversos agregados monetários são regularmente compilados, cada um dos quais pode ser considerado como uma contraparte empírica do dinheiro. Estes variam desde moeda, o total mais limitado, até o total de ativos líquidos especificados, o conjunto designado por "L" pelo Federal Reserve.[5]

Podemos contornar essa questão altamente técnica ao considerarmos um mundo hipotético no qual o único meio em circulação é o papel-moeda como nossa nota de US$5. Visando a consistência com a presente situação, presumiremos que o número de dólares de tal dinheiro em circulação é determinado por uma autoridade monetária governamental (nos EUA, o Sistema do Federal Reserve).

A Oferta de Dinheiro

A análise da oferta de dinheiro, e em particular das mudanças na oferta do dinheiro, é simples em princípio, porém extremamente complexa na prática, tanto em nosso mundo hipotético como no mundo real atual. Simples a princípio, pois a oferta de dinheiro é aquilo que as autoridades monetárias decidirem; complexa na prática, porque as decisões das autoridades monetárias dependem de inúmeros fatores. Estes incluem as necessidades burocráticas das autoridades, as crenças e os valores pessoais das pessoas no comando, desenvolvimentos atuais ou presumidos na economia, pressões políticas às quais as autoridades estão sujeitas, e assim por diante com detalhes infinitos. Tal é a situação prevalente hoje. Historicamente, é

---

5   Para uma análise completa das definições de dinheiro, veja Friedman e Schwartz (1970, parte 1).

claro, a situação era muito diferente porque o compromisso de reembolsar o dinheiro em espécie emitido pelo governo ou pelo banco significava que as condições físicas da produção desempenhavam um papel significativo. Os capítulos posteriores exploram as consequências do compromisso de reembolso em detalhes.

É fácil verificar como a oferta de dinheiro tem um controle tão centralizado. É difícil de acreditar. Observei que os não economistas consideram quase impossível de acreditar que doze pessoas, de um grupo de dezenove — nenhuma delas eleitas pelo povo —, sentadas ao redor de uma mesa em um magnífico templo grego na Avenida da Constituição em Washington possuem o incrível poder legal de dobrar ou de cortar pela metade a quantidade total de dinheiro do país. Como elas usam esse poder depende de todas as pressões complexas listadas no parágrafo anterior. Mas isso não altera o fato de que elas, e somente elas, têm o poder arbitrário de determinar a quantidade do que os economistas denominam base monetária ou dinheiro forte — o dinheiro mais os depósitos dos bancos nos bancos do Federal Reserve, ou o dinheiro mais as reservas bancárias. E a estrutura inteira de ativos líquidos, incluindo os depósitos bancários, os fundos do mercado financeiro, os títulos etc., constituem uma pirâmide invertida apoiada na quantidade de dinheiro forte existente no vértice e dependente dela.

Quem são essas dezenove pessoas? São sete membros do Conselho de Governadores do Sistema do Federal Reserve, indicados pelo presidente dos Estados Unidos por mandatos não renováveis de quatorze anos, e os presidentes dos doze bancos do Federal Reserve, indicados por seus conselhos separados de diretores e sujeitos a veto pelo Conselho de Governadores. Esses dezenove constituem o Comitê de Mercado Aberto do Sistema do Federal Reserve, embora apenas cinco dos presidentes dos bancos tenham simultaneamente direito de voto (para garantir que os sete membros do conselho central tenham a autoridade máxima).

O exercício desse poder arbitrário às vezes foi benéfico. No entanto, na minha opinião, ele tem sido danoso na maioria dos casos. O Sistema do Federal Reserve, autorizado pelo Congresso em 1913 e cujas operações se iniciaram em 1914, presidiu mais do que a duplicação dos preços que ocorreram durante e depois da Primeira Guerra Mundial. Sua reação exagerada produziu a subsequente depressão aguda de 1920–1921. Após um breve intervalo de relativa estabilidade na década de 1920, suas ações intensificaram e prolongaram significativamente a grande contração de 1929–1933. Mais recentemente, o Fed foi responsável pela inflação acelerante da década de 1970 — para citar apenas alguns exemplos de como seus poderes de fato têm sido usados.[6]

A Demanda de Dinheiro

O Federal Reserve pode determinar a quantidade de dinheiro — o número de dólares nas mãos do público. Mas o que garante que o público esteja disposto a ter exatamente essa quantia, nem mais nem menos? Para podermos responder, é crucial distinguirmos entre a quantidade nominal de dinheiro — o número de dólares — e a quantidade real de dinheiro — a

---

[6] Para uma análise completa, veja Friedman e Schwartz (1963). Um exemplo um tanto divertido do tipo de preocupações pessoais mesquinhas que podem penetrar as atividades de um grupo tão seleto é a renomeação do grupo governante em Washington em 1935. O nome foi alterado de "Conselho do Federal Reserve" [Federal Reserve Board] para "Conselho dos Governadores do Sistema do Federal Reserve" [Board of Governors of the Federal Reserve System]. Por que substituir um nome mais compacto por outro mais comprido? O motivo foi inteiramente devido às considerações de prestígio. Na história do banco central, a autoridade máxima de um banco central recebe o título de governador. Esse é o título de prestígio. Antes de 1929, as autoridades máximas dos doze bancos independentes do Federal Reserve eram chamadas de governadores, em linha com o desejo dos fundadores de terem um sistema verdadeiramente regional e descentralizado. No Conselho do Federal Reserve, apenas o presidente tinha o título de governador; os outros seis integrantes eram apenas "membros" do Conselho. Como parte da Lei Bancária de 1935, as autoridades máximas dos bancos do Federal Reserve passaram a ser chamadas de presidentes, e o grupo central foi renomeado para Conselho dos Governadores do Sistema do Federal Reserve para que cada membro pudesse ser governador! Mesquinho, mas também um símbolo de uma real transferência de poder dos bancos independentes para Washington.

quantidade de bens e serviços que a quantidade nominal comprará. O Fed pode determinar a primeira; o público determina a segunda, por meio de sua demanda por dinheiro.

Há muitas maneiras de expressar a quantidade real de dinheiro. Uma delas, especialmente significativa, é em termos do fluxo de renda ao qual os saldos de caixa correspondem. Considere uma pessoa que recebe um salário anual de, digamos, US$20 mil. Se ela mantém em média US$2 mil em dinheiro, seu saldo de caixa é o equivalente a um décimo de um ano de salário, ou 5,2 semanas de salário: seu saldo de caixa lhe dá o controle da quantidade de bens e serviços que pode comprar com o salário de 5,2 semanas.

A renda é um fluxo; é mensurada em dólares por unidade de tempo. A quantidade de dinheiro é uma ação, não no sentido do título negociado em uma bolsa, mas no sentido de armazenamento de bens ou inventário, em contraste com um fluxo. Os saldos de dinheiro nominal são medidos em dólares em um ponto no tempo — US$2 mil às 16h do dia 31 de julho de 1990. Os saldos de dinheiro real, como agora definidos, são mensurados em unidades de tempo, como 5,2 semanas; "dólares" não entram.[7]

É natural para você, possuidor de dinheiro, acreditar que o que importa é o número de dólares que possui — seu saldo nominal de dinheiro. Mas é assim apenas porque você aceita como certo os preços do dólar, tanto o preço que determina sua renda como o preço das coisas que compra. Acredito que, ao refletir, você concordará que o que *realmente* importa é seu saldo de dinheiro real — o que os saldos nominais comprarão. Por exemplo, se expressarmos grandezas nominais em centavos, em vez de dólares, tanto a renda nominal como o saldo de dinheiro nominal seriam

---

7 A prática mais comum é definir os saldos de dinheiro real dividindo os saldos nominais por um índice de preço. O índice de preço em si normalmente representa o custo estimado em várias datas de uma cesta padrão de bens (tantos pães, gramas de manteiga, pares de sapato etc., para abranger, em um índice de preço ao consumidor, o orçamento típico de um consumidor). Sob tal definição, os saldos de dinheiro real têm a dimensão do número de cestas de bens que os saldos nominais poderiam comprar.

multiplicados por 100, mas os saldos reais não seriam afetados, e não faria diferença para ninguém (exceto para aqueles que precisaram escrever os números maiores).

De igual modo, procure imaginar que todos os preços, incluindo aqueles que determinam sua renda, sejam multiplicados por 100 da noite para o dia — ou divididos por 100 — e, por consequência, que seus saldos de dinheiro, suas dívidas nominais e ativos nominais fossem simultaneamente multiplicados ou divididos por 100. Nada mudaria de fato. É claro, não é assim que as mudanças na quantidade de dinheiro ou nos preços geralmente ocorrem, sendo isso o que aumenta todas as dificuldades na análise monetária. Mas é o que acontece quando um governo, especialmente durante ou após uma grande inflação, anuncia uma denominada reforma monetária que substitui uma unidade monetária por outra. É o que, por exemplo, o general Charles de Gaulle fez na França no dia 1º de janeiro de 1960, quando substituiu o então franco pelo *nouveau franc*, ou novo franco, simplesmente tirando dois zeros de todos os cálculos no antigo franco. Em outras palavras, 1 novo franco valia 100 francos antigos. De Gaulle fez tal mudança como parte de uma extensiva reforma monetária e fiscal que teve efeitos significativos, embora a mera alteração de unidades não teve. No entanto, o episódio é outro exemplo do quão profundamente as atitudes públicas com relação ao dinheiro estão implantadas. Por décadas, dali em diante, muitos residentes franceses continuaram a expressar preços e a fazer cálculos monetários em francos antigos, tirando os dois zeros finais apenas quando lhes ofereciam pagamento em *nouveau francs*.

Quando tais alterações de unidades monetárias são combinadas com mudanças monetárias e fiscais superficiais, como quando a Argentina substituiu a peseta pelo austral, em 1985, elas têm, quando muito, efeitos altamente temporários e pequenos, porque por si sós não alteram grandezas reais.

Considerando que é a quantidade real de dinheiro, e não a quantidade nominal que importa, o que determina se as pessoas terão o desejo de manter saldos em dinheiro equivalentes à média de cinco semanas de salário — como têm feito na prática em muitos países durante longos períodos de tempo — ou apenas o equivalente a aproximadamente três ou quatro dias de salário — como fizeram, por exemplo, no Chile em 1975?[8]

Duas forças principais determinam quanto dinheiro as pessoas pretendem ter: (1) a utilidade dos saldos em dinheiro como fixação temporária do poder de compra; (2) o custo de manter saldos em dinheiro.

(1) Utilidade

Os saldos em dinheiro são úteis como uma maneira de permitir que uma pessoa separe o ato da compra do ato da venda. Em um mundo sem dinheiro, as transações teriam que assumir a forma de permuta. Você tem A para vender e quer adquirir B. Para tanto, deve encontrar alguém que tenha B para vender e queira A, devendo, desta forma, fazer um acordo mutuamente aceitável — que os livros didáticos denominam de "a dupla coincidência da permuta". Em uma economia de dinheiro, você pode vender A por dinheiro, ou poder generalizado de compra, para qualquer um que queira A e tenha o poder de compra. Por sua vez, pode então comprar B por dinheiro de qualquer um que tenha B à venda, independentemente do que o vendedor de B queira comprar. Essa separação entre o ato da venda e o ato da compra é a função produtiva fundamental do dinheiro.

Um motivo relacionado para possuir dinheiro é como uma reserva para emergências futuras. O dinheiro é apenas um de muitos ativos que podem servir a essa função, mas, para alguns, às vezes, pode ser o ativo preferido.

---

8 Esses números ilustrativos foram escolhidos para corresponder com a identificação do dinheiro como moeda corrente e são realistas para a moeda corrente. Para agrupamentos mais amplos, como o M2 dos EUA, as posses de saldos em dinheiro são muito maiores. Atualmente, nos Estados Unidos, equivalem a cerca de nove meses da renda nacional.

O grau de utilidade do dinheiro para esse propósito depende de diversos fatores. Por exemplo, em uma economia subdesenvolvida consistindo em grupos familiares fortemente autossuficientes, cada um produzindo a maior parte para seu próprio consumo, as transações monetárias são relativamente pouco importantes. À medida que tais sociedades se desenvolvem e a gama de transações monetárias aumenta, os saldos em dinheiro aumentam muito mais rápido do que a renda, de modo que os saldos de dinheiro real, expressos em semanas de salário, aumentam. Esse desenvolvimento geralmente ocorre com a urbanização, que tem um efeito bastante parecido, pois significa que uma fração maior das transações são impessoais. Há poucas chances de que o crédito nos mercadinhos locais esteja tão prontamente disponível para suavizar as discrepâncias entre receitas e despesas.

No outro extremo, em sociedades financeiramente avançadas e complexas, como os Estados Unidos atualmente, uma ampla gama de ativos está disponível que pode servir como uma localização temporária, mais ou menos conveniente, do poder de compra. Essas vão de dinheiro no bolso a depósitos bancários transferíveis pelo cheque, normalmente aceito, a fundos do mercado financeiro, cartões de crédito, títulos de curto prazo e assim por diante, em uma variedade espantosa. Eles reduzem a demanda pelos saldos em dinheiro real estritamente definidos, como a moeda corrente, mas podem aumentar a demanda por saldos em dinheiro real mais amplamente definidos ao tornarem úteis as localizações temporárias do poder de compra ao facilitarem as transferências entre vários ativos e obrigações.[9]

---

9   O fato é que, durante a maior parte do período pós-Segunda Guerra Mundial, esses efeitos subsequentes se equilibraram, de uma forma geral, nos Estados Unidos, de modo que o M2, como é atualmente definido, tem a média de nove meses, principalmente em resposta às mudanças no custo de manter saldos em dinheiro em espécie.

(2) Custo

Os saldos em dinheiro são um ativo e, como tal, uma alternativa a outros tipos de ativos, que vão desde outros ativos nominais, como financiamentos imobiliários, conta-poupança, títulos de curto prazo e bonds, a ativos físicos, como terras, casas, máquinas ou estoque de bens, que podem ser de propriedade direta ou indireta, por meio de participação acionária em empresas de capital aberto ou fechado. Para acumular um ativo, é necessário economizar, ou seja, abster-se do consumo. Uma vez que o ativo é acumulado, pode custar uma quantia para mantê-lo, como no caso dos estoques físicos, ou ele pode produzir um retorno na forma de fluxo de renda, como os juros de um financiamento ou título, ou os dividendos de uma ação.

Como também é o caso com os saldos em dinheiro, é importante distinguir entre o retorno nominal e o retorno real de um ativo. Por exemplo, se você recebe US$0,10 por dólar de um título quando os preços em geral estão subindo, digamos, 6% ao ano, o rendimento real é de apenas US$0,04 por dólar, pois você deve reinvestir US$0,06 por dólar para que, no fim do ano, tenha investido o mesmo poder de compra inicial.[10] O rendimento nominal é de 10%, enquanto o real é de 4%. De igual modo, se os preços estão caindo, o rendimento real excederá o rendimento nominal de acordo com a taxa da queda do preço.

Em última análise, o que importa são as grandezas reais, e não as nominais. Consequentemente, o rendimento nominal de ativos, como os títulos de dívida, têm a tendência de se ajustar *ao longo de períodos prolongados*, de modo a manter o rendimento real praticamente o mesmo. No entanto, em curto prazo, a situação tem sido muito distante disso, devido ao tempo necessário para que as pessoas se adaptem às circunstâncias alteradas.

Para os saldos em dinheiro, um custo — o custo que tem sido destacado na literatura monetária — é o rendimento de juros que é sacrificado

---

10   Na prática, a situação é mais complexa, devido à necessidade de inserir os efeitos dos impostos.

ao manter dinheiro em vez de ativos com ganhos "seguros" de juros, por exemplo, os juros recebidos por dólar de um título de dívida do Tesouro dos EUA, em comparação com os juros recebidos, se é que há algum, por dólar de saldos em dinheiro (zero para a moeda corrente).

Outro custo ou retorno — e aquele menos destacado, embora em geral muito mais importante — é a mudança no valor real de um dólar. Se os preços estão subindo a uma taxa de 6% ao ano, digamos, US$1,00 conseguirá comprar tantas coisas no fim do ano quanto US$0,94 poderiam ter comprado no começo. Para manter constante o valor real de seus saldos em dinheiro, você precisaria ter saldos de 6% a mais no fim do ano em relação ao começo do ano. Em média, isso custaria US$0,06 por dólar que mantivesse durante o ano. Da mesma forma, se os preços estivessem caindo a uma taxa de 6% ao ano, você de fato receberia um retorno de 6% por dólar que mantivesse durante o ano. Claramente, o dinheiro em espécie é um ativo menos atrativo quando os preços estão subindo do que quando estão caindo.

Para um ativo nominal, os juros nominais sacrificados e a alteração do poder de compra não podem ser adicionados pelo motivo já demonstrado — que a taxa de juros nominais é afetada pela taxa de mudança de preços, e, assim, já inclui uma margem para esse efeito. Para um ativo real, o custo de manter um dólar tem duas partes: a perda (ou ganho) do poder de compra pelo aumento (ou queda) dos preços, mais o retorno real sacrificado no ativo alternativo.

Durante longos períodos de tempo, os retornos reais sobre várias classes de ativos tendem a se igualar. Mas, em determinado ponto no tempo, os retornos reais podem variar muitíssimo para diferentes classes de ativos. Além do mais, o que as pessoas que adquirem ativos *esperam* que eles rendam — o rendimento *ex ante* — pode diferir enormemente do que de fato recebem — o rendimento *ex post*.

A Figura 1 é um exemplo notável. Ela reflete, ao longo de mais de 100 anos, o rendimento nominal observado anualmente sobre diversos valores mobiliários de longo prazo, o rendimento *ex post* real ano a ano, e o rendimento médio real para o século, 1875-1975. O rendimento nominal fica razoavelmente estável durante grande parte do período, enquanto o rendimento real *ex post* flutua por todo o gráfico. Claramente, os ativos não foram comprados em antecipação a tais rendimentos tão variáveis. Esses ativos são normalmente mantidos por longos períodos, para que o rendimento *ex post* para aquele que os mantém seja de fato muito menos variável do que mostram os cálculos de ano a ano. Certamente, o rendimento nominal relativamente estável pressupõe que os detentores de valores mobiliários esperam, *em média*, uma inflação zero. E, até a Segunda Guerra Mundial, eles estavam certos: o nível de preços nos Estados Unidos, em 1939, era aproximadamente o mesmo que em 1839.

As linhas no gráfico mudam gradualmente de característica depois da Segunda Guerra Mundial, quando o público passa a reconhecer que a inflação era muito mais do que um fenômeno passageiro. O retorno nominal subiu para incorporar essa percepção, e o retorno real se tornou mais estável, começando a subir rumo à média de longo prazo, tendo a ultrapassado na década de 1980.

FIGURA 1
Taxa real dos bonds (títulos) EUA. Taxa nominal dos bonds

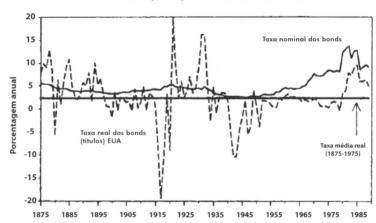

Considerando a ampla gama de ativos que são alternativas a guardar dinheiro, é uma enorme simplificação falar sobre o *custo* de guardar dinheiro. Há, de fato, um vetor de custos, dependendo da alternativa particular considerada. E isso ainda é uma simplificação excessiva. Mesmo para um único ativo, há diversos retornos possíveis, tanto nominais como reais. A incerteza sobre o rendimento nominal dos ativos alternativos é um dos motivos para guardar dinheiro — há pouca incerteza sobre seu rendimento nominal. Mas persiste uma incerteza sobre o rendimento real do dinheiro. Empiricamente, taxas altas de inflação tendem a ser mais instáveis do que as baixas. Como resultado, tanto o nível como a instabilidade da inflação desencorajam guardar dinheiro. É por isso que, durante períodos de inflação alta e incerta, como no Chile em 1975, saldos reais em dinheiro são muito reduzidos, muito embora isso aumente bastante o custo das transações.

Reconciliando a Oferta e a Demanda

Percorremos um grande caminho desde a nossa simples pergunta inicial: o que determina o quanto podemos comprar com a nota verdinha de US$5 com a qual começamos? Já estamos prontos para voltar a essa pergunta ao juntarmos os dois lados da moeda monetária [com o perdão do trocadilho]: oferta e demanda.

Em nosso mundo hipotético no qual o papel-moeda é o único meio de circulação, considere primeiro uma situação estacionária em que a quantidade de dinheiro tem sido constante por um longo tempo, assim como outras condições. Os membros da comunidade estão sujeitos a uma incerteza suficiente, de modo a considerar os saldos em dinheiro úteis para lidar com as discrepâncias imprevistas entre receitas e despesas. Mas tais incertezas estão distribuídas de maneira proporcional, de modo que a comunidade como um todo deseja deter os saldos em dinheiro em quantia igual a um décimo dos rendimentos de um ano.

Em tais circunstâncias, fica claro que o nível de preço é determinado por quanto dinheiro existe — quantas notas de papel de várias denominações. Se a quantidade de dinheiro se estabilizou na metade do nível pressuposto, o preço de cada dólar seria cortado pela metade; no dobro do nível pressuposto, cada preço dobraria. Os preços relativos não mudariam.

Essa situação muito hipotética e irreal, da qual nos distanciaremos em breve, destaca claramente uma característica especial do dinheiro: sua utilidade à comunidade como um todo não depende de quanto dinheiro existe. Para quase todos os bens e serviços, a utilidade derivada depende de sua quantidade física, do número de unidades. Para o dinheiro, não é assim. Dobrar ou cortar pela metade o número de dólares apenas significa que os números escritos nas etiquetas de preços serão dobrados ou cortados pela metade. Quando o ouro dominava o cenário monetário, havia muita conversa sobre se haveria quantidade suficiente desse metal para servir como reserva monetária. Essa era a pergunta errada. Em princípio, uma onça de ouro seria suficiente. Ela não circularia fisicamente, o que de fato não acontecia com a maior parte do ouro, mas uma reivindicação sobre ela poderia ser emitida em qualquer denominação fracionária que fosse conveniente — por exemplo, um bilionésimo de uma onça.

O motivo de ser a pergunta errada é que não surgem questões importantes ou interessantes de teoria monetária na situação hipotética de demanda e oferta constantes. Como escreveu David Hume há mais de dois séculos, "não causará consequência alguma, com relação à felicidade de um Estado, se o dinheiro existir em maior ou menor quantidade" ([1742] 1804b, p. 305). Como ele também disse, o que importa são as mudanças na quantidade de dinheiro e nas condições da demanda pelo dinheiro.

Suponhamos então que, certo dia, um helicóptero sobrevoe nossa comunidade hipotética há muito tempo estacionária e solte mais dinheiro do céu numa quantia igual à que já está em circulação — digamos, US$2 mil para cada pessoa que ganhe US$20 mil por ano de renda.[11] O dinheiro, obviamente, será rapidamente coletado pelos membros da comunidade. Suponhamos ainda que todos estejam convencidos de que o evento é único e que nunca mais será repetido.

---

11   O exemplo do helicóptero, e o restante desta seção, são baseados em Friedman (1969, cap. 1).

Para começar, suponhamos também que cada pessoa colete uma quantia igual à que já possui, de modo que todos agora têm o dobro de dinheiro que tinham antes.

Se todos simplesmente decidissem guardar esse dinheiro extra, nada mais aconteceria. Os preços permaneceriam como antes, e as rendas individuais continuariam sendo de US$20 mil por ano. Os saldos em dinheiro da comunidade seriam de 10,4 semanas de renda, em vez de 5,2.

Porém, as pessoas não se comportam assim. Nada aconteceu para que guardar o dinheiro se tornasse mais atrativo do que antes, considerando nosso pressuposto de que todos estão convencidos de que o milagre do helicóptero nunca se repetirá. (Na ausência desse pressuposto, a aparição do helicóptero pode aumentar o grau de incerteza antecipada pelos membros da comunidade, o que, por sua vez, pode mudar a demanda de saldos de dinheiro real.)

Considere o indivíduo representativo que anteriormente mantinha 5,2 semanas de renda em dinheiro, e agora detém 10,4 semanas de renda. Ele poderia ter mantido 10,4 semanas de renda antes, caso quisesse, ao gastar menos do que recebia por um período suficientemente longo. Ao manter 5,2 semanas de renda em dinheiro, ele não considerou que o ganho de ter US$1 a mais em saldo em dinheiro valesse o sacrifício de consumir US$1 a menos por ano, ou US$0,10 anuais a menos por dez anos. Por que ele deveria pensar que agora vale o sacrifício, quando ele detém 10,4 semanas de renda em dinheiro? O pressuposto de que antes ele estava em uma posição de equilíbrio estável significa que agora ele desejará aumentar seu consumo e reduzir seu balanço em dinheiro até que estejam de volta ao nível anterior. Apenas nesse nível o sacrifício de consumir em uma taxa mais baixa é contrabalanceado pelo ganho de manter, de forma correspondente, saldos em dinheiro mais elevados.

Observe que o indivíduo tem duas decisões a tomar:

1. A qual nível ele quer reduzir seus saldos em dinheiro temporariamente aumentados? Visto que a aparição do helicóptero não alterou sua renda real ou qualquer outra condição básica, podemos responder sem ambiguidade: ao nível anterior.

2. A que velocidade ele quer retornar ao nível anterior? Para essa pergunta, não tempos resposta. Ela depende das características de preferências que não se refletem na posição estacionária de equilíbrio.

Sabemos apenas que cada indivíduo procurará reduzir seus saldos em dinheiro em determinado ritmo. Eles farão isso ao tentarem gastar mais do que recebem. Contudo, as despesas de uma pessoa são as receitas de outra. Os membros da comunidade como um todo não podem gastar mais do que a comunidade em si recebe. A soma dos saldos individuais em dinheiro é igual à quantidade de dinheiro disponível a ser detida. Os indivíduos como um todo não podem "gastar" saldos; podem apenas transferi-los. Uma pessoa pode gastar mais do que recebe apenas ao induzir outra a receber mais do que gasta. Elas estão, em efeito, fazendo a dança das cadeiras.

Fica fácil de ver qual será a posição final. As tentativas das pessoas de gastar mais do que recebem serão frustradas, mas, no processo, tais tentativas aumentarão o valor nominal de bens e serviços. Os pedaços adicionais de papel não alteram as condições básicas da comunidade. Não alteram os gostos. Tampouco alteram as taxas aparentes ou reais na qual os consumidores desejam substituir um produto por outro ou as que os produtores podem substituir uma *commodity* por outra na produção. Daí, o equilíbrio final será uma renda nominal de US$40 mil por indivíduo representativo, em vez de US$20 mil, com precisamente o mesmo fluxo de bens e serviços reais como antes.

É muito mais difícil dizer qualquer coisa sobre a transição. Para começar, alguns produtores podem demorar para ajustar seus preços e podem produzir mais para o mercado à custa da utilização de recursos não destinados ao mercado. Outros podem tentar fazer com que os gastos excedam as receitas ao fazerem umas férias de produção ao mercado. Então a renda medida nos preços nominais iniciais podem subir ou cair durante a transição. Similarmente, alguns preços podem se ajustar mais rapidamente do que outros, então os preços e as quantidades relativas serão afetados. Pode haver um aumento excessivo e, como resultado, um padrão cíclico de ajuste. Em resumo, sem uma especificação muito mais detalhada dos padrões reativos, há pouco que possamos prever quanto à transição. Ela pode variar totalmente de um ajuste instantâneo, com todos os preços dobrando da noite para o dia, até um ajuste de longo prazo, com muitos altos e baixos nos preços e na produção para o mercado.

Podemos agora abrir mão da hipótese de que cada indivíduo pegou a mesma quantia que já possuía, para começar. Que a quantia que cada um pegou seja uma questão puramente de sorte. Isso introduzirá efeitos na distribuição inicial. Durante a transição, algumas pessoas consumirão mais, outras menos. Mas a posição final será a mesma.

A existência dos efeitos de distribuição inicial tem, no entanto, uma implicação substancial: a transição não pode mais ser instantânea, mesmo como uma possibilidade conceitual, pois ela envolve mais do que uma mera subida nos preços. Imaginemos que os preços dobrem da noite para o dia. O resultado ainda será uma posição de desequilíbrio. Aquelas pessoas que pegaram mais do que sua quota de dinheiro agora terão saldos reais maiores do que querem manter. Elas desejarão gastar o excesso, mas ao longo de um período de tempo, e não imediatamente. Por outro lado, aqueles indivíduos que pegaram menos que sua quota de dinheiro terão saldos reais menores do que querem manter. Mas não podem restaurar seus saldos em dinheiro de forma instantânea, visto que seu fluxo de receitas flui em uma taxa temporal finita.

Esta análise nos leva imediatamente de uma mudança na quantidade nominal de dinheiro para uma mudança total nas preferências com respeito ao dinheiro. Imaginemos que as pessoas na média decidam guardar metade do dinheiro, e o resultado final será uma duplicação do nível de preço, uma renda nominal de US$40 mil por ano com os US$2 mil iniciais de dinheiro.

Este simples exemplo carrega em si a maioria dos princípios básicos da teoria monetária:

» O papel central da distinção entre a quantidade *nominal* e *real* de dinheiro.

» O papel igualmente crucial da distinção entre as alternativas abertas ao indivíduo e à comunidade como um todo.

» A importância das tentativas, como foram resumidas na distinção entre *ex ante* e *ex post*. No momento em que o dinheiro adicional foi coletado, as despesas desejadas excederam as receitas previstas (*ex ante*, as despesas excedem as receitas). *Ex post*, as duas devem ser iguais. Mas a *tentativa* dos indivíduos para gastar mais do que recebem, muito embora fadada ao fracasso, tem o efeito de aumentar as despesas nominais totais (e as receitas).

Vamos agora complicar nosso exemplo supondo que a distribuição do dinheiro, em vez de ser um evento único e milagroso, se torne um processo contínuo que talvez, após um tempo, seja totalmente esperado por todos. Chove dinheiro do céu a uma taxa que produz um aumento contínuo na quantidade de dinheiro, digamos, de 10% ao ano.

As pessoas poderiam reagir a essa enxurrada monetária contínua da mesma forma como reagiram à duplicação única da quantidade de dinheiro, ou seja, não alterando seus saldos reais. Se fizessem isso, e reagissem de maneira instantânea e sem resistência, nenhuma grandeza real seria alterada. Os preços se comportariam precisamente da mesma maneira que o estoque de dinheiro nominal, subindo de seu nível inicial a uma taxa de 10% ao ano.

Novamente, embora as pessoas pudessem se comportar dessa maneira, elas não o fariam. Antes que o helicóptero chegasse, nosso indivíduo representativo poderia gastar toda sua renda e não acrescentar nada a seus saldos em dinheiro, contudo, os saldos em dinheiro permaneceriam iguais a 5,2 semanas de renda. Permaneceriam constantes em termos reais e nominais, pois os preços estavam estáveis. Os custos de armazenamento e depreciação seriam zero, como costumavam ser.

Agora que o indivíduo representativo está pegando o dinheiro do helicóptero, ele pode manter seus saldos em dinheiro *real* em 5,2 semanas de salário com a venda de serviços, bastando que para isso inclua todo o dinheiro adicional aos seus saldos *nominais*, para compensar a subida dos preços. Todavia, o dinheiro do céu parece ser uma benesse que o permite viver melhor. Caso ele reduza seus saldos em dinheiro em US$1,00 ao longo de um ano, agora ele pode aumentar seu consumo na taxa anual de US$1,10, ao passo que antes poderia ter aumentado seu consumo na taxa de apenas US$1,00 por ano. Visto que antes estava exatamente sobre a margem, agora estará acima dela. Os custos de armazenamento e depreciação são agora de US$0,10 por dólar por ano, em vez de zero, então ele tentará guardar uma quantia real menor de dinheiro. Suponhamos, para sermos específicos, que, quando os preços estão subindo a 10% por ano, ele quer guardar em saldo de dinheiro um duodécimo em vez de um décimo dos rendimentos de um ano obtidos com a venda de serviços, ou seja, o rendimento de 4 1/3 semanas, em vez de 5,2.

Estamos agora de volta ao nosso problema anterior. Para cada indivíduo separadamente, parece que ele pode consumir mais ao reduzir seus saldos em dinheiro, mas a comunidade como um todo não pode fazer isso. Mais uma vez, o helicóptero não mudou as grandezas reais, não acrescentou recursos reais à comunidade e não mudou nenhuma das oportunidades físicas disponíveis. A tentativa dos indivíduos para reduzir seus saldos em dinheiro significará apenas mais um aumento de preços e renda, de modo a tornar o estoque nominal de dinheiro igual a um duodécimo em vez de um décimo da renda nominal de um ano. Uma vez que isso ocorra, os preços subirão 10% ao ano, em linha com o aumento da quantidade de dinheiro. Visto que tanto os preços como a renda nominal estarão subindo a 10% ao ano, a renda real será constante. Como a quantidade nominal de dinheiro também está subindo a 10% ao ano, ela permanece em uma proporção constante com a renda — igual a 4 1/3 semanas de renda com a venda de serviços.

Para atingirmos essa situação, precisamos de dois tipos de aumento de preço: (1) um aumento único de 20%, para reduzir os saldos reais ao nível desejado quando o preço para guardar dinheiro custa US$0,10 por ano; (2) uma inflação indefinidamente continuada na taxa de 10% ao ano para manter os saldos reais constantes no novo nível.

Desta vez, algo definitivo pode ser dito sobre o processo de transição. Durante a transição, a taxa de inflação deve ter uma média maior a 10%. Assim, a inflação deve ultrapassar seu nível de equilíbrio em longo prazo. Ela deve demonstrar um padrão de reação cíclica. Na Figura 2, a linha contínua horizontal é o caminho final de equilíbrio da inflação. As três linhas pontilhadas após t_0, a data em que a quantidade de dinheiro começa a aumentar, ilustram possíveis caminhos alternativos: a curva A mostra um único aumento e, depois, um retorno gradual à posição permanente; as curvas B e C mostram uma queda inicial, depois um aumento, seguido por um retorno gradual (curva B) ou por um ajuste cíclico enfraquecido (curva C).

A necessidade de uma subida íngreme na taxa de mudança de preço e de renda (embora não necessariamente do nível dos preços ou da renda) é, acredito, o elemento-chave nas teorias monetárias de ciclos de negócios. Na prática, a necessidade dessa subida íngreme é reforçada por uma queda íngreme inicial (como nas curvas B e C). Quando o helicóptero começa a soltar dinheiro em um fluxo constante — ou, mais genericamente, quando a quantidade de dinheiro começa a inesperadamente subir de forma mais rápida —, leva-se tempo para que as pessoas entendam o que está acontecendo. Inicialmente, elas podem deixar que os saldos existentes ultrapassem os saldos pretendidos em longo prazo, em parte por inércia; em parte porque podem entender os aumentos iniciais de preços como um prenúncio de quedas subsequentes de preços; e em parte porque o impacto inicial dos saldos aumentados em dinheiro pode ser mais sentido na produção do que nos preços, o que aumenta ainda mais os saldos desejados. Então, à medida que as pessoas vão entendendo, os preços devem subir ainda mais rapidamente por um tempo, para desfazer o aumento inicial nos saldos reais, assim como para produzir um declínio em longo prazo.

FIGURA 2

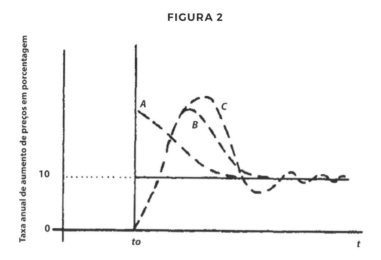

Embora essa característica da transição esteja clara, pouco pode ser dito sobre os detalhes sem especificações muito mais precisas sobre os padrões reativos dos membros da comunidade e do processo pelo qual eles formam suas previsões de movimentos de preços.

Um último detalhe importante. Implicitamente, temos tratado o fluxo real de serviços como se fosse, no caminho de equilíbrio final, o mesmo que inicialmente. Isso está errado por dois motivos. Primeiro, e o menos importante para os nossos propósitos, pode haver efeitos distribucionais permanentes. Segundo, e mais importante, os saldos em dinheiro real são, pelo menos em parte, um fator de produção. Usando um exemplo trivial, um varejista pode economizar nos seus saldos médios em dinheiro ao contratar um office-boy para ir até o banco mais próximo para buscar troco para as notas grandes que os clientes lhe entregam. Quando custar ao varejista US$0,10 por ano, em vez de nada, manter um dólar a mais em caixa, haverá um incentivo maior para contratar o office-boy, ou seja, para substituir o dinheiro por outros recursos produtivos. Isso significará tanto um menor fluxo real de serviços de determinados recursos produtivos como uma mudança na estrutura da produção, visto que diferentes atividades produtivas podem diferenciar na intensidade de dinheiro, assim como diferenciam na intensidade de trabalho ou de terra.

Nosso simples exemplo do helicóptero hipotético destaca claramente um fenômeno — que alguns podem chamar de paradoxo — de vital importância no curso real de eventos. Para cada indivíduo separadamente, o dinheiro do céu parece uma benesse, um verdadeiro golpe de sorte. Contudo, quando a comunidade se ajustar a ele, todos estarão em situação pior em dois sentidos: (1) o indivíduo representativo está mais pobre, pois agora tem uma reserva de emergência igual a 4 1/3 semanas de renda, em vez de 5,2 semanas; (2) ele tem uma renda real menor, porque os saldos em dinheiro foram substituídos por recursos produtivos, aumentando o preço dos serviços de consumo relativos ao preço dos serviços produtivos. Esse contraste entre aparência ao indivíduo e realidade à comunidade é a fonte básica da maioria das armadilhas monetárias.

A Famosa Equação da Quantidade de Dinheiro

A discussão anterior pode ser resumida em uma simples equação — que foi considerada por acadêmicos séculos atrás e estabelecida cuidadosa e precisamente no final do século XIX por Simon Newcomb, astrônomo norte-americano conhecido mundialmente e que, por outro lado, também era um excelente economista, e foi posteriormente desenvolvida e popularizada por Irving Fisher, o maior economista que houve nos Estados Unidos. Na notação de Fisher, a equação é:

$$MV = PT$$

M é a *quantidade nominal de dinheiro*. Como vimos, ela é atualmente determinada nos EUA pelo Fed — Sistema do Federal Reserve. *V* é a *velocidade de circulação*, o número de vezes que cada dólar é usado em média para fazer uma compra durante um período específico de tempo. Se restringirmos as compras a bens finais e serviços, e se o público guarda 5,2 semanas de salário em dinheiro, como no nosso exemplo, então a velocidade é de dez vezes por ano, visto que a renda de um ano (igual às compras de um ano de bens finais e serviços, que incluem as economias) é dez vezes a quantidade de dinheiro.[12] V é determinado, como vimos, pelo público, de acordo com a *utilidade* que ele encontra nos saldos em dinheiro e com o custo de mantê-los. O produto de M por V, o lado esquerdo da equação, representa as despesas ou os rendimentos totais.

Do lado direito, P é um *preço médio*, ou um índice de preço médio, dos bens e serviços adquiridos. T representa as *transações*, e deve ser interpretado como um índice da quantidade total de bens e serviços comprados. Fisher, em sua versão original, usou T para se referir a todas as transações — compras de bens finais e serviços (como pão comprado pelo consumidor final), transações intermediárias (a farinha comprada pelo padeiro) e transações de capital (a compra de uma casa ou de um lote de ações). No uso atual, o item passou a ser interpretado como uma referência apenas às compras de produtos finais e serviços, e a notação foi alterada de acordo, T sendo substituído por y, correspondendo à renda real.

Da forma em que está escrita, a equação é uma identidade, um truísmo. Cada compra pode ser vista de duas formas: a quantidade de dinheiro gasto e a quantidade de um produto ou serviço comprado, multiplicada pelo preço pago. Colocando a quantidade de dinheiro no lado esquerdo e a quantidade vezes o preço no direito, e acrescentando as somas de todas as compras, temos um caso padrão de dupla entrada na contabilidade. Assim como a dupla entrada na contabilidade em geral, o truísmo é altamente útil.

---

12 Novamente devo alertar que este é um número razoável apenas para o dinheiro definido como moeda corrente ou base monetária. Em anos recentes, a velocidade da base monetária tem sido entre 15 e 20, claramente maior do que antes. Para uma definição como o habitual M2 dos Estados Unidos, a velocidade é muito inferior, cerca de 1,3 por ano.

Considere mais uma vez nossa pergunta original: o que determina o quanto você pode comprar com a nota verdinha de US$5 dólares com a qual começamos? *Nada pode afetar* P, *a não ser o que alterar um ou mais itens da equação.* Por exemplo, será que uma disparada na bolsa de valores mudará o quanto você pode comprar com uma nota de US$5? Isso reduzirá o quanto pode comprar (aumentar P) apenas se fizer com que o Fed imprima mais dinheiro (aumentar M), ou induzir as pessoas a manter saldos mais baixos de dinheiro real, talvez por pensarem que as alternativas se tornaram mais atrativas (aumenta V), ou reduzir a quantidade de bens e serviços disponíveis para compra, talvez porque os trabalhadores estão prestando menos atenção no trabalho do que no ticker da ação (diminui T). O boom no mercado de ações pode aumentar a quantidade que você pode comprar (P menor) apenas se tiver o efeito oposto, e claramente há todos os tipos de combinações possíveis.

Como ilustra esse exemplo muitíssimo simplificado, a equação é uma maneira útil de organizar uma análise do efeito das mudanças nas circunstâncias. Em resumo, a equação de Fisher desempenha o mesmo papel fundamental na teoria monetária que a fórmula de Einstein, $E=mc^2$, na física.

Mudanças na Quantidade de Dinheiro

No mundo real, o dinheiro não cai de helicópteros. Quando o dinheiro consistia primordialmente em *commodities* físicas, como ouro e prata, novas descobertas e avanços tecnológicos eram uma fonte principal de mudanças na quantidade de dinheiro. O Capítulo 3 analisa os efeitos das descobertas de ouro e prata no século XIX, sendo os mais drásticos as descobertas na Califórnia (1849) e na Austrália (década de 1850); a abertura do Filão de Comstock (1859), rico em prata e ouro; e, mais tarde naquele século, as descobertas no Alasca e na África do Sul. O Capítulo 5 discute o efeito da alteração tecnológica mais drástica na carreira política de William Jennings Bryan: o aperfeiçoamento no processo de cianeto para extrair ouro de minério de qualidade inferior.

Considere, sob a luz da fábula do helicóptero, o efeito da inundação de ouro vindo da Califórnia e da Austrália na década de 1850. Como aqueles que foram mais rápidos para coletar o dinheiro do helicóptero, os primeiros a extraírem o ouro claramente se enriqueceram. Meus exemplos favoritos vêm de uma visita a uma importante cidade australiana de extração de ouro, agora preservada como atração turística. Um documento antigo em exibição era uma propaganda de gelo do lago Walden. O gelo, cortado no inverno do lago em Massachusetts, era carregado envolto em serragem nos cascos dos navios, que então contornavam a ponta da América do Sul e cruzavam o grande Pacífico — ao redor de 24.000km — até Melbourne, onde o gelo era descarregado em carroças e puxado por cavalos mais algumas centenas de quilômetros até a comunidade mineira, para satisfazer o desejo por drinques gelados dos mineiros sortudos, recentemente tornados ricos.

O ouro da Califórnia e da Austrália, sendo primeiramente gasto onde foi encontrado, atraiu pessoas e bens (como o gelo) do mundo todo ao fazer subir os preços. À medida que isso ocorria, o ouro passou a ser distribuído ao redor do resto do mundo e acabou fazendo subir os preços em todos os países que o usavam como padrão. Tal qual na fábula do helicóptero, levou-se um longo tempo para que os efeitos das descobertas entrassem em vigor. Quando isso ocorreu, as enormes discrepâncias iniciais nos preços foram reduzidas.

Também como na fábula, o efeito nos indivíduos foi muito diferente do efeito na comunidade como um todo. Os sortudos, que foram os primeiros a extrair o ouro, claramente se enriqueceram. Mas e a comunidade em geral? No fim do processo, a comunidade se viu em piores condições. O apelo da loteria envolvido em diversas corridas do ouro significava que os recursos gastos para extrair o ouro da terra, transportá-lo a locais distantes, transformá-lo em moedas e enterrá-lo nos cofres dos bancos era quase certamente muito maior em valor do que o novo ouro. Parte do novo ouro sem dúvida foi usado em joias, pratos de ouro e outros produtos do tipo. Essa parte, pelo menos, providenciou uma fonte contínua de utilidade. Mas o resto do ouro, usado como dinheiro, significava principalmente apenas que os preços eram mais altos do que teriam sido de outro modo. Como escreveu David Hume em 1742, "o aumento [na quantidade de dinheiro] não tem nenhum outro efeito além de aumentar o preço do trabalho e das *commodities*... No progresso rumo a essas mudanças, o aumento pode ter certa influência, ao estimular a indústria, mas, depois que os preços se estabeleceram... não exerce mais nenhuma influência" (1804a, p. 314). O "estímulo da indústria" pode ter produzido um aumento na produtividade, mas é difícil acreditar que, independentemente de qual fosse esse aumento, ele tivesse compensado mais do que uma parte trivial do custo dos recursos do dinheiro adicional.

Embora os efeitos das descobertas do ouro no bem-estar foram quase certamente negativos, *não podemos concluir que a existência de um padrão-ouro — ou, mais genericamente, um padrão commodity — seja um erro e prejudicial à sociedade.* É verdade que tal padrão envolve o custo de extrair o ouro da terra em uma parte do mundo para, em efeito, enterrá-lo em outra. No entanto, vimos que ter um meio de troca amplamente aceito é de fundamental importância para o funcionamento de qualquer sociedade complexa. Nenhum dinheiro pode servir nessa função a menos que sua quantidade nominal seja limitada. Por milênios, o único limite efetivo foi providenciado pelo vínculo entre o dinheiro e uma *commodity*. Tal ligação fornecia uma âncora para o nível de preços. Quando havia uma fuga desse padrão, era, em geral, nas palavras de Irving Fisher, "uma maldição para o país envolvido". Como observamos anteriormente e discutiremos com mais detalhes no Capítulo 10, o mundo agora está engajado em um grande experimento para ver se pode produzir uma âncora diferente, uma que dependa das restrições do governo em vez dos custos de aquisição de uma *commodity* física. Esse experimento tem menos de 20 anos no momento em que escrevo este livro — um período jovem mesmo em uma escala pessoal, que dirá em uma escala histórica. O veredito que dirá se a moeda fiduciária envolverá menos custos do que o dinheiro de *commodity* ainda está muito longe de ser anunciado (veja FRIEDMAN, 1987 e também 1986).

Volto-me agora para a outra grande fonte de mudanças na quantidade de dinheiro ao longo da história, e, desde 1971, a única: a ação governamental. Desde tempos imemoriais, o governo desempenha um papel primordial no sistema monetário. Um elemento desse papel tem sido procurar monopolizar a cunhagem de dinheiro. O objetivo era em parte padronizar o dinheiro. O selo soberano em um pedaço de metal cunhado tinha o propósito de certificar seu peso e pureza, desta forma permitindo que tais moedas fossem usadas em transações por contagem, ou número, em vez de por peso, reduzindo assim o custo das transações. Outro objetivo era obter a senhoriagem, a despesa de cunhagem por transformar os lingotes em moedas.

O pagamento por conto, ou contagem, em vez de por peso, facilitou muito o comércio.[13] Mas também favorecia práticas como o corte (raspar lascas minúsculas dos lados ou dos cantos das moedas) e o desgaste (sacudir várias moedas juntas em uma bolsa de couro e coletar o pó que restava), com as quais uma moeda mais leve poderia ser repassada com seu valor integral. A Lei de Gresham (segundo a qual o "dinheiro mau afasta o bom" quando há uma taxa fixa de troca entre eles) entrou em operação, e as moedas boas e pesadas eram guardadas por seu valor metálico, enquanto as moedas leves eram passadas adiante. As moedas se tornaram cada vez mais leves, e os preços foram ficando cada vez mais altos. Então, o pagamento por peso era retomado nas grandes transações e a pressão crescia para que mais moedas fossem cunhadas.

---

13   Grande parte do restante desta seção é de Friedman (1974).

O desgaste e o corte foram encerrados em definitivo pela prática de desbaste nas moedas (o processo de fazer recortes serrilhados em volta da circunferência, que agora achamos totalmente natural), usada pela primeira vez em 1663, e seguida na Grã-Bretanha durante o Grande Recunhamento de 1696 a 1698, que produziu uma cunhagem muito mais homogênea.

Uma questão muito mais séria foi a tentativa do soberano de se beneficiar com seu monopólio de cunhagem. Nesse respeito, as experiências dos gregos e dos romanos oferecem um contraste interessante. Embora Sólon, quando assumiu o poder de Atenas em 594 a.C., tenha instituído uma depreciação parcial da moeda, durante os quatro séculos seguintes (até a absorção da Grécia pelo Império Romano), a *dracma* ateniense tinha um conteúdo de prata quase constante (67 grãos de prata fina até Alexandre, 65 grãos dali em diante). Ela se tornou a moeda padrão de negócios na Grécia e em grande parte da Ásia e da Europa também, e até mesmo depois da conquista romana, a *dracma* continuou sendo cunhada e amplamente usada.

A experiência romana foi muito diferente. Não muito tempo depois da introdução do *denário* de prata (em 269 a.C.) padronizado segundo os moldes da *dracma* grega, a cunhagem anterior de cobre (*aes* ou *libra*) começou a ser depreciada; no início do império, seu peso havia sido reduzido de 450g para cerca de 15g. O *denário* de prata e o *aureus* de ouro (introduzido ao redor de 87 a.C.) sofreram apenas uma depreciação mais leve até a época de Nero (54 d.C.), quando uma manipulação quase contínua da cunhagem teve início. O conteúdo de metal precioso das moedas de ouro e prata foi reduzido e a proporção de liga foi aumentada para 75% ou mais do peso da moeda. Ao término da depreciação que durou três séculos, o *denário*, outrora feito quase de prata pura, havia degenerado para pouco mais do que uma moeda de cobre banhada primeiramente com uma camada fina de prata e, posteriormente, de estanho. Como um aparte, os EUA levaram menos de um século para que as moedas de US$0,10, US$0,25 e US$0,50 passassem pelo mesmo ciclo de vida. Estamos progredindo.

A depreciação em Roma (e desde então) foi um reflexo da inabilidade ou indisposição do Estado para financiar seus gastos por meio de impostos explícitos. Mas a depreciação, por sua vez, piorou a situação econômica de Roma e sem dúvida contribuiu para o colapso do império.

A depreciação era um processo necessariamente lento, envolvendo recunhamentos repetidos e, em última instância, limitado pelo custo do metal mais baixo. A difusão do dinheiro em papel durante o século XVIII e início do século XIX permitiu que o processo fosse acelerado. A maior parte do dinheiro em uso passou a consistir não em ouro ou prata, mas em dinheiro fiduciário — promessas de pagamento de quantias específicas de ouro ou prata. Essas promessas eram inicialmente emitidas por pessoas físicas ou jurídicas na forma de notas bancárias ou registros contábeis transferíveis que passaram a ser chamados de depósitos. Porém, gradualmente, o Estado assumiu um papel maior.

Do papel-moeda com promessas de pagamento em ouro ou prata, é um passo curto para o papel-moeda fiduciário — notas que são emitidas sob as ordens do soberano, especificadas a valerem tantos dólares, francos ou ienes, e são moeda corrente, mas não são promessas de pagamento de qualquer outra coisa. A primeira emissão em grande escala de moeda fiduciária em um país ocidental ocorreu na França no início do século XVIII (embora haja relatos de papel-moeda na China um milênio antes). Posteriormente, o Governo Revolucionário francês emitiu papel-moeda na forma de *assignats* entre 1789 e 1796. As colônias norte-americanas e posteriormente o Congresso Continental emitiram notas de crédito que podiam ser usadas para fazer pagamentos. Esses experimentos iniciais deram ao dinheiro fiduciário uma merecida má reputação. O dinheiro foi emitido em exagero e os preços subiram drasticamente até que o dinheiro perdeu sua validade ou era remido em dinheiro metálico (ou promessas de pagamento em dinheiro metálico) a uma pequena fração de seu valor inicial.

Emissões subsequentes de dinheiro fiduciário nos principais países durante o século XIX foram desvios temporários de um padrão metálico. Na Grã-Bretanha, por exemplo, o pagamento em ouro de notas bancárias em circulação foi suspenso durante as Guerras Napoleônicas (1797–1816). Como resultado, a moeda e o lingote de ouro ficaram mais caros em termos de papel. De igual modo, nos Estados Unidos a convertibilidade da moeda da União (*greenbacks*, ou papel-moeda) em moeda metálica foi suspensa durante a Guerra Civil e só foi retomada em 1879. No auge da guerra, em 1864, o preço de uma moeda de ouro de US$20 chegou a valer mais de US$50 em papel-moeda.

Mudanças na Demanda de Dinheiro

Como demonstrei anteriormente, as mudanças na demanda de dinheiro podem ter o mesmo efeito que as mudanças na quantidade de dinheiro. Ao falarmos sobre as mudanças na demanda, porém, é importante distinguirmos precisamente entre aquelas que surgem a partir de mudanças na utilidade dos saldos em dinheiro, como a expansão da monetização ou a gama crescente de instrumentos financeiros disponíveis, e aquelas que surgem a partir de mudanças no custo dos saldos em dinheiro, como mudanças nas taxas de juros nominais e no ritmo das alterações de preço. No jargão econômico, devemos distinguir entre as mudanças na curva de demanda e movimentos ao longo de uma curva de demanda nos saldos em dinheiro.

Essa distinção é importante, pois mudanças na utilidade tendem a ocorrer de forma lenta e gradual. Muitas mudanças nas condições de custo também surgem lentamente, mas quando tais mudanças são bruscas, especialmente nas taxas de juros e no ritmo das alterações de preço, elas são geralmente o resultado de eventos desencadeados por mudanças anteriores na oferta de dinheiro. Um exemplo recente nos Estados Unidos é o aumento brusco na taxa de inflação e nas taxas de juros durante a década de 1970, e a subsequente queda brusca durante a década de 1980.

A conclusão é que mudanças substanciais nos preços ou na renda nominal são quase sempre o resultado de mudanças na oferta nominal de dinheiro, e raramente o resultado das mudanças na demanda de dinheiro. (O Capítulo 8 discute com maior profundidade o caso-chave da inflação.)

Conclusão[14]

Os fenômenos monetários têm sido objeto de estudos extensivos ao longo dos séculos. Um resumo de algumas amplas descobertas empíricas a partir dessas pesquisas pode ajudar a focar a discussão deste capítulo.

» Tanto em períodos longos como em curtos, há uma relação precisa, embora não consistente, entre a taxa de crescimento da quantidade de dinheiro e a taxa de crescimento da renda nominal. Se a quantidade de dinheiro cresce rapidamente, da mesma forma também crescerá a renda nominal, e vice-versa. A relação é muito mais próxima nos períodos longos do que nos curtos.

» Ao longo de períodos curtos, a relação entre crescimento de dinheiro e crescimento de renda nominal é normalmente difícil de observar, em parte porque a relação é menos próxima em períodos curtos do que em períodos longos, mas principalmente porque leva tempo para que as mudanças no crescimento monetário afetem a renda. E a duração desse período é, por si só, variável. O crescimento atual da renda não está estreitamente relacionado com o crescimento monetário atual; ele depende do que vem acontecendo com o dinheiro no passado. O que acontece com o dinheiro hoje afeta o que acontecerá com a renda no futuro.

» Para a maioria dos países ocidentais, uma mudança no ritmo do crescimento monetário produz uma mudança na taxa de crescimento de renda nominal entre seis e nove meses depois. Essa é uma média que não acontece em todos os casos. Às vezes demora mais, às vezes menos. Em especial, o atraso tende a ser mais curto em condições

---

14 Esta conclusão é, em grande parte, de Friedman (1987).

de taxas altas e altamente variáveis de crescimento monetário e de inflação.

» Em episódios cíclicos, a reação da renda nominal, considerando o atraso de tempo, é maior em amplitude do que a mudança no crescimento monetário.

» A taxa alterada de crescimento da renda nominal normalmente aparece primeiro na produção, e quase nunca nos preços. Se a taxa de crescimento monetário aumenta ou diminui, a taxa de crescimento da renda nominal e também da produção física tende a aumentar ou diminuir entre seis a nove meses depois, mas a taxa de aumento de preços é muito pouco afetada.

» O efeito nos preços, como o que ocorre na renda e na produção, é distribuído ao longo do tempo, mas ele aparece entre 12 e 18 meses mais tarde, de modo que o atraso total entre uma mudança no crescimento monetário e uma mudança na taxa de inflação tem em média algo em torno de dois anos. É por isso que é uma árdua tarefa parar uma inflação depois que foi permitido que ela começasse. Ela não pode ser interrompida de um dia para o outro.

» Mesmo depois de descontada a margem para o efeito retardado do crescimento monetário, a relação está longe de ser perfeita. Muito se perde em períodos curtos entre a alteração monetária e a alteração de renda.

» Em curto prazo, que pode chegar a ser de 3 a 10 anos, as mudanças monetárias afetam basicamente a produção. Ao longo de décadas, por outro lado, a taxa do crescimento monetário afeta basicamente os preços. O que acontece com a produção depende de fatores reais: o empreendedorismo, a inventividade e a diligência das pessoas; a extensão de quanto economizam; as relações entre as nações; e assim por diante.

» Uma grande descoberta tem a ver com depressões severas. Há fortes evidências de que uma crise monetária envolvendo um declínio substancial na quantidade de dinheiro é uma condição necessária e suficiente para uma grande depressão. As flutuações no crescimento monetário também estão sistematicamente relacionadas com pequenos altos e baixos na economia, mas não desempenham um papel dominante como outras forças. Como Anna Schwartz e eu dizemos: "Mudanças na oferta monetária são... uma consequência bem com uma fonte independente de alteração da renda em dinheiro e dos preços, embora, uma vez que ocorram, produzem por sua vez efeitos ainda mais profundos na renda e nos preços. É uma interação mútua, mas em que o dinheiro é claramente o integrante principal em movimentos de longo prazo e nos principais movimentos cíclicos, e um integrante mais igual com a renda em dinheiro e os preços em curto prazo e em movimentos mais suaves — essa é a generalização sugerida por nossa evidência" (1963, p. 695).

» Uma questão importante e não resolvida é a divisão em curto prazo de uma mudança na renda nominal entre produção e preço. A divisão varia muitíssimo em tempo e espaço, e não há uma teoria satisfatória que isole os fatores responsáveis por tal variabilidade.

» A partir dessas proposições, decorre que *a inflação é sempre, e em todos os lugares, um fenômeno monetário* no sentido de que é e pode ser produzida apenas por um aumento mais rápido na quantidade de dinheiro do que na produção. Muitos fenômenos podem produzir flutuações temporárias na taxa inflacionária, mas podem ter efeitos duradouros apenas se afetarem a taxa do crescimento monetário. Contudo, há muitos motivos possíveis para o crescimento monetário, incluindo descobertas de ouro e financiamento de gastos governamentais e privados. Sendo assim, essas proposições são apenas o início de uma resposta às causas e curas para a inflação. A questão mais profunda é por que o crescimento monetário excessivo ocorre (veja o Capítulo 8).

» Uma mudança no crescimento monetário afeta as taxas de juros em uma direção no início, mas no sentido contrário posteriormente. Um crescimento monetário mais rápido no início tende a diminuir as taxas de juros. Todavia, posteriormente a aceleração resultante nos gastos e ainda mais tarde na inflação produz um aumento na demanda por empréstimos, o que tende a aumentar as taxas de juros. Além disso, uma inflação mais alta amplia a diferença entre taxas de juros reais e nominais. Visto que tanto aquele que concede o empréstimo como aquele que pega o empréstimo acabam prevendo a inflação, quem concede o empréstimo exige, e aquele que pega o empréstimo está disposto a oferecer taxas nominais mais altas para compensar a inflação prevista. É por isso que as taxas de juros são as mais altas em países que *tiveram* o crescimento mais rápido na quantidade de dinheiro e também nos preços — países como Brasil, Argentina, Chile, Israel e Coreia do Sul. Na direção contrária, uma taxa mais lenta de crescimento monetário aumenta as taxas de juros no início, porém, mais tarde, à medida que desacelera os gastos e a inflação, ela diminui as taxas de juros. É por isso que as taxas de juros são as menores em países que *tiveram* a taxa mais lenta de crescimento na quantidade de dinheiro — países como Suíça, Alemanha e Japão.

» Nos principais países ocidentais, a ligação ao ouro e a previsibilidade de longo prazo resultante do nível de preço significava que, até algum tempo depois da Segunda Guerra Mundial, as taxas de juros se comportavam como se fosse esperado que os preços permanecessem estáveis e nem a inflação ou a deflação fossem previstas. Os retornos sobre os ativos nominais eram relativamente estáveis, enquanto os retornos reais eram altamente instáveis, absorvendo quase totalmente a inflação e a deflação (como mostra a Figura 1).

» A partir da década de 1960, e especialmente depois de Bretton Woods em 1971, as taxas de juros começaram a acompanhar as taxas de inflação. Os retornos nominais sobre ativos nominais se tornaram mais viáveis, e os retornos reais sobre ativos nominais, menos variáveis.

CAPÍTULO 3

O Crime de 1873[1]

"Estou convencido de que a história a registrará [a Lei de 1873] como o maior crime legislativo e a conspiração mais assombrosa contra a prosperidade do povo dos Estados Unidos e da Europa que esta ou qualquer outra era já testemunharam."
SENADOR JOHN H. REAGAN (1890)

"[A desmonetização da prata] foi o crime do século XIX."
SENADOR WILLIAM M. STEWART (1889)

"Em 1873 encontramos um simples reconhecimento jurídico daquilo [a desmonetização da prata] que havia sido o resultado imediato da Lei de 1853."
JAMES LAURENCE LAUGHLIN (1886)

"Não pressionareis sobre a testa do trabalho esta coroa de espinhos. Não crucificareis a humanidade em uma cruz de ouro."
WILLIAM JENNINGS BRYAN (1896)

"A Lei de 1873 foi uma obra de boa ventura que salvou nosso crédito financeiro e protegeu a honra do Estado. É um trabalho de legislação pelo qual nunca poderemos agradecer o suficiente."
JAMES LAURENCE LAUGHLIN (1886)

---

[1] Devo agradecer os valiosos comentários sobre versões anteriores feitos por Michael D. Bordo, Conrad Braun, Phillip Cagan, Joe Cobb, Harold Hough, David Laidler, Hugh Rockoff e, como sempre e especialmente, Anna J. Schwartz. Agradeço também a David D. Friedman e a um perito anônimo em nome do Journal of Political Economy por suas diversas sugestões muito úteis de revisão.

A LEI DE CUNHAGEM DE 1873, À QUAL SE REFEREM ESSAS CITAÇÕES, FOI aprovada por uma votação de 110 a 13 na Câmara dos Representantes e por 35 a 14 no Senado dos EUA após longas, porém superficiais audiências e debates gerais. Atraiu pouca atenção na época, mesmo por parte dos membros do Congresso (incluindo o senador Stewart) que votaram a favor dela e, contudo, a atacaram mais tarde usando termos mordazes como "um grave erro", uma "conspiração" perpetrada por "negociações corruptas", um "despropósito que é pior que um crime", uma "gigantesca fraude legislativa" e, por fim, "o crime de 1873" (veja BARNETT, 1964, pp. 178–81).[2]

Como foi que essa medida legislativa aparentemente inócua causou reações tão fortes e contrastantes nos principais acadêmicos, empresários e políticos no decorrer de um período tão longo? Como ela se tornou uma questão central em uma campanha presidencial conduzida mais de duas décadas após sua aprovação? (O Capítulo 5 conta essa história.) Teria ela sido um crime, em qualquer sentido do termo? Quais foram suas consequências reais? Para responder a essas perguntas, é necessário um pouco de contexto sobre a história e a teoria monetárias.

O CONTEXTO

A Constituição dos Estados Unidos concede ao Congresso o poder de "cunhar moeda, regulamentar seu valor e o da moeda estrangeira", e proíbe os estados de aceitar "qualquer outra coisa que não as moedas de ouro ou de prata como meio de pagamento de dívidas". Ao exercer esse poder inicialmente, o Congresso, seguindo a recomendação de Alexander Hamilton, aprovou a Lei de Cunhagem de 2 de abril de 1792. A lei definia a unidade monetária básica dos EUA como o dólar e definia a cunhagem subsidiária em uma base decimal — o centavo

---

2   De acordo com Paul M. O'Leary (1960, p. 390), "o primeiro a usar a palavra 'crime' foi George M. Weston, o secretário da Comissão Monetária dos EUA de 1876 em seu relatório especial, anexado ao relatório completo da comissão" publicado em 1877. Barnett (1964, p. 180) atribui o primeiro uso da expressão "o crime de 1873" ao senador Henry M. Teller do Colorado em 10 de julho de 1890.

["cent"], o meio-décimo ("half-disme", posteriormente chamado de níquel ou "nickel"), o décimo ("disme", posteriormente "dime"), o quarto e assim por diante. Posteriormente, ela definiu que o dólar equivalia a 371,25 grãos de prata pura ou a 24,75 grãos de ouro puro, autorizou a *cunhagem livre tanto* do ouro *como* da prata na proporção especificada de 15 para 1 e especificou a fração de liga que deveria ser combinada com o metal puro na cunhagem das moedas.[3]

Deixei em itálico dois termos cruciais para entendermos o "crime de 1873". *Cunhagem livre* é crucial pois dava conteúdo prático a um padrão de moeda metálica cunhada ao prover que a Casa da Moeda do Governo converteria todas as moedas metálicas que as pessoas decidissem levar à Casa da Moeda em moeda corrente legal denominada dólares (inicialmente apenas na forma de moedas, mais tarde também em certificados de papel), na equivalência metálica estabelecida. *Tanto* e *como* são fundamentais, porque estabeleceram os Estados Unidos em um padrão bimetálico, ou seja, um padrão monetário que autorizava a livre cunhagem e, portanto, o uso como dinheiro, de qualquer um dos dois metais, prata ou ouro. Essas duas provisões representavam o mesmo que dizer que o governo dos EUA compraria toda a prata e todo o ouro que lhe oferecessem pelos preços de US$1,2929... por onça troy de prata pura e US$19,3939... por onça troy de ouro fino — em outras palavras, 15 vezes a mais por uma onça de ouro do que por uma onça de prata, daí a proporção de 15 para 1.[4]

---

[3] A lei determinava que os "lingotes desta forma trazidos [para serem cunhados nas proporções legais] deverão ser analisados e cunhados o mais rápido possível após seu recebimento, e isso sem quaisquer despesas para a pessoa ou as pessoas que os trouxeram" (Jastram, 1981, p. 63). Desta forma, a cunhagem era livre em dois sentidos — aberta a todos em quantidade ilimitada e sem encargos.
A cláusula de que não deveriam ser cobrados os encargos da cunhagem é excepcional. Normalmente, uma pequena taxa, chamada de senhoriagem, é cobrada pelos custos da cunhagem. No entanto, a denominada taxa de senhoriagem foi manipulada algumas vezes e usada para outros propósitos que não o de cobrir as despesas da cunhagem — como sucedia com os antigos senhores ("lords") como fonte de rendimento e como sucedeu com o presidente Franklin Delano Roosevelt como forma de segurar o preço da prata (Capítulo 7).

[4] Os decimais contínuos (.2929..., .3939...) surgem porque uma onça troy equivale a 480 grãos. Considerando que um dólar era definido como equivalente a 371,25 grãos de prata pura ou a 24,75 grãos de ouro fino, uma onça de prata valia o mesmo que 480 dividido por 371,25 ou US$1,2929..., e uma onça de ouro valia o mesmo que 480 dividido por 24,75 ou $19,3939...

Embora tanto a prata como o ouro pudessem ser legalmente usados como dinheiro, na prática apenas a prata foi usada dessa maneira até 1834. O motivo era simples. Havia e há um mercado para a prata e o ouro além da Casa da Moeda — joias, usos industriais, cunhagem por outros países etc. Em 1792, a proporção do preço de mercado do ouro para o preço de mercado da prata era quase exatamente de 15 para 1, a proporção recomendada por Hamilton. Mas, logo depois, a proporção do preço mundial passou dos 15 para 1 e permaneceu assim (veja JASTRAM, 1981, pp. 63–69). Como resultado, qualquer pessoa que tivesse ouro e quisesse convertê-lo em dinheiro poderia fazer um melhor negócio primeiro trocando o ouro pela prata ao preço de mercado e depois levando a prata para a Casa da Moeda, em vez de levar o ouro diretamente para lá.

Para vermos isso sob outro ângulo, imagine que a Casa da Moeda é uma rua de duas mãos com uma proporção de 15 para 1. Um esquema óbvio de enriquecimento rápido seria levar 15 onças de prata à Casa da Moeda, obter 1 onça de ouro em retorno, vender a onça de ouro no mercado e, com o dinheiro levantado, comprar mais de 15 onças de prata, embolsar o lucro e repetir o ciclo. Claramente, a Casa da Moeda estaria em pouco tempo sobrecarregada de prata e sem ouro. É por isso que o compromisso da Casa da Moeda sob o padrão bimetálico era exclusivamente comprar prata e ouro (ou seja, cunhar livremente), embora também pudesse, à sua vontade, vender (resgatar) um ou outro, ou ambos os metais. O resultado final foi que os Estados Unidos estiveram efetivamente em um padrão de prata de 1792 a 1834. O ouro era usado como dinheiro apenas acima do par, e não pelo seu valor de equivalência. Era valioso demais para isso. A Lei de Gresham estava em operação total: o dinheiro barato afastava o dinheiro caro.[5]

Em 1834, uma nova legislação de cunhagem foi apresentada, em reconhecimento à mudança na proporção do preço entre o ouro e a pra-

---

5   Por motivos de precisão, a "lei" deve ser estabelecida de forma muito mais específica, como destacam Rolnick e Weber (1986).

ta, que na época estava por volta de 15,625 para 1 no mercado mundial. Tal proporção foi repetidamente recomendada pela Comissão Especializada de Moedas da Câmara dos Representantes entre 1832 e 1834, supostamente com o desejo de "fazer algo pelo ouro", que havia sido descoberto recentemente na Virgínia, na Carolina do Norte, na Carolina do Sul e na Geórgia e "havia atingido uma importância genuína para os quatro estados do sul" (O'LEARY, 1937, p. 83). No entanto, a Comissão Especializada mudou sua recomendação de forma muito repentina para uma proporção de 16 para 1, não para fazer algo *pelo* ouro — embora isso tenha certamente ocorrido —, mas para fazer algo *contra* o Banco dos Estados Unidos de Nicholas Biddle.[6] Isso se deu no ápice da famosa "guerra dos bancos" entre o presidente Andrew Jackson e Nicholas Biddle, que por fim resultou na incapacidade do banco de Biddle de obter uma nova concessão quando a sua concessão federal original expirou em 1836. Como coloca Paul M. O'Leary (1937, p. 84), a proporção de 16 para 1 era um "taco de ouro... usado por Jackson e seus apoiadores para ridicularizar seu odiado inimigo, O Banco". O estado insatisfatório da moeda corrente — era uma mistura de moedas de prata dos EUA e estrangeiras, além do papel-moeda emitido pelos bancos estaduais, sendo alguns de qualidade duvidosa — havia tornado as notas emitidas pelo banco de Biddle um meio favorecido de troca. Esperava-se que a Lei de 1834 enfraquecesse o banco ao tornar as moedas de ouro um substituto efetivo de suas notas.

Dois pontos sobre esse episódio merecem uma atenção especial. Primeiro, em 1834, 16 para 1 era um taco de ouro; na década de 1890, 16 para 1 era um taco de prata. Segundo, em ambos os casos o taco foi brandido exatamente pelo mesmo eleitorado político contra um mesmo eleitorado

---

6   Embora a proporção seja descrita como 16 para 1, isso é uma aproximação. Na Lei de 1834, o peso do dólar de ouro foi estabelecido em 23,2 grãos de ouro puro, o que dava uma proporção trivialmente mais alta do que 16 para 1 do ouro para a prata. A lei foi emendada em 1837 para tornar o peso igual a 23,22, o que dava uma proporção trivialmente menor do que 16 para 1. O motivo dessa mudança foi tornar a porcentagem de liga na moeda cunhada igual a precisamente 10%. Uma boa fonte para as primeiras leis de cunhagem nos Estados Unidos é a Comissão Executiva Nacional da Prata (National Executive Silver Comitee, 1890). Veja também A Comissão dos EUA sobre o Papel do Ouro (U. S. Comission on the Role of Gold, 1982, vol. 1, cap. 2).

político: apoiadores de Andrew Jackson, em 1834, e de William Jennings Bryan, em 1896, majoritariamente rurais, pequenos empresários, de menor classe do sul e do oeste, contra os banqueiros, os financistas, os interesses das grandes empresas e as classes urbanas mais altas do leste e do nordeste.

De qualquer modo, a adoção da proporção de 16 para 1 — tornando o preço oficial de US$20,671835... (= 480/23,22) por onça de ouro fino — determinou o fim do reinado da prata. A partir de então, e até a Guerra Civil, a cunhagem de prata ficou limitada quase totalmente às moedas subsidiárias. Estas também foram supervalorizadas na nova proporção legal até 1853, quando o Congresso votou para reduzir seu conteúdo de prata. Contudo, a diferença era tão ínfima e várias delas já tinham peso tão menor que não valia a pena derretê-las (pelo menos até a inflação de papel-moeda da Guerra Civil) (CAROTHERS, 1930, pp. 98–101). De 1834 em diante, as moedas de ouro circularam, e o ouro se tornou o padrão efetivo. Apesar da demanda aumentada pelo ouro para uso monetário, a proporção do preço de mercado entre ouro e prata caiu depois das descobertas de ouro na Califórnia e na Austrália nas décadas de 1840 e 1850. O status do ouro como dinheiro barato parecia estar garantido.

A Guerra Civil encerrou temporariamente o reinado do ouro. As exigências de financiamento da guerra levaram à introdução do papel-moeda — as cédulas verdes — emitidas sem lastro em ouro ou prata e sem qualquer promessa de resgate em qualquer metal.[7] Nessas circunstâncias, o papel se tornou o dinheiro barato. Todavia, o ouro continuou circulando, especialmente na costa oeste, mas, obviamente, sem ter uma proporção de 1 para 1 com as cédulas verdes. Surgiu um livre mercado no qual o "preço do ouro em cédulas verdes" subiu acima do preço legal oficial — de fato, no extremo, para mais que o dobro do

---

7 Um detalhe fascinante sobre o papel-moeda: Salmon P. Chase era Secretário do Tesouro quando as primeiras cédulas verdes foram emitidas em 1862. Oito anos depois, ele era o Presidente da Suprema Corte quando esta julgou o primeiro dos famosos casos de papel-moeda que questionavam a constitucionalidade de sua emissão. Além de Chase não ter apontado sua impossibilidade de julgar o caso, como Ministro da Justiça, juntou-se à maioria da Corte ao declarar que o que havia feito na função de Secretário do Tesouro fora inconstitucional! Pouco mais de um ano depois, após o preenchimento de duas vagas na Corte, a decisão foi revertida no segundo dos casos do papel-moeda, com o Ministro Chase desta vez votando com os juízes dissidentes.

preço oficial. O governo passou a exigir que os impostos alfandegários e determinadas outras obrigações fossem pagos em ouro; os bancos providenciaram depósitos separados de ouro e de cédulas verdes para seus clientes. Resumindo, o ouro e as cédulas verdes circularam lado a lado com uma taxa de câmbio flutuante determinada no mercado, embora o papel-moeda fosse a moeda corrente para a maioria dos propósitos e em grande parte dos setores.

Por fim, chegamos a 1873. Estava em andamento um movimento para encerrar o episódio do papel-moeda e retomar um padrão de moeda metálica. Estava na hora de o Congresso começar a organizar a legislação de cunhagem. A resultante Lei de Cunhagem de 1873 listava as moedas a serem cunhadas. A lista incluía moedas de ouro e moedas de prata subsidiárias, mas omitia o padrão histórico de prata de 371,25 grãos troy de prata pura. Mais alterações ocorreram em 1874.[8] A estas se seguiu a Lei de Reintegração de 1875 e a reintegração com êxito de um padrão de moeda metálica com base no ouro no dia 1º de janeiro de 1879.[9]

Os eventos culminaram com a reintegração em 1879, correspondendo precisamente a uma sequência paralela verificada na Grã-Bretanha seis décadas antes — um padrão bimetálico antes de 1797, seguido pela adoção de um padrão de papel-moeda inconvertível, a desmonetização da prata em 1816 e a reintegração em 1821 de uma base de ouro (ao passo que, sem a legislação de 1816, a reintegração teria sido com base na prata).[10] O paralelismo não é uma mera coincidência. O passo inicial — o término da convertibilidade e a adoção de um padrão em papel

---

8 A Lei de 1873 incluía uma cláusula para a cunhagem de um "dólar comercial" mais pesado de prata para ser usado no comércio com o México e o Extremo Oriente, que adotavam o padrão-prata. O dólar comercial possuía status de moeda corrente, que foi removido em junho de 1874, quando o Congresso aprovou os Estatutos Revisados que estabeleciam que nenhuma moeda de prata acima do valor de US$5,00 deveria ter status de moeda corrente e que a moeda estrangeira estava proibida de ser usada como pagamento (veja Barnett, 1964, p. 178).
De acordo com Nugent (1968, pp. 98, 134), a legislação de cunhagem foi apresentada inicialmente pelo senador John Sherman em 1868, e a lei que de fato foi aprovada foi inicialmente redigida em 1869 (embora claramente com algumas alterações subsequentes) e apresentada ao Senado pela primeira vez em abril de 1870.

9 Para uma discussão detalhada do período do papel-moeda e a reintegração, veja Friedman e Schwartz (1963, cap. 2).

10 Em 1819, o preço de mercado do ouro havia caído para o preço legal, mas o Banco da Inglaterra só foi legalmente obrigado a trocar suas notas por ouro a partir de 1821.

-moeda — foi uma reação em ambos os países às pressões financeiras da guerra.[11] Como nos Estados Unidos, a decisão da Grã-Bretanha para voltar a um padrão de moeda metálica refletia o desejo de ter uma moeda segura, que se manifestava na indignação da comunidade financeira, daqueles que tinham títulos do governo e de alguns economistas com a inflação produzida pelo afastamento de um padrão em moeda metálica — embora a inflação fosse excessivamente modesta pelos padrões modernos, no máximo entre 5% a 10% por ano. Embora a escolha da Grã-Bretanha pelo ouro em vez da prata tenha sido meio que acidental, foi um dos principais motivos pelos quais os Estados Unidos fizeram a mesma escolha cerca de seis anos depois.[12]

Se a reintegração nos Estados Unidos tivesse ocorrido sob a legislação de cunhagem pré-Guerra Civil, a prata teria se tornado o metal barato sempre que a proporção ouro-prata subisse consideravelmente acima de 16 para 1, como ocorreu em 1875. Sob tais condições, os produtores de prata teriam achado mais vantajoso levar sua prata à Casa da Moeda do que vendê-la no mercado, e os donos de moedas de ouro teriam achado mais vantajoso derreter suas moedas e vender o ouro no mercado do que usá-las como dinheiro com seu valor nominal facial.[13]

---

11   Não era a única reação possível, apesar da tendência de muitos historiadores para considerarem o que aconteceu como algo que tinha que acontecer. A França estava sob uma pressão financeira ainda maior do que a Grã-Bretanha, no entanto, "ao longo de vinte anos de guerra, às vezes contra metade da Europa, [Napoleão] jamais permitiu o recurso ao papel-moeda inconvertível" (Walker, 1896b, p. 87). O Capítulo 6 analisa esse episódio com mais profundidade.

12   David Ricardo, um dos proponentes britânicos mais influentes da reintegração, favoreceu inicialmente a prata, mas não o bimetalismo ([1816] 1951, p. 63). Em uma deposição subsequente em 1819 perante uma comissão do Parlamento, Ricardo mudou para o ouro porque "entendi que a maquinaria é especialmente adequada para as minas de prata e pode, portanto, conduzir muito bem para uma quantidade aumentada desse metal e uma alteração de seu valor, enquanto não é provável que a mesma causa atue sobre o valor do ouro" ([1819a] 1952, pp. 390–91; veja também [1819b] 1952, p. 427). Esse julgamento, como tantos outros baseados na opinião de "especialistas" técnicos, mostrou-se estar muito longe de ser exato. O Capítulo 6 oferece uma análise mais completa sobre esse episódio.

13   Atualmente, não compensa levar nem ouro nem prata à Casa da Moeda, pois ambos foram substituídos por um dinheiro mais barato, o papel-moeda. Porém, ainda há preços oficiais nos registros contábeis (US$1,2929 para a prata, US$42,22 para o ouro). As reservas de ouro do governo dos EUA ainda são registradas com o preço oficial. Contudo, ninguém sonharia em usar uma moeda de prata com o valor facial de US$1 ou uma moeda de ouro com o valor facial de US$20 como moeda de troca com esses preços nominais. As moedas são itens numismáticos que valem cerca de US$8 e US$475, respectivamente. Devo agradecer a Conrad J. Braun pelas estimativas aproximadas dos valores atuais de mercado das moedas de prata e de ouro.

Na prática, tanto a conversão da moeda metálica em moeda corrente na Casa da Moeda como a fundição de moedas de ouro ou prata têm seus custos. Comumente, uma pequena taxa de senhoriagem é cobrada para cobrir as despesas da Casa da Moeda, e a fundição também envolve alguns custos. Além disso, o juro se perde devido aos atrasos envolvidos na Casa da Moeda, e o comércio envolve custos na venda de ouro ou de prata e vice-versa. Consequentemente, a tendência de considerar a proporção legal como um número preciso de modo que apenas um metal possa circular de cada vez é uma falácia. "Pontos de ouro" permitem que as taxas de câmbio de duas moedas com padrão-ouro flutuem dentro de um limite sem produzir carregamentos de ouro; de igual modo, sob um padrão bimetálico, os "pontos da proporção do preço entre o ouro e a prata" permitem que a proporção flutue dentro de um limite sem produzir uma sobrevalorização de um metal nem sua substituição completa pelo outro.[14]

A omissão de qualquer menção ao dólar com padrão-prata na Lei de Cunhagem de 1873 encerrou o status legal do bimetalismo nos Estados Unidos. Caso essa fatídica frase não tivesse sido omitida da lei, a reintegração em 1879 quase certamente teria sido com base na prata, e não no ouro. Esse foi o "crime de 1873" aos olhos dos proponentes da prata.

O evento suscita duas perguntas. A menos importante, porém mais fácil de responder, é: Houve um "crime", em qualquer sentido significativo? A pergunta muito mais importante, mas também muito mais difícil de responder: Quais teriam sido as consequências de haver incluído aquela frase fatídica?

Houve um "Crime"?

Em 1877, "um editorial do periódico *The Nation* [...] dizia o seguinte a certa altura: 'o Sr. Ernest Seyd, astuto bulionista e agente secreto de

---

[14] Essa era a situação da França de 1803 a 1873. Durante todo esse tempo, tanto o ouro como a prata circulavam, apesar das proporções do mercado que se afastaram da proporção legal francesa de 15,5 para 1, embora às vezes a prata tendesse a deslocar o ouro e em outras vezes o ouro tendesse a substituir a prata (Walker, 1896b, capítulos 4 e 5, especialmente p. 121). Veja, no Capítulo 6, uma análise mais completa sobre o padrão bimetálico.

donos estrangeiros de títulos, veio de Londres a este país em 1873, e por meio de negócios corruptos com importantes membros do Congresso e oficiais do governo provocou a desmonetização da prata.' Houve relatos de que ele trouxe consigo US$500 mil para subornar certos membros do Congresso e o controlador da moeda corrente" (citado em BARNETT, 1964, p. 178). Caso isso fosse verdade, certamente teria havido um crime em todos os sentidos do termo. Mas nunca foram encontradas evidências que indicassem a veracidade da história. De fato, Seyd era qualquer outra coisa, menos um "astuto bulionista". Ele era um bimetalista britânico que tinha fortes objeções à desmonetização da prata pelos Estados Unidos (NUGENT, 1968, pp. 153, 166). Nenhuma alegação de suborno jamais foi feita, muito menos documentada, contra qualquer membro do Congresso ou qualquer oficial do governo em conexão com a aprovação da Lei de Cunhagem de 1873. A lei foi discutida com grande extensão tanto na comissão como no plenário do Congresso e foi aprovada abertamente por grandes maiorias — embora, posteriormente, os críticos tenham alegado que a cláusula fundamental à qual se opuseram mal tivesse sido mencionada e que nem chegou a ser discutida pelo plenário.[15] No sentido literal de crime no dicionário — "um ato punível por lei, por ser proibido pelos estatutos e injurioso ao bem-estar público" —, não houve crime.

Por outro lado, naquilo que o dicionário define como um uso "mais genérico" do termo — "um ato maldoso ou injurioso; uma ofensa, um pecado"[16] —, a existência de um crime é questão de opinião. O que está fora de questão é que a omissão do dólar com padrão-prata na lista de moedas a serem cunhadas era intencional, com uma consciência plena das possíveis consequências e na crença de que tais consequências fossem desejáveis. Quem deixou isso claro foi H. R. Linderman,

---

15 Eles até citaram um de seus oponentes em apoio: "Como afirma o professor Laughlin [...]: 'o Senado ocupava seu tempo principalmente com questões de senhoriagem e abrasão, e a Câmara com uma questão dos salários dos oficiais'" (National Executive Silver Committee, 1890, p. 22).

16 Definições do *Oxford English Dictionary*.

diretor da Casa da Moeda dos EUA na época da aprovação da lei, em um livro publicado pouco tempo depois (1877, capítulo 9). Em seu Re latório ao Secretário do Tesouro em novembro de 1872, quando a lei de cunhagem estava pendente no Congresso, ele escreveu: "As flutuações no valor relativo do ouro e da prata durante os últimos 100 anos não foram muito grandes, mas diversas causas estão agora em movimento, todas tendendo a um excesso de oferta de prata em vez de demanda, e sua consequente depreciação" (citado em 1877, p. 48).

Sobre as consequências da lei, Linderman escreveu: "A declaração da Lei de Cunhagem de 1873, de que o dólar de ouro deveria ser a unidade de valor daquele momento em diante, e a omissão do dólar de prata das moedas a serem cunhadas sob as cláusulas da Lei, colocaram os Estados Unidos no padrão-ouro unicamente [...]. O peso da opinião na Europa e nos EUA era contra a praticabilidade de manter um padrão duplo em qualquer base que fosse escolhida, e em favor de um único padrão-ouro" (p. 44).

Em um capítulo posterior, ele disse: "Os defensores da restauração do antigo dólar de prata [...] parecem pensar que foi cometido um erro, senão uma maldade, ao descontinuar sua cunhagem; e eles desejam corrigir isso sem referência à questão de ser ou não possível manter uma circulação concorrente de moedas de ouro e prata após a reintegração em 1879" (pp. 100–101).

Além disso, como Walter Nugent documenta em grande detalhe, o senador John Sherman, presidente da Comissão de Finanças do Senado, havia determinado a desmonetização da prata a partir de pelo menos 1867, e havia organizado a criação de uma lei para esse efeito elaborada no fim de 1869. A partir de então, o senador Sherman, Linderman, John Jay Knox (vice-controlador da moeda corrente, e depois controlador) e o secretário do tesouro George Boutwell cooperaram para pressionar uma lei de cunhagem que incluía a desmonetização da prata (1968, pp. 80, 88, 99, 103, 105). "Será que Knox, Linderman, Boutwell, Sherman e os outros estavam cientes do que estavam fazendo quando planejaram largar o dólar de prata?", questiona Nugent. "É inconcebível", continua ele, "que não estivessem [...] Mas será que apressaram seu fim porque temiam uma queda nos preços da prata? Ninguém fez uma afirmação explícita nesse sentido, mas foi indubitavelmente o caso" (p. 137).

Somando-se a isso, como escreveu Francis Walker duas décadas mais tarde: "Tal medida foi aprovada com uma falta de observação tão completa que somente um ou dois anos depois o fato da desmonetização ficou popularmente conhecido." Em uma nota de rodapé, Walker acrescentou: "O escritor era professor de economia política em Yale em 1873, e de fato estava engajado em dar suas aulas a respeito do tópico do dinheiro. Ele também era um ávido leitor de jornais, e por coincidências de sua posição e de conhecidos pessoais, tinha um contato muito constante com homens ligados ao comércio e aos bancos na cidade vizinha de Nova York. Contudo, foi apenas depois de um longo tempo após a aprovação da Lei de 1873 que ele descobriu sobre a desmonetização do dólar de prata" (1893, pp. 170–71).

Assim como Paul O'Leary resumiu a evidência: "Parece apenas razoável concluir que o fracasso de não incluir a cláusula para o dólar com padrão-prata na Lei de Cunhagem de 1873 se baseou não no reconhecimento dos fatos econômicos existentes, mas na hostilidade calculada à prata como parte do padrão monetário. A Lei previa o futuro. Era determinada e deliberada na mente do homem [de acordo com Nugent, 'homens'] que em grande parte estruturou a legislação e a levou ao Congresso. Nesse sentido, os defensores da prata estão corretos em sustentar que ela foi o resultado de uma 'maldade premeditada'. Esperava-se que ela alcançasse um resultado, e alcançou, indo muito além de uma mera 'organização' de nossas leis e procedimentos de cunhagem."

O'Leary disse ainda: "Durante os 27 anos seguintes, a questão da prata atormentou a política e as finanças dos Estados Unidos. A prata nunca mais reconquistou o lugar que teria alcançado caso a Lei de 1873 não tivesse omitido a inclusão de uma cláusula para a cunhagem do dólar com padrão-

-prata. As consequências de não anular a cunhagem livre e ilimitada do dólar de prata poderiam ter sido vastas para a vida financeira, econômica e política subsequente dos norte-americanos. No entanto, essa é uma outra história" (1960, p. 392).[17]

Uma história à qual nos voltamos agora.

As Consequências da Lei de Cunhagem de 1873

A eliminação da livre cunhagem da prata teve consequências importantes por causa de um fato citado por Linderman: o provável declínio do preço mundial da prata em relação ao do ouro. Caso não houvesse um declínio na relação entre o preço prata-ouro — ou, como é mais usualmente expressado, se não houvesse um aumento na relação do preço ouro-prata —, teria sido irrelevante se aquela fatídica frase fosse incluída ou omitida na Lei de 1873. Em qualquer caso, a situação pré-Guerra Civil de um padrão-ouro efetivo teria continuado quando e se os Estados Unidos retomassem os pagamentos em moeda metálica.

O fato é, no entanto, que um aumento na relação entre o preço ouro--prata havia começado muito antes do Congresso aprovar a Lei de 1873 e estava em pleno vigor quando os Estados Unidos retomaram os pagamentos em moeda metálica, em 1879. A reintegração efetuada pelos EUA na base do ouro foi o último prego no caixão da prata. A relação do preço ouro-prata, mostrada na Figura 1, flutuou ao redor de 15,5 (a relação da Casa da Moeda na França) por décadas antes das descobertas de ouro na Califórnia em 1848 e na Austrália em 1851. Ela teve, então, uma queda

---

[17] Em um artigo fascinante, Hugh Rockoff (1990) argumenta de forma persuasiva que a obra de Frank Baum, O Mágico de Oz, "não é apenas um conto infantil, mas também um comentário sofisticado sobre os debates políticos e econômicos da Era Populista (p. 739), ou seja, sobre a agitação quanto à prata gerada pelo denominado Crime de 1873. "A terra de Oz", de acordo com Rockoff, "é o Oriente, onde o padrão-ouro reina supremo e onde uma onça (Oz, na abreviação em inglês) de ouro tem quase um significado místico" (p. 745). Rockoff passa a identificar a Bruxa Má do Leste com Grover Cleveland, o democrata do ouro que, como presidente, "liderou exitosamente a revogação da Lei de Compra da Prata de Sherman de 1893" (p. 746).
De forma semelhante, Rockoff consegue identificar muitos dos outros lugares e personagens, e muito da ação, com lugares, pessoas e eventos que desempenharam um papel significativo nos anos finais do movimento da prata livre.

para perto de 15 em 1859, quando começou um aumento irregular, porém mais ou menos constante.[18]

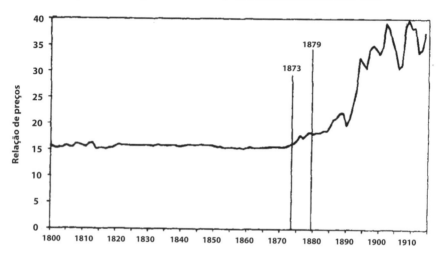

FIGURA 1
Relação entre o Preço do Ouro e o Preço da Prata, anualmente, 1800–1914

O aumento acelerou rapidamente depois de 1870, à medida que um país europeu após o outro mudou de um padrão-prata ou bimetálico para um padrão-ouro único — um tributo à liderança da Grã-Bretanha, na época reconhecida como o poder econômico dominante. A Alemanha fez a mudança em 1871-73, após derrotar a França e impor uma grande indenização de guerra, pagável em fundos convertíveis em ouro. A França, que havia mantido um padrão bimetálico desde 1803, apesar das descobertas importantes primeiro de prata, e posteriormente de ouro, desmonetizou a prata em 1873-74, juntamente com outros membros da União Monetária Latina (Itália, Bélgica e Suíça). A União Escandinávia (Dinamarca, Noruega e Suécia), a Holanda e a Prússia fizeram o mesmo em 1875-76, e a Áustria em 1879. No fim da década de 1870, a Índia e a China foram

---

18   Embora a França certamente tenha adotado a relação de 15,5 para 1 visto que era a proporção média do mercado em 1803, sua manutenção exitosa do bimetalismo sem dúvida ajudou a estabilizar a proporção (veja Walker, 1896b, p. 87; Fisher 1911, p. 136).

os únicos países importantes com um padrão-prata efetivo. A demanda resultante por ouro, juntamente com a oferta aumentada de prata para propósitos não monetários, produziram um aumento drástico na relação do preço ouro-prata. De 15,4 em 1870, saltou para 16,4 em 1873; 18,4 em 1879; e 30 em 1896, quando "16 para 1" se tornou o grito de guerra da campanha de Bryan.

Ao se juntar ao movimento pró-ouro, os Estados Unidos aumentaram a pressão para a subida da relação do preço ouro-prata, tanto por absorver o ouro, que de outro modo estaria disponível para uso monetário no restante do mundo, como por deixar de absorver a prata. Os efeitos estavam longe de ser triviais. Ao se preparar para a reintegração, o Tesouro dos EUA começou a acumular ouro; em 1879, o estoque de ouro monetário nos Estados Unidos, tanto no Tesouro como na posse privada, já havia alcançado perto de 7% do estoque mundial. Em 1889, a participação dos EUA havia crescido para quase 20%. De forma ainda mais drástica, o aumento de estoque de ouro monetário dos EUA entre 1879 e 1889 *excedia* o aumento do estoque mundial. As posições de ouro monetário do restante do mundo caíram de 1879 a 1883; depois, subiram, mas sem ultrapassar o nível anterior até 1890.

Quanto à prata, a incapacidade de absorver o metal por meio de cunhagem livre foi compensada, até certo ponto, por uma repetição de leis especiais para o benefício dos interesses da prata. A legislação exigia que o governo federal comprasse prata a preço de mercado, e a primeira de tais medidas, que precedeu a reintegração, foi a Lei Bland-Allison de 1878. Ela autorizava o Tesouro a comprar entre US$2 milhões e US$4 milhões de prata por mês a preço de mercado e levou a compras regulares de 1878 a 1890. Então, as compras de prata foram aumentadas drasticamente, sob a Lei Sherman de Compra de Prata, até que a cláusula de compra de prata fosse revogada em 1893.

É curioso notar que o número de onças de prata compradas sob essas leis foi quase igual a 16 vezes o número de onças de ouro fino acrescentadas ao estoque de ouro monetário do país. À primeira vista, parece que as medidas políticas teriam absorvido tanta prata quanto a livre cunhagem teria feito. Todavia, não foi esse o caso. Como ficará aparente a seguir, caso os Estados Unidos estivessem no padrão-prata, o estoque de dinheiro teria aumentado mais rápido do que o fez, e, assim, as onças de prata levadas à Casa da Moeda teriam excedido substancialmente 16 vezes as onças de ouro de fato adquiridas.[19]

A consequência mais óbvia, mas de jeito nenhum a mais importante, do retorno dos EUA ao padrão-ouro em vez do padrão bimetálico foi o forte aumento na relação do preço ouro-prata. Uma consequência muito mais importante foi o efeito nos preços nominais de bens e serviços em geral. A demanda mundial aumentada pelo ouro para propósitos monetários coincidiu com uma diminuição do ritmo de crescimento das reservas mundiais de ouro e com um aumento da produção de bens e serviços. Essas forças exerceram uma pressão para que o nível do preço baixasse. Dito de outro modo, estando o ouro mais escasso em relação à produção em geral, o preço de ouro em termos de bens subiu e o nível do preço nominal (sob um padrão-ouro, o nível de preço em termos de ouro) baixou. A pressão para baixo foi aliviada de alguma forma por uma rápida expansão do sistema bancário, que aumentou a quantidade de dinheiro que poderia ser empilhada em pirâmide sobre cada onça de ouro. Por outro lado, o aumento da renda real, mais a difusão da monetização nas atividades econômicas e o declínio do nível do preço em si aumentaram a pressão para a queda dos preços ao levar o público a manter saldos em dinheiro maiores em relação à sua renda (ou seja, a velocidade caiu).

O resultado foi a deflação entre 1875 e 1896, a uma taxa de aproximadamente 1,7% ao ano nos Estados Unidos, e 0,8% por ano no Reino Unido (ou seja, no mundo do padrão-ouro). Nos Estados Unidos, a deflação de 1875–96 veio depois da deflação ainda mais forte após a Guerra Civil.

---

19 De acordo com as estimativas analisadas na próxima seção deste capítulo, teriam sido acumuladas 26 mais onças de prata monetária do que as onças de ouro de fato adquiridas.

Aquela deflação mais forte foi um requisito essencial para a reintegração bem-sucedida com base no ouro seguindo a paridade, que havia antes da guerra, entre o dólar americano e a libra britânica. Ela também provocou forte inquietação e insatisfação, especialmente nas áreas rurais. A inquietação levou à formação, em 1876, do partido Greenback [ou das cédulas verdes], para continuar a agitação anterior pela emissão de mais papel-moeda como uma forma de substituir a deflação pela inflação. A agitação política encerrou a retirada do papel-moeda, que havia sido iniciada depois da Guerra Civil, e levou à adoção, em 1878, da Lei Bland-Allison, autorizando o Tesouro a comprar uma quantidade limitada de prata a preço de mercado.

Embora essa prata fosse comprada a preço de mercado, era avaliada para propósitos monetários no maior preço legal, sendo a diferença tratada como senhoriagem. A prata era, em sua maioria, cunhada em dólares de padrão-prata. No entanto, a maioria das moedas era armazenada no Tesouro como reserva para os papéis chamados certificados de prata, ou, depois de 1890, notas do tesouro de 1890. Eram nominalmente convertíveis em prata, mas também eram moeda corrente efetivamente convertíveis em ouro. Assim, era mais barato obter prata usando o papel-moeda para comprá-la no mercado do que converter o papel-moeda em prata no preço legal ficcional. Em efeito, os certificados de prata eram dinheiro fiduciário, diferenciando-se do papel-moeda apenas porque o papel histórico da prata como dinheiro tornava mais aceitável que o governo aumentasse a oferta de dinheiro ao comprar prata em vez de emitir abertamente o dinheiro fiduciário. Aumentar a oferta de dinheiro dessa forma também tinha o efeito político de subordinar os interesses da prata à causa populista da inflação. As reservas de prata do Tesouro eram a contrapartida das reservas de trigo que o governo dos EUA atualmente mantém como resultado da sua tentativa de sustentar a subida do preço do trigo.

Um declínio de 1,7% nos preços pode parecer brando demais para gerar o tipo de agitação que atormentou o país nas duas décadas a partir da reintegração até o fim do século. Porém, diversas considerações argumentam em outro sentido. Primeiro, o 1,7% faz referência a um índice de preços que cobre todos os bens e serviços (o deflator implícito de preço). Os preços de venda no atacado de bens agrícolas e outras *commodities* básicas sem dúvida caiu a uma taxa maior (3% por ano, de acordo com um índice). Pelo menos tão importante é o fato de que todos queremos que o preço das coisas que vendemos suba, e não o contrário; os vendedores de bens e serviços são quase que invariavelmente inflacionistas. Também é verdade que queremos que os preços das coisas que compramos caiam. Mas como consumidores, podemos comprar muitas coisas cujos preços estão indo para direções diferentes, e isso nos torna muito menos conscientes do que está acontecendo com o nível geral de preços do que o que está acontecendo com os preços específicos das coisas que vendemos. E isso foi muito mais verdadeiro no século XIX, quando os dados sobre a economia como um todo eram muito mais escassos do que agora. Além disso, em todos os tempos, os vendedores tendem a ser relativamente poucos em número e organizados, de modo que têm mais influência política do que os consumidores dispersos que se beneficiam dos preços em queda. Isso foi especialmente verdade com os produtores de prata, que claramente tinham muito a ganhar com a adoção de um padrão-prata. Embora poucos em número, eram politicamente influentes, visto que os estados produtores de prata, pouco populosos, tinham a mesma representação no Senado dos Estados Unidos que os estados urbanos e densamente povoados. (Veja, no Capítulo 7, uma manifestação muito mais tardia de sua influência política.)

Um fator adicional foi que os produtores rurais são em geral devedores em dinheiro líquido. Como tais, são prejudicados por uma queda nos preços, o que aumenta o valor real de sua dívida, e são beneficiados por um aumento nos preços, o que reduz o valor real de sua dívida. Como devedores, estavam particularmente suscetíveis à propaganda que representava "o Crime de 1873" como maquinações diabólicas de uma conspiração de capitalistas do Leste e estrangeiros: Wall Street versus Main Street.[20]

---

20 Devo essa observação a Hugh Rockoff.

Um resultado paradoxal da agitação a favor da inflação por meio da prata foi que isso explica por que a *deflação* foi mais severa nos Estados Unidos do que no resto do mundo com padrão-ouro (1,7% versus 0,8%). Como Anna Schwartz e eu concluímos (1963, pp. 133–34): "Todo esse episódio da prata é um exemplo fascinante de como aquilo que as pessoas pensam sobre o dinheiro pode ser importante algumas vezes. O medo de que a prata produziria uma inflação suficiente para forçar os Estados Unidos a deixarem o padrão-ouro tornou necessário ter uma deflação severa de modo a permanecer no padrão-ouro. Em retrospecto, parece estar claro que a aceitação de um padrão-prata num estágio inicial ou um comprometimento inicial ao ouro teriam sido preferíveis ao compromisso incômodo que foi mantido, com a incerteza quanto ao resultado final e as consequentes flutuações amplas às quais a moeda ficou sujeita."

Qual Teria Sido Melhor: Prata ou Ouro?

Considerando que qualquer extremo teria sido preferível ao compromisso incômodo, qual extremo teria sido melhor: a adoção inicial da prata como o único padrão com o valor monetário de US$1,2929... por onça ou o compromisso inicial com o ouro como o único padrão? Ou uma aparente terceira opção entre os extremos, a continuação do bimetalismo nominal? Uma resposta exige fazermos um exame minucioso das consequências quantitativas das três escolhas.

O fato é que tal exame, apresentado no Capítulo 4, deixa claro que a reintegração sob uma continuação do padrão metálico teria sido em direção à prata, e não ao ouro, e teria ocorrido em 1876, um ano depois da aprovação da Lei de Reintegração. Como resultado, a relação do preço ouro-prata teria se comportado de maneira muito diferente.

A Figura 2 mostra a relação do preço ouro-prata (16 para 1), a relação real de preços do mercado e uma estimativa da relação hipotética de preços que teria prevalecido se o bimetalismo legal houvesse continuado. A relação real foi às alturas, especialmente depois de 1890, quando subiu para mais de 30 e permaneceu por lá. Em contraste agudo, a estimativa hipotética se distancia fortemente da estimativa legal apenas entre 1891 e 1904.

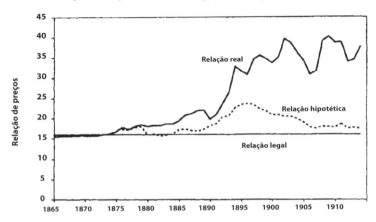

FIGURA 2
Relação de Preços Ouro-Prata: Legal, Real e Hipotética, 1865–1914

Antes de 1891, ela flutua muito perto da relação de 16 para 1. De 1906 a 1913, ela se mantém entre 17 e 18. Os anos durante os quais a relação se distancia fortemente de 16 para 1 não são resultado do acaso. O aumento da relação para muito acima de 16 para 1 surge durante os anos de máxima agitação política sobre a prata livre em torno da campanha de Bryan a favor da prata livre em 1896 e o subsequente desenrolar dos efeitos dessa agitação. Se a frase crucial sobre a prata tivesse sido mantida na Lei de Cunhagem de 1873, tal agitação nunca teria ocorrido, pois os Estados Unidos estariam em um padrão-prata. A relação hipotética de preço cai para um nível inferior durante o período da produção mundial de ouro, que começou a crescer rapidamente em 1897, alcançou níveis máximos, tendendo a diminuir o preço real do ouro.

Essas estimativas criam as condições (até onde consegui visualizar) para as circunstâncias econômicas alteradas que teriam seguido a continuação do bimetalismo legal — o nível mais alto do preço mundial e o preço real menor do ouro, a redução da quantidade de prata disponível para uso não monetário e assim por diante. Mas não consegui visualizar alguns dos efeitos previsíveis, destacadamente as mudanças na renda real e na produção de prata e ouro, que dirá a mudança no clima político. Não há dúvidas de que o vácuo político criado pelo desaparecimento da questão da prata livre teria sido preenchido por outras questões — muito provavelmente uma pressão para que os EUA se convertessem a um padrão-ouro —, mas não há como conjecturar qual efeito essas questões teriam tido na relação ouro-prata. Qualquer tentativa de fazer isso levaria para o reino da fantasia esse exercício de como a história poderia ter acontecido.

Minha conclusão é que a adoção da prata teria produzido, na prática e ao longo de todo o período, relações que flutuariam não muito longe de 16 para 1 e que teriam variado ainda menos antes de 1891 e depois de 1904 do que as estimativas hipotéticas apresentadas na Figura 2. Em resumo, acredito que os Estados Unidos poderiam ter desempenhado o mesmo papel depois de 1873 na estabilização da relação do preço ouro-prata que a França desempenhou antes de 1873.[21] Caso eu esteja certo, os temores dos oponentes do bimetalismo de que um padrão bimetálico envolveria uma oscilação contínua entre a prata e o ouro teriam se mostrado falsos. Com os Estados Unidos efetivamente no padrão-prata e o Reino Unido e outros países importantes no padrão-ouro, as mudanças na relação ouro-prata teriam se refletido diretamente na taxa de câmbio entre o dólar e outras moedas. Um aumento na relação teria produzido uma apreciação do dólar. Aqui, novamente, uma relação ouro-prata relativamente constante teria significado taxas de câmbio relativamente estáveis — variando, para a libra esterlina, não mais do que o nível de US$4,86 que de fato prevaleceu. (Essas questões são consideradas com mais detalhes no Capítulo 6.)

---

21 De 1803 a 1873, quando a França manteve exitosamente um padrão bimetálico em uma relação ouro-prata legal de 15,5 para 1, a menor relação do mercado foi de 15,19 em 1859 e a maior foi de 16,25 em 1813. Na maior parte do tempo, os limites foram muito mais estreitos (Warren; Pearson, 1933, tabela 25, p. 144).

A relação do preço entre o ouro e a prata não tem grande importância por si só — exceto para os negociantes de ouro e prata —, mas é vitalmente importante para os níveis de preço que teriam prevalecido nos países com padrão-prata (por hipótese, incluindo os Estados Unidos) e nos países com padrão-ouro. A Figura 3 mostra o nível real de preço nos EUA e os níveis de preço hipotéticos alternativos correspondendo às relações de preço entre o ouro e a prata na Figura 2.

FIGURA 3
Nível de Preços nos Estados Unidos: Real e Alternativas com o Padrão-prata, 1865–1914

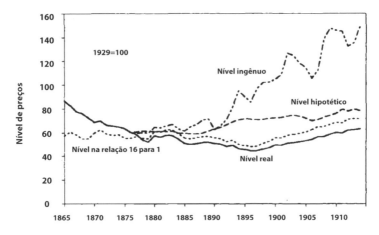

A estimativa ingênua simplesmente presume que a relação entre os preços do ouro e da prata e o preço real da prata teriam sido o que foram na realidade. Nessa hipótese, o nível do preço é facilmente calculado. É necessário apenas multiplicar o nível de preço que de fato prevaleceu pela relação entre o preço legal da prata (US$1,2929) e o preço do mercado. Contudo, esse cálculo simplista claramente produz uma grande sobrevalorização do aumento de preço que teria ocorrido. A estimativa de 16 para 1 vai para o outro extremo; ela subestima o efeito do nível de preços da adoção de um padrão-prata ao presumir que a relação real teria sido de precisamente 16 para 1 o tempo todo. A estimativa hipotética está entre essas duas, mas durante a maior parte do período fica consideravelmente mais próxima da estimativa de 16 para 1 do que da estimativa ingênua. Todavia, a estimativa de 16 para 1 provavelmente pinta um quadro mais preciso do panorama anual provável do que qualquer uma das outras estimativas. Tanto as estimativas ingênua como a hipotética são confundidas pelo "ruído" puramente estatístico. Além disso, o bimetalismo dos EUA teria fornecido um incentivo para a especulação da prata estabilizadora a nível mundial que teria eliminado os movimentos erráticos.

O nível real de preços nos Estados Unidos caiu a uma taxa de 1,5% por ano de 1876 a 1896, e depois subiu a uma taxa de 2% por ano até 1914. O nível de preço de 16 para 1 primeiro cai 0,7% por ano até 1896, e depois sobe 2,3% por ano até 1914. O nível hipotético de preços cai a uma taxa de 0,2% ao ano de 1876 a 1887, e depois sobe a uma taxa de 1,1% por ano até 1914. Qualquer alternativa teria cortado pela metade a taxa inicial de declínio. A alternativa de 16 para 1 implica um aumento subsequente levemente mais rápido, e a alternativa hipotética um aumento muito mais brando. Se minhas estimativas estão de alguma forma corretas, um padrão bimetálico — na realidade, um padrão-prata — teria produzido um nível de preços consideravelmente mais estável do que o padrão-ouro que foi adotado.

Além disso, um padrão-prata quase certamente teria evitado o que Anna Schwartz e eu, em *Monetary History*, denominamos de "os anos conturbados de 1891 a 1897" (1963, p. 104) — os anos que abrangem a contração muito aguda entre 1892 e 1894, uma recuperação breve e branda de 1894 a 1895, outra contração de 1895 a 1896,[22] falências generalizadas de bancos, mais um pânico bancário em 1893 e uma corrida às reservas de ouro dos EUA feita por estrangeiros temerosos de que a agitação da prata forçaria aquele país a sair do padrão-ouro. A confiança foi restaurada e a saída do padrão-ouro impedida por um sindicato particular presidido por J. P. Morgan e August Belmont, sob contrato com o Tesouro dos EUA. "Os

---
22 Essas são datas anuais de referência usadas em Friedman e Schwartz (1982).

termos alegadamente onerosos do contrato, organizados secretamente por meio de agentes há muito tempo identificados na literatura populista como 'a conspiração dos banqueiros internacionais' tornou-se uma questão de campanha em 1896" (FRIEDMAN; SCHWARTZ, 1963, p. 112n.).

Os efeitos não teriam se limitado aos Estados Unidos, é claro. Não pude fazer um estudo empírico tão minucioso para o restante do mundo quanto fiz para os EUA. No entanto, enquanto preparava as estimativas norte-americanas, foi necessário estimar o efeito sobre o nível dos preços no mundo de padrão-ouro, para o que usei a Grã-Bretanha como modelo. A Figura 4 mostra os níveis de preços reais e hipotéticos na Grã-Bretanha. O efeito estimado, embora menor do que nos Estados Unidos, é claramente substancial. O nível de preços teria sido consistentemente mais alto. O declínio no nível de preços de 1875 a 1895 teria sido cortado de 0,8% por ano para 0,5%; o aumento subsequente teria sido de 0,09% ao ano para 1,1%.

FIGURA 4

Nível de Preços no Reino Unido: Real e Hipotético, com o Padrão-prata nos EUA, 1865–1914

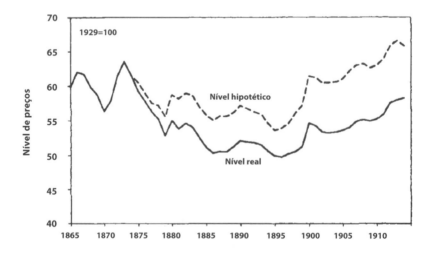

No entanto, aqui também, efeitos diversos dos considerados em nosso cálculo simples também teriam estado presentes. Sem dúvida, as mudanças nos Estados Unidos teriam produzido ecos em outros lugares. Uma economia mais saudável dos EUA teria significado uma economia mundial mais saudável. Somando-se a isso, o preço real do ouro consistentemente mais baixo teria reduzido o incentivo para a produção de ouro. Isso talvez teria atrasado a introdução do processo de cianeto na extração de minério de baixa qualidade, o que foi responsável pela inundação de ouro que produziu a inflação mundial depois de 1896. Não permiti a ocorrência de nenhum desses efeitos.

Independentemente de um veredicto culpado ter sido ou não apropriado em um tribunal para o "Crime de 1873", tal veredicto é apropriado no tribunal da história. A omissão da fatídica frase causou consequências momentosas para a história monetária subsequente dos Estados Unidos e, de fato, até certo ponto, do mundo. A retórica estava exaltada, mas a importância da questão não foi exagerada. A real questão foi o padrão monetário: bimetalismo de ouro e prata, que, na prática nos EUA, teria significado alternar os padrões prata e ouro. A Lei de 1873 lançou a sorte para um padrão-ouro, o que explica sua significância. Além do mais, embora a visão convencional seja a de Laughlin, de que "a Lei de 1873 foi uma obra de boa ventura" ([1886] 1895, p. 93), minha própria visão é a de que foi o contrário — um erro que teve consequências altamente adversas.

Apresso-me a acrescentar que este é um julgamento sobre 1873, e não 1896. Em 1896, já era tarde demais para desfazer os prejuízos, pelos motivos analisados no Capítulo 5. Bryan estava tentando colocar trancas na porta depois de a casa ter sido roubada.[23]

Também me apresso a acrescentar que este julgamento não tem a intenção de difamar ou de elogiar o caráter ou as intenções das diversas partes envolvidas na disputa de longo prazo. O grupo pró-prata continha

---

23 A estimativa no Capítulo 4 é a de que a relação do mercado teria sido ao redor de 24 para 1 em 1896, caso os EUA tivessem permanecido em um padrão bimetálico. Contudo, como indicado no texto, suspeito de que seja uma estimativa consideravelmente exagerada.

produtores de prata que buscavam promover seus interesses especiais, inflacionistas ávidos a tomar qualquer veículo para tal propósito e bimetalistas sinceros que não desejavam nem a inflação ou a deflação, mas que foram persuadidos de que o bimetalismo era mais propício à estabilidade dos preços do que o monometalismo. De igual modo, o grupo pró-ouro continha produtores de ouro, deflacionistas (expostos ao ridículo pelas forças que defendiam a prata livre, como os banqueiros de Wall Street) e aqueles que acreditavam sinceramente que o padrão-ouro era o único pilar satisfatório para uma sociedade financeiramente estável. Os motivos e as intenções importam muito menos do que o resultado. E, neste caso como em muitos outros, o resultado foi muito diferente do que o pretendido pelos defensores bem-intencionados da Lei de Cunhagem de 1873.

CAPÍTULO 4

Um Exercício Contrafactual

ESTIMANDO O EFEITO DA MANUTENÇÃO DO BIMETALISMO DEPOIS DE 1873[1]

Este capítulo apresenta a análise que sustenta as conclusões na seção final do capítulo anterior sobre os possíveis efeitos da continuidade do bimetalismo depois de 1873. É uma examinação hipotética sobre um possível desenvolvimento que, como argumentei no Capítulo 3, teria levado a efeitos de grande impacto, não apenas nos Estados Unidos, mas no mundo todo. Sendo assim, meus resultados ficam invariavelmente sujeitos a muita incerteza e a amplas margens de erro, que procurei permitir ao chegar às conclusões expostas no Capítulo 3. Este capítulo também é altamente técnico e detalhado. Suspeito que será de interesse principal-

---

[1] Muitos anos atrás, sugeri a Louis Drake, na época professor de economia na Universidade do Sul de Illinois, que estimasse o efeito nos preços dos EUA e do restante do mundo que teria sido causado pelo fato de os Estados Unidos terem permanecido em um padrão bimetálico. Ele trabalhou no projeto por anos e acumulou muitos dados, mas nunca ficou satisfeito o bastante com os resultados a ponto de publicá-los. Após sua morte, em 1982, colegas e amigos editaram um artigo preliminar encontrado em seus arquivos que continha a totalidade de seus cálculos originais, e publicaram o resultado em Drake (1985, pp. 194–219). Quando comecei a redigir o artigo que veio a se tornar o Capítulo 3, pensei que poderia simplesmente usar seus resultados. No entanto, após ler seu artigo minuciosamente, compreendi suas reservas sobre os resultados que presumivelmente o fizeram optar pela não publicação. Em consequência, produzi um conjunto independente de estimativas, embora me beneficiando de alguns de seus dados e análises. Não é de surpreender que meus resultados finais diferiram drasticamente dos dele.

mente a colegas de prática de economia técnica. Outros leitores podem preferir proceder diretamente aos capítulos posteriores.

1. Objetivo

Estimar o nível de preço e a relação entre o preço do ouro e da prata que teriam prevalecido se a Lei de Cunhagem de 1873 tivesse incluído a cláusula para a livre cunhagem do dólar com padrão-prata de 371,25 grãos troy de prata pura, de modo que o preço legal e o preço de mercado da prata tivessem permanecido em US$1,2929...

2. Estimativa Ingênua

O preço real da prata é simplesmente o preço nominal dividido pelo nível de preços (PS/P). Usando a suposição ingênua de que esse preço permaneceria inalterado, o preço real da prata teria sido de 1,2929/PHN, em que *PHN* é a estimativa ingênua do nível hipotético de preços sob um padrão-prata. Equacionando os dois e resolvendo a equação para obter o nível ingênuo hipotético de preços, obtemos:

$$(1) \qquad PHN = 1.2929 \ldots \cdot \frac{P}{PS'}$$

em que *P* é o nível real de preços e *PS* é o preço nominal real da prata.[2] (Para definições subsequentes da notação, veja o Registro de Notações no fim do capítulo.) A estimativa ingênua é menor do que o nível real de preços entre 1865 e 1876. Em 1876, são iguais; daí que, se a fatídica frase não tivesse sido omitida da Lei de Cunhagem de 1873, a reintegração com base na prata teria ocorrido em 1876, um ano depois da aprovação da Lei de Reintegração. A Figura 3 do Capítulo 3 mostra a estimativa ingênua subsequente do nível de preços; a Tabela 1 apresenta os valores numéricos.

---

2 Para as fontes de dados para estas variáveis, bem como para as seguintes, veja a Nota sobre as Fontes no fim do capítulo.

Defeitos da estimativa ingênua: (1) Os Estados Unidos provavelmente teriam aumentado suas reservas de prata com o padrão-prata ainda mais do que fizeram em resposta aos interesses da prata sob um padrão-ouro. Isso teria criado uma tendência de aumentar o preço real da prata. (2) Os Estados Unidos também teriam exportado ouro em vez de acumulá-lo, o que teria aumentado as reservas de ouro monetário e não monetário do restante do mundo e aumentado os preços nominais no mundo com padrão-ouro. Isso teria diminuído o preço real do ouro. (3) Em ambos os casos, a relação de preços entre o ouro e a prata teria sido inferior ao que foi na realidade.

3. A Estimativa de 16 para 1

Partimos do princípio de que a adoção de um padrão-ouro pelos Estados Unidos teria sido efetivo para estabelecer o 16 para 1 como a relação real entre os preços do ouro e da prata, e que os EUA permaneceriam em um padrão de prata estrito (ou seja, que a relação estaria levemente acima de 16 para 1). Como veremos, isso não é uma possibilidade tão remota quanto parece.

Para estimarmos o nível hipotético de preços nos EUA com base nesse princípio, precisamos de uma estimativa do preço real hipotético do ouro. Presumamos que os Estados Unidos se livrassem de todas as suas reservas de ouro monetário ao adotar um padrão-prata, e que esse ouro fosse dividido entre o uso não monetário (pelos Estados Unidos e pelo restante do mundo) e as reservas de ouro monetário do restante do mundo na proporção que de fato prevaleceu entre esses dois componentes da reserva total de ouro.[3]

---

[3] Devo tal abordagem a Hugh Rockoff. Ela substitui uma hipótese menos atrativa que eu havia feito inicialmente.

TABELA 1

Efeitos Estimados nos Preços nos Estados Unidos e no Reino Unido, estando os Estados Unidos no Padrão-prata, 1865–1914

Ano	Nível de Preços nos EUA				Nível de Preços no Reino Unido 1929 = 100		Ouro-Prata Relação de Preços	
	Real	Hipotético			Real	Hip.	Real	Hip.
		Ingênua	16-1	Sofist.				
1865	86,5		57,3		59,8		15,4	
1866	82,6		60,8		62,0		15,5	
1867	77,6		58,2		61,6		15,6	
1868	76,2		54,6		59,8		15,6	
1869	72,7		54,7		58,7		15,6	
1870	68,7		59,8		56,3		15,6	
1871	69,8		62,5		57,8		15,6	
1872	66,3		59,0		61,4		15,6	
1873	65,5		57,6		63,5		15,9	
1874	64,8		58,3		61,5		16,2	
1875	63,3		55,1		59,2		16,6	
1876	60,4	60,2	55,4	60,4	57,8	59,0	17,8	17,2
1877	58,2	59,8	56,8	60,8	56,2	57,5	17,2	17,1
1878	53,9	60,1	55,4	61,4	55,2	57,2	17,9	17,7
1879	52,0	60,0	54,7	61,4	52,8	55,6	18,4	18,0
1880	57,4	64,5	61,3	61,0	55,0	58,7	18,0	15,9
1881	56,3	64,4	60,8	61,5	53,8	58,1	18,3	16,2
1882	58,1	66,0	62,8	61,1	54,6	59,0	18,2	15,5
1883	57,4	66,8	62,3	61,3	54,0	58,6	18,7	15,7
1884	54,4	63,2	59,1	59,7	52,5	57,0	18,7	16,2
1885	50,8	61,6	55,4	59,6	51,1	55,7	19,4	17,2
1886	50,1	65,1	54,8	59,2	50,3	55,0	20,9	17,3
1887	50,6	66,8	55,8	59,2	50,5	55,7	21,1	17,0
1888	51,5	70,9	56,7	59,7	50,5	55,6	22,0	16,8
1889	51,8	71,5	56,8	61,3	51,2	56,1	22,0	17,3
1890	50,8	62,8	55,8	63,4	52,1	57,1	19,7	18,2
1891	50,3	65,8	55,0	64,4	51,9	56,7	20,9	18,7
1892	48,3	71,3	52,5	66,7	51,8	56,2	23,8	20,3
1893	49,5	81,8	53,8	69,4	51,5	55,9	26,6	20,6
1894	46,4	95,2	50,0	70,9	50,6	54,6	32,9	22,7
1895	45,7	90,5	49,0	71,9	49,9	53,5	31,9	23,4
1896	44,4	85,5	48,1	71,3	49,7	53,9	30,5	23,7
1897	44,6	96,5	48,6	71,1	50,2	54,6	34,5	23,4

Ano	Nível de Preços nos EUA			Nível de Preços no Reino Unido		Ouro-Prata	
	Real	Hipotético		1929 = 100		Relação de Preços	
		Ingênua	16-1	Sofist.	Real	Hip.	Real	Hip.
1898	45,9	101,8	51,0	71,3	50,5	56,1	35,5	22,4
1899	47,1	102,3	52,6	72,0	51,2	57,1	34,8	21,9
1900	49,6	104,5	55,8	72,6	54,6	61,4	33,8	20,8
1901	49,3	108,1	55,7	72,8	54,2	61,2	35,1	20,9
1902	51,0	126,5	57,9	74,0	53,3	60,4	39,7	20,5
1903	51,5	124,4	58,6	74,9	53,2	60,4	38,6	20,5
1904	52,3	118,2	59,4	73,8	53,3	60,5	36,2	19,9
1905	53,4	114,4	60,8	72,4	53,6	61,0	34,3	19,0
1906	54,5	105,4	62,7	70,1	54,0	62,2	31,0	17,9
1907	56,8	112,4	65,2	71,3	54,9	63,0	31,8	17,5
1908	56,7	138,6	65,0	73,1	55,1	63,2	39,1	18,0
1909	58,7	147,5	67,0	74,7	55,9	62,5	40,2	17,8
1910	60,2	145,6	68,7	76,4	55,2	63,0	38,7	17,8
1911	59,7	144,9	68,3	79,6	55,9	63,9	38,9	18,6
1912	62,3	132,4	71,4	78,2	57,5	65,9	34,1	17,5
1913	62,6	135,3	71,9	79,7	57,9	66,5	34,6	17,7
1914	63,5	149,7	71,8	78,6	58,2	65,8	37,8	17,5

Presumamos ainda que o nível mundial de preços tenha subido em proporção às reservas aumentadas de ouro. Teremos então:

(2) $$RPGH = RPG \cdot \frac{EWMG + WNMG}{WMG + WNMG}$$

Visto que o preço real da prata seria, por hipótese, 1/16 do preço real do ouro e por definição igual ao preço nominal (= preço legal) dividido pelo nível de preços, temos:

(3) $$PH16 = 1.2929 \ldots \cdot \frac{16}{RPGH}$$

As reservas reais de ouro monetário dos EUA se tornaram uma fração de crescimento constante do ouro monetário mundial a partir de 1879, de modo que o preço de 16 para 1 equivale aproximadamente ao preço real, com o diferencial aumentando um pouco durante o período (veja a Figura

3 do Capítulo 3). Em 1876, quando a reintegração da prata teria ocorrido, o nível de preços estimados na equação (3) estava levemente abaixo do nível real de preços. Em 1877 estava levemente acima.

O preço real hipotético do ouro também é tudo de que precisamos para estimarmos o efeito sobre o nível de preços do mundo de padrão-ouro, pelo fato de os Estados Unidos estarem no padrão-prata durante todo o período. Se considerarmos o nível de preços no Reino Unido como representativo do nível de preços dos países de padrão-ouro, temos:

$$(4) \quad \text{UKPH} = \text{UKP} \cdot \frac{\text{WMG} + \text{WNMG}}{\text{EWMG} + \text{WNMG}}$$

(Veja a Figura 4 do Capítulo 3.) O efeito é claramente significativo.[4]

4. Uma Estimativa Mais Sofisticada

Para irmos além dessas estimativas simples, precisamos encontrar uma forma de estimarmos o preço real da prata, visto que poderemos usar a contraparte da equação (3) para convertermos tal estimativa em uma estimativa do nível hipotético de preços.

O preço real da prata é determinado pela (a) oferta e pela (b) demanda da prata para uso não monetário no mundo como um todo. A adoção feita pelos EUA de um padrão bimetálico ou de um padrão-prata presu-

---

[4] Uma verificação interessante sobre essas estimativas, descoberta depois que foram terminadas, é fornecida por Irving Fisher, que em 1911 escreveu: "Caso uma maneira tivesse sido inventada pela qual o ouro e a prata pudessem ter sido mantidos juntos (digamos por um bimetalismo mundial), os preços não teriam caído tanto [da média entre 1873 e 1876] nos países com padrão-ouro, ou subido muito (se é que subiriam) nos países com padrão-prata, mas teriam provavelmente caído levemente nos países com padrão-ouro — cerca de 10% até 1890–1893 e mais até 1896." Ele estima que os preços de fato caíram 22% nos países com padrão-ouro entre 1873 e 1876, e que subiram 17% nos países com padrão-prata entre 1890 e 1893. De acordo com a Tabela 1, os preços nos Estados Unidos, um país com padrão-ouro, de fato caíram 22% entre as datas indicadas, mas no Reino Unido, que tomei como um país representativo do padrão-ouro, caíram 14%. A estimativa do índice de preços hipotéticos para o Reino Unido cai ao redor da metade, ou 7%, e depois cai mais até 1896, em ambos os casos muito próximos às estimativas de Fisher, especialmente com respeito à fração do declínio que teria sido evitada. Quanto aos países com padrão-prata, a estimativa do nível de preços de 16 para 1 nos Estados Unidos da Tabela 1 cai 4%, do nível hipotético de preços (analisado no ponto 4 deste capítulo) sobe 4%, consistente com o "se é que subiriam" de Fisher (1911, pp. 244–45).

mivelmente não teria afetado de forma significativa a função mundial de demanda de prata para a utilização não monetária. Para estimarmos tal função de demanda (seção b a seguir), precisamos de dados sobre o uso real não monetário da prata (seção a1). Por outro lado, a adoção feita pelos EUA de um padrão bimetálico ou de um padrão-prata teria claramente alterado de forma significativa a oferta de prata para usos não monetários (seção a2), pois teria aumentado a demanda monetária de prata. A criação de estimativas aceitáveis para o período em questão, (1875–1914) mostrou-se ser, de longe, meu problema mais complicado.

A1. USO NÃO MONETÁRIO REAL DA PRATA

A oferta da prata para usos não monetários é igual à (1) produção de prata menos (2) a demanda de prata para usos monetários pelo restante do mundo menos (3) a demanda por prata para usos monetários nos EUA. Ou,

(5) SNM = SPROD - EWMDS - UMDS.

As estimativas para *SPROD*, a produção anual de prata, e para *EWMDS*, o incremento nas reservas de prata monetária dos outros países, estão prontamente disponíveis. Eu criei estimativas para *UMDS*, o incremento nas reservas de prata monetária dos EUA, para os anos fiscais entre 1873 e 1894, a partir de um relatório do Departamento do Tesouro, listando as compras feitas pelos EUA sob as sucessivas leis de compra de prata, e para os anos posteriores a partir de estimativas do valor total em dólares das reservas monetárias de prata.

A2. OFERTA HIPOTÉTICA DE PRATA PARA USO NÃO MONETÁRIO

A equação (5) nos dá o uso real não monetário. Acrescentando um *H* para os símbolos relevantes, a equação nos dá o uso não monetário sob um padrão-prata. O item (1), a produção de prata, depende em princípio do preço real da prata. No entanto, durante o período em questão, a produção real de prata cresceu intensamente, quase triplicando entre 1880 e 1914, enquanto, ao mesmo tempo, o preço real da prata cai para quase metade de seu nível inicial. A oferta estava sendo claramente influenciada por descobertas e inovações exógenas. Além disso, grande parte da prata é um subproduto da mineração de outros metais, sendo assim relativamente inelástica em oferta. Desta forma, presumi que a produção de prata teria sido o que realmente foi. Tal hipótese introduz um erro que leva a uma tendência para cima no preço real estimado da prata.

Com relação ao item (2), presumi que outros países não teriam sido afetados pela adoção de um padrão-prata pelos EUA, seja por eles mesmos adotarem a prata em vez do ouro ou por mudar a quantidade de prata acrescentada às suas reservas monetárias. Tal hipótese parece eminentemente justificada. A maior movimentação saindo da prata para ouro feita pela Alemanha, França e outros países se deu antes que os Estados Unidos tivessem mudado para um padrão-prata e, certamente, foi parte do motivo pelo qual os próprios Estados Unidos passaram a um padrão-ouro. Assim, simplesmente usei a demanda monetária real por outros países como a hipotética.

O item (3), o aumento hipotético das reservas de prata monetária dos EUA, é mais difícil. Podemos expressar de forma tautológica as reservas monetárias hipotéticas dos EUA (em onças) como o produto da relação mantida entre moeda metálica e dinheiro (*SPR*) vezes a quantidade de dinheiro divido pelo preço legal da prata, ou, expressando a quantidade de dinheiro pela relação entre a renda nominal e a velocidade e expressando a renda nominal como o produto da renda real pelo nível de preços, como segue:

$$(6) \quad \text{UMSH} = \frac{UMGS}{\text{UM}} \cdot \frac{y}{V} \cdot \frac{P}{LP} = \text{SPR} \cdot \frac{y}{V} \cdot \frac{1}{RPSH}$$

$$= k \cdot \frac{1}{RPSH}$$

y/V é o dinheiro circulante real; a multiplicação por *P* o converte em dólares nominais. Apenas o produto de *SPR* e *y/V*, que designei como k_1 e que é igual ao valor real da reserva em moeda metálica, entra na análise subsequente. (Em princípio, todos os símbolos devem ser seguidos por um *H*, mas, como não surge nenhuma confusão exceto pelo preço real da prata, eu o omiti.)

O motivo para expressar o dinheiro circulante como o produto da reserva real e o nível de preços é porque é o nível de preços que estamos buscando estimar. A segunda forma de expressar a parte direita da equação (6) introduz o preço real hipotético da prata no lugar do nível nominal de preços. A partir disso, podemos estimar prontamente o nível hipotético nominal de preços ao usarmos a contraparte da equação (1).

Ao computarmos os valores reais na equação (5), consideramos a prata em circulação ou mantida pelo Tesouro como prata monetária. Contudo, ao estimarmos os valores hipotéticos da proporção da reserva em moeda metálica e das reservas em moeda metálica para o período do padrão-ouro, não podemos tratar a prata monetária como parte das reservas em moeda metálica, embora ela teria tido esse status em um padrão bimetálico ou em um padrão-prata. Foi apenas um ativo governamental acumulado como parte de uma tentativa para segurar o preço da prata (como as reservas governamentais de trigo no presente).

Consequentemente, usamos apenas as reservas de ouro monetário para o propósito presente. A Figura 1 mostra a proporção das reservas de ouro (a relação entre o valor em dólares do ouro monetário e a quantidade de dinheiro), o valor real do dinheiro circulante e o valor real das reservas de ouro (o k_1 real do ouro).

84 ❚ ERROS E ACERTOS DO DINHEIRO

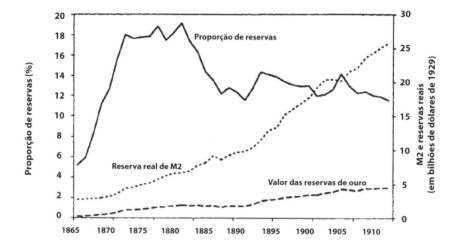

FIGURA 1
Proporção de Reservas de Ouro, M2 Real e Reservas de Ouro, 1875-1914
(Quantidades de dinheiro em bilhões de dólares de 1929)

A rápida subida na proporção de reservas durante os primeiros cinco anos depois da aprovação da Lei de Reintegração (de 1875 a 1879) era de se esperar como preparação para a reintegração. Presumivelmente, uma subida similar teria ocorrido se a reintegração tivesse sido em prata em vez de ouro, com a única diferença de que é a prata que teria sido acumulada, em vez do ouro. Em qualquer caso, o acúmulo de reservas exigia um excedente na conta corrente do balanço de pagamentos ou de entradas de capital. E um excedente considerável foi gerado entre 1876 e 1881, seguido por entradas significativas de capital. Não vejo motivos para supor que o acúmulo inicial de reservas teria sido diferente com a prata do que foi com o ouro.

Em 1879, a proporção de reservas em moeda metálica atingiu aproximadamente o mesmo nível que no início da década de 1900, depois do fim do período de incertezas gerado pelas perturbações monetárias das décadas de 1880 e 1890. A subida posterior depois de 1879 foi provocada por um esforço para persuadir o público, não só dentro do país como também no exterior, de que o padrão-ouro havia chegado para ficar. No entanto, à medida que aumentavam as agitações por uma política monetária mais expansiva, aquele esforço fracassou e, especialmente depois que o movimento pró-prata ganhou força, levou a pressões contínuas sobre as reservas de ouro, produzindo um declínio acentuado na proporção das reservas e um nível levemente em declínio de reservas reais. Depois da derrota de Bryan em 1896, houve uma disparada temporária na proporção das reservas e uma subida ainda mais acentuada nas reservas reais, conforme a proporção mais elevada de reservas era reforçada por um rápido aumento na oferta real de dinheiro — ela própria como parte de uma consequência de um retorno de confiança que diminuiu a velocidade e promoveu uma renda real maior. Condições razoavelmente estáveis não foram atingidas até o fim do período.

Depois de tentar muitas formas alternativas de estimar quais teriam sido as reservas em moeda metálica em um padrão-prata incontestado e totalmente aceito, finalmente me decidi por um expediente puramente empírico: uma tendência em linha reta entre os valores médios das reservas de ouro durante os primeiros e os últimos cinco anos do período que vai de 1875 a 1914. Como mostra a Figura 2, tal tendência elimina a disparada inicial e o declínio posterior que, no parágrafo anterior, atribuí às perturbações e suas consequências. Para 1875–79 e 1901–14, ela se aproxima do padrão real.

A demanda monetária anual hipotética dos EUA para a prata é simplesmente o incremento em sua reserva hipotética de prata:

(7) $UMDSH(t) = \Delta UMSH = UMSH(t) - UMSH(t-1)$

Os possíveis erros nesta abordagem são inúmeros. Alguns apenas afetam os movimentos de ano a ano como resultado do uso de uma tendência para k_1. Qualquer viés sistemático surge primariamente a partir da suposição de que as reservas em moeda metálica teriam sido mantidas em um padrão-prata nos anos iniciais e finais do período, que se mantiveram em um padrão-ouro.

FIGURA 2
Reservas Reais e Hipotéticas de Ouro (k1), 1875–1914
(em bilhões de dólares de 1929)

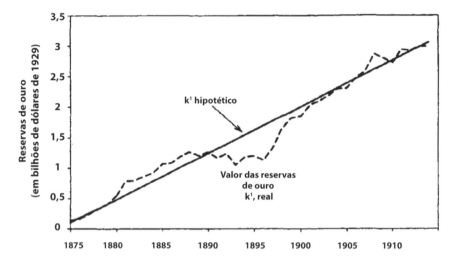

As possíveis fontes de erro são diferentes para a relação das reservas em moeda metálica e para o volume real de dinheiro circulante. A relação desejada de reservas em moeda metálica poderia ter sido afetada por um padrão diferente de preços. Um aumento nos preços sob um padrão-ouro (prata) significa que o valor real do ouro (prata) está caindo, e vice-versa. Um valor real em queda torna mais barato manter reservas em moeda metálica, e vice-versa. Porém, é duvidoso que qualquer um desses efeitos de preço tenham uma influência significativa na decisão tomada pela autoridade monetária sobre qual é o tamanho desejável das reservas em moeda metálica — qualquer benefício ou prejuízo financeiro é sutil e acumula-se grandemente ao governo, e não especificamente à autoridade monetária. Um fator mais importante é certamente a ameaça de escoamento da moeda corrente, que teria estado em grande parte ausente sob um padrão-prata seguro.

O dinheiro circulante real teria sido afetado pela redução da incerteza como resultado de estabelecer um padrão-prata definitivo. A incerteza reduzida teria propiciado uma tendência de diminuir a velocidade e aumentar a renda real, sendo que ambos teriam aumentado o dinheiro circulante real — como parece ter ocorrido depois de 1896. A negligência desses efeitos produz uma subestimação das reservas hipotéticas de prata. Tal subestimação introduz um viés para baixo ao se estimar o preço real da prata, ou um viés na direção contrária provocado pelo possível viés introduzido ao estimarmos o item (1), da produção de prata.

B. DEMANDA DE PRATA

A quantidade da demanda de prata para uso não monetário depende basicamente da renda real mundial, do preço real da prata e do preço real do ouro. Estimei uma curva de demanda com essas variáveis em duas variantes: linear e logarítmica. Como regra geral, a forma logarítmica é preferível. No entanto, neste caso particular, não acredito que seja. A forma logarítmica força a demanda não monetária de prata a ser positiva, contudo, é facilmente possível que os aumentos das reservas de prata excedam a produção mundial de prata (como aconteceu mais recentemente no programa de compra de prata de Franklin Delano Roosevelt na década de 1930). Nesse caso, a quantidade de prata disponível para propósitos não monetários é negativa caso seja estimada de acordo com a equação (5), que dá a oferta não monetária de prata saída da produção corrente, e não o uso não monetário da prata.

Como estimativa da renda real mundial, usei um número indexado do volume físico da produção mundial fornecido por Warren e Pearson (1933).[5] Para o preço real da prata e o preço real do ouro, apenas usei

---

5   Uma nota de rodapé na tabela de Warren e Pearson diz que, entre 1865 e 1932, o índice foi preparado por Carl Snyder do Banco do Federal Reserve de Nova York. Warren e Pearson reportam números indexados semelhantes para o volume físico de produção nos EUA. A tendência do índice na produção norte-americana é mais acentuada do que sua tendência de renda real (estimativas de Friedman e Schwartz, 1982). Por outro lado, os altos e baixos gerais são muito parecidos. Desta forma, fiz alguns testes ao ajustar o índice de Warren e Pearson ao subtrair uma tendência a uma taxa igual à diferença entre as tendências logarítmicas da produção e da renda real dos EUA, que era de quatro décimos de 1% ao ano. Contudo, o efeito nos resultados finais foi trivial e, se é que mudaram alguma coisa, os tornou ligeiramente menos significativos estatisticamente, assim, apenas usei o índice original.

os preços reais divididos pelo deflator dos EUA. Esse procedimento presume que o preço real da prata e do ouro eram os mesmos em todo o mundo, o que não é certamente uma hipótese ilógica para esses dois metais monetários.[6]

As duas equações são as seguintes, para 1880–1914:

(8) log SNM = -6.96 + 1.27 log WI - 1.28 log RPS
     (3.7)   (4.0)   (4.0)
     + 1.87 log RPG,
     (5.6)

(9) SNM = 58.28 + 2.13 WI - 66.21 RPA + 0.88RPG,
     (0.8)   (4.0)   (4.0)   (1.1)

em que WI representa a renda mundial [world income]. Como de costume, os valores entre parênteses são os valores-t. Na equação de log, os coeficientes são todos altamente significativos; na equação linear, apenas os coeficientes da renda real e o preço real da prata o são. Todavia, há pouco que escolher entre as equações em termos de adaptabilidade, como podemos ver graficamente na Figura 3, assim como nos R^2s, ajustados, que são 0,949 para a

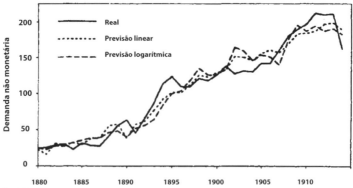

FIGURA 3
Demanda Não Monetária de Prata, Real e Prevista,
Regressão Linear e Logarítmica, 1880:1914

Nota: Variável dependente: demanda não monetária de prata (em milhões de onças); variáveis independentes: renda mundial, preços reais da prata e do ouro.

---

6 No entanto, não está claro que é preferível usar o deflator dos EUA em vez daquele do Reino Unido. Fiz testes com os dois. A diferença nos resultados foi pequena, trivialmente em favor do deflator dos EUA. Ainda assim, uma consideração mais decisiva foi a de que quis usar a equação para estimar o nível de preços hipotético nos EUA, então foi encorajador o fato de que a substituição do deflator do Reino Unido não produziu melhorias estatísticas.

equação de log e 0,950 para a equação linear. O erro-padrão da estimativa da equação de log é de 0,180, que é comparável a uma estimativa do coeficiente de variação para a equação linear. Isso é de 0,138 se o denominador do coeficiente de variação for a média aritmética das variáveis dependentes e de 0,177 se for a média geométrica. Ambas as estimativas para a equação linear são mais baixas do que para a equação de log.

Estimar um nível hipotético de preços usando a equação linear é matematicamente muito mais manejável do que usar uma equação logarítmica, e isso reforça a consideração teórica em favor da equação linear (de que a prata disponível para uso não monetário retirada da produção corrente pode ser negativa). Desta forma, a partir daqui, uso apenas a equação linear.

C. EQUACIONANDO OFERTA E DEMANDA

Equacionando as equações (5) e (9), e rearranjando os termos:

(10) $\quad UMDSH = SPROD - EWMDS - 58.28 - 2.12WI$
$\quad\quad\quad\quad\quad - 0.88RPGH + 66.21RPSH$

Para simplificar, manteremos k_2 igual em todos os termos do lado direito da equação (10), com exceção do último, e manteremos x igual ao preço real hipotético da prata, que é nosso objetivo. Todas essas também são funções de tempo. Porém, considerando nossas hipóteses até esta altura, temos estimativas dos valores de k_1 e k_2 para todos os anos de 1874 a 1914.

Em termos desses símbolos, podemos reescrever a equação (7), usando a equação (6), como:

(11) $\quad UMDSH_{(t)} = \dfrac{-k_1(t)}{-x(t)} - \dfrac{k_1(t-1)}{x(t-1)}$

Equacionando as equações (10) e (11) e simplificando:

(12) $\quad 66.21x^2(t) + \left[k_2(t) + \dfrac{k_1(t-1)}{x(t-1)}\right]x(t) - k_1(t) = 0$

A equação (12) está agora no formato de uma equação quadrática direta, com exceção da presença problemática do termo que inclui $x(t-1)$ no denominador. Esse $x(t-1)$ é um dos fatores desconhecidos que estamos tentando determinar. Como uma primeira aproximação, vamos presumir que o preço real da prata não muda de ano para ano, ou seja, que $x(t)$ é igual a $x(t-1)$. Essa hipótese converte a equação (12) na equação (13) simplificada, que envolve apenas o valor do ano corrente do desconhecido x, embora envolva o valor do ano anterior de k_1 ao substituir Δk_1 por $k_1(t) - k_1(t-1)$.

(13) $66{,}21x^2 + k_2 x - \Delta k1 = 0$

A solução dessa equação é uma primeira aproximação a x.

Para uma segunda, terceira e sucessivas aproximações, podemos retornar à equação (12) e substituir $x(t-1)$ pela estimativa anterior de aproximação. As aproximações sucessivas de fato convergem, embora lentamente. As principais mudanças não estão no nível ou no padrão geral, mas nos movimentos de ano a ano. No entanto, cada aproximação envolve a perda de um valor no início da série. Parei na 11ª aproximação, ponto em que 1844 é o primeiro ano para o qual há uma estimativa. Para anos anteriores, usei as aproximações anteriores, começando com a terceira para 1876, o ano em que o padrão-prata teria sido adotado.[7] Dada essa estimativa do preço real da prata, é necessário apenas dividir o preço legal pelo preço real para estimarmos o nível hipotético de preços sob um padrão-prata. A estimativa resultante do nível hipotético de preços para os Estados Unidos está apresentada na Figura 3 do Capítulo 3.

D. RELAÇÃO DO PREÇO ENTRE OURO E PRATA

Uma vez que já estimamos o preço hipotético do ouro, é trivial obtermos a relação hipotética de preços do ouro para a prata. O resultado está apresentado na Figura 2 do Capítulo 3, juntamente com a relação real

---

[7]   O ano de 1874 é o primeiro para o qual estimei *EWMDS*, o que explica por que o primeiro ano para o qual consegui estimar a primeira aproximação é 1874.

e legal dos preços ouro-prata. A relação real do preço ouro-prata sob um padrão-prata dos EUA quase certamente teria flutuado muito menos do que nossas estimativas da relação hipotéticas de preços ouro-prata, considerando as hipóteses arbitrárias e os inevitáveis erros de avaliação que afetam nossas estimativas e a extensão em que foram afetadas pela incerteza monetária do período.

Essas estimativas sugerem que, se os Estados Unidos tivessem retornado a um padrão bimetálico em 1879 e tivessem permanecido nele consistentemente, a relação do preço de mercado entre ouro e prata teria permanecido aproximadamente igual ou apenas levemente acima da relação legal de preços dos EUA — como durante quase um século a relação de mercado se manteve praticamente igual à relação de preços na França. (A Tabela 1 fornece os valores numéricos para as curvas traçadas nas Figuras 2, 3 e 4 do Capítulo 3.)

5. Uma Estimativa Ainda Mais Sofisticada

Em princípio, seria possível obter uma solução totalmente simultânea para o preço real da prata e o preço real do ouro ao seguirmos o mesmo procedimento para o ouro e para a prata, ou seja, estimar (a) uma equação de demanda para o uso não monetário do ouro e (b) a quantidade hipotética de ouro que teria sido demandada caso os EUA tivessem adotado um padrão-prata. No entanto, as explorações seguindo essa linha se mostraram decepcionantes. Primeiro, estimar a demanda hipotética não monetária é ainda mais difícil para o ouro do que para a prata.[8] Segundo, equações de demanda estimada para o ouro produziram coeficientes negativos, embora estatisticamente não significativos, para o preço real da prata em vez dos

---

[8] Um ponto crítico principal é especificar precisamente como seria feita a dissolução do estoque de ouro dos EUA. Minha aproximação anterior se furta a essa questão. Para uma solução completa, no entanto, não podemos fugir dela. As funções de demanda para o ouro e a prata fazem referência à quantidade anual demandada, e precisamos equacionar essa função de demanda com a oferta anual; isso significa que precisaríamos acrescentar, à produção total de ouro, a quantidade de ouro que os EUA teriam liberado ao restante do mundo a partir de suas reservas em uma base anual. Não vejo como estimar a liberação anual a não ser por hipóteses puramente arbitrárias.

coeficientes positivos que seriam esperados para um substituto do ouro.[9] Esse resultado é inconsistente com o coeficiente positivo para o preço real do ouro nas equações de demanda para a prata, uma violação da condição de equação cruzada de Slutsky. Para eliminar essa contradição, precisamos estimar as equações de demanda da prata e do ouro de forma simultânea, impondo a apropriada restrição de equação cruzada. Considerando a drástica diferença entre as duas equações separadas, duvido que o resultado mereceria muita confiança. Por fim, com a resolução desses problemas, a solução simultânea requer a solução de uma equação de quarto grau para o nível de preços dos EUA.

Fico assim perante a um dilema. Estou infeliz com o que fiz, mas ainda mais infeliz com a alternativa mais óbvia, uma análise simplificada do equilíbrio geral. Tal análise, se feita de modo abrangente, teria que incluir não apenas os determinantes da produção de ouro e de prata, que negligenciei completamente, mas também os determinantes da fração da

---

9   As funções calculadas de demanda para o uso não monetário de ouro são tão satisfatórias quanto aquelas para a prata em termos de adaptabilidade, mas não em termos de lógica econômica. As funções logarítmicas e lineares de demanda são estas:
(14) log WNMG = 4.34 + 0.555 log WI – 0.077 log RPS
           (13.2)   (10.0)   (1.4)
     – 0.259 log RPG,
         (4.5)
(15) WNMG = 169.862 + 3.08 log WI – 8.721RPS – 1.482RPG,
          (4.2)   (9.0)   (0.8)   (2.8)
em que WNMG é a demanda mundial por ouro não monetário. Tal qual como a prata, ambas as equações dão correlações de altos múltiplos (R2s ajustados em 0,98 para a equação logarítmica e em 0,97 para a equação linear) e relativamente poucos erros-padrão. O erro-padrão da correlação logarítmica é de 0,031. A estimativa correspondente para a equação linear do coeficiente de variação é de 0,037, não importa se o denominador é uma média aritmética ou geométrica.
Um apêndice para o Capítulo 4 sobre o Relatório da Comissão dos EUA sobre o Papel do Ouro reporta estimativas de equações de demanda que são lineares nos logaritmos das variáveis para a demanda industrial de ouro para 1950-80 e 1969-80 (1982, pp. 176-77). As variáveis independentes são conceitualmente as mesmas que aquelas que usei: o preço real do ouro, o preço real da prata e a renda real. Ambos os conjuntos usam dois deflatores alternativos para estimarem os preços reais, o índice de preços de vendas no atacado dos EUA e o índice mundial de preços ao consumidor. A diferença entre os dois conjuntos de equações é que aquela para um período mais longo usa apenas a renda dos EUA, ao passo que para o período mais curto usa três variáveis alternativas de renda real: para sete países industriais principais, para os EUA e para o mundo. As quatro equações que usam a renda dos EUA dão um coeficiente negativo para o preço real da prata, embora apenas uma das quatro chega perto de uma significância estatística. Por outro lado, as outras quatro (todas para o período curto) são todas positivas, em linha com as expectativas teóricas, embora nenhuma chegue perto de uma significância estatística.
As evidências claramente não contribuem para a resolução do problema.

produção de ouro e de prata que vão para usos monetários e não monetários. A construção de tal modelo expandido de equilíbrio geral seria extremamente trabalhoso e mereceria pouca confiança. Sob tais circunstâncias, fico inclinado a deixar tudo como está, embora, ao mesmo tempo, reconheço que as estimativas estão sujeitas a uma ampla margem de erro — especialmente com respeito aos movimentos de ano a ano.

NOTAS SOBRE AS FONTES

(NA ORDEM EM QUE AS VARIÁVEIS SÃO APRESENTADAS)

P	1869-1914: Friedman e Schwartz (1982, tabela 4.8); 1865-1868: contraextrapolado a partir de Hoover (1960, p. 142).
PS	U.S. Bureau of the Census (1975, p. 606, series 270). Para 1865 a 1878, a fonte original dá o preço em dólares de ouro; ajustados para o preço em papel-moeda multiplicando pela recíproca do valor em ouro da moeda, de Warren e Pearson (1933, tabela 69, p. 351).
WMG	U.S. Commission on the Role of Gold (1982, tabela SC 7, p. 198).
WNMG	U.S. Commission on the Role of Gold (1982, tabela SC 9, p. 203); 1865-1877 alterado de 30 de junho
UMG	para 31 de dezembro pela média móvel de dois anos com dados de 30 de junho entre 1865-1878.
EWMG =	WMG – UMG.
RPG	1865-1878: recíproca do valor em ouro da moeda (de WARREN; PEARSON, 1933, tabela 69, p. 351) vezes o preço legal do ouro (US$20,67183) dividido por P; 1879-1914: preço legal dividido por P.
UKP	1868-1914: Friedman e Schwartz (1982, tabela 4.9); 1865-1867: retroextrapolado a partir de 1868 pelo índice de preços implícito em Deane (1968).
SPROD	Warren e Pearson (1933, tabela 24, p. 139). 1865-1875: interpolação linear entre médias ponderadas de cinco anos na tabela; daí em diante, números anuais na tabela.
EWMDS	Drake (1985, tabela A, pp. 208-209) dá estimativas para períodos sucessivos de cinco anos com base em relatórios anuais do diretor da Casa da Moeda dos EUA. Eu simplesmente presumi que a mesma quantia era acumulada a cada ano durante os sucessivos períodos de cinco anos. Os números são pequenos e não variam drasticamente de um período para o seguinte, assim muitos erros não são introduzidos por essa hipótese. Todavia, suspeito que as estimativas iniciais estão sujeitas a uma margem de erro maior.
UMDS	As compras sob as leis de compra de prata de 12 de fevereiro de 1873, 14 de janeiro de 1875, 28 de fevereiro de 1878 e 14 de julho de 1890 são fornecidas pelo Secretário de Tesouro dos EUA (1899, p. 207). Para as primeiras duas leis de compra, apenas o total é apresentado; presumi que a quantidade comprada foi a mesma a cada mês do período para qual cada lei estava em efeito. Para as duas leis finais, os números são dados para os anos fiscais a partir de 1878 até 1894. Para anos posteriores, estimei a reserva física de prata a partir da quantidade circulante de dólares de prata e da prata subsidiária reportada pelo Secretário de Tesouro dos EUA (1928, pp. 552-53) ao dividir pelo preço legal, permitindo uma aproximação da quantidade menor de prata a prata subsidiária e diferenciei a série para obter compras anuais. Quando o Tesouro comprava prata, pagava o preço de mercado, mas valorizava a prata para fins monetários ao preço legal, motivo pelo qual a reserva física pode ser estimada a partir do dinheiro circulante ao dividirmos pelo preço legal da prata. A margem para o tratamento diferenciado da prata subsidiária é grosseira, mas as quantidades envolvidas são pequenas, então não há grandes erros introduzidos. As estimativas finais são para os anos fiscais que se encerram em 30 de junho, ao passo que SPROD e EWMDS são para anos-calendário, então converti os dados do ano fiscal para dados de ano-calendário.
UMG$	1879-1914: Friedman e Schwartz (1963, tabela 5, pp. 130-31); 1866-1878: estimativas por Anna J. Schwartz com base nas mesmas fontes.
UM	Friedman e Schwartz (1982, tabela 4.8).

y	Friedman e Schwartz (1982, tabela 4.8).
V =	Renda nominal a partir de Friedman e Schwartz (1982, tabela 4.8) divida por UM.
WI =	Warren e Pearson (1933, tabela 12, pp. 85-86) número indexado do volume físico mundial de produção, 1880-1914 = 100, dividido por 2.

REGISTRO DE NOTAÇÃO

EWMDS	demanda real de prata monetária no resto do mundo (externa).
EWMG	reserva real de ouro monetário no resto do mundo.
$k_1=$	$SPR \cdot y/V$
k_2	$SPROD - EWMDS - 58{,}28 - 2{,}13WI - 0{,}88RPGH$
LP	preço legal da prata.
P	nível de preços dos EUA.
PHN	estimativa ingênua de nível de preços.
PH16	estimativa do nível de preços presumindo que a relação do preço ouro-prata é de 16 para 1.
PS	preço nominal da prata.
RPG	preço real do ouro em dólares de 1929.
RPGH	preço real hipotético do ouro em dólares de 1929.
RPS	preço real da prata em dólares de 1929.
RPSH	preço real hipotético da prata em dólares de 1929.
RPSH16	preço hipotético da prata presumindo uma relação de 16 para 1.
SNM	prata disponível para uso não monetário.
SPR	proporção das reservas em moeda metálica.
SPROD	produção total de prata.
UKP	nível de preços na Grã-Bretanha.
UKPH	nível britânico hipotético de preços.
UM	quantidade real de dinheiro circulante nos EUA.
UMDS	demanda monetária real anual de prata nos EUA.
UMDSH	demanda monetária hipotética anual de prata nos EUA.
UMG	reserva monetária de ouro dos EUA em onças.
UMG$	reserva monetária de ouro dos EUA em dólares.
UMGR$	reserva monetária de ouro dos EUA em dólares de 1929.
UMS	reserva monetária real de prata dos EUA.
UMSH	reserva monetária hipotética de prata dos EUA.
V	velocidade nos EUA.
WJ	renda mundial real (incluindo os EUA).
WMG	ouro monetário mundial.
WNMG	demanda mundial de ouro não monetário (incluindo os EUA).
x	RPSH
y	renda real dos EUA.

CAPÍTULO 5

William Jennings Bryan e o Processo do Cianeto

EM 1896, WILLIAM JENNINGS BRYAN FOI NOMEADO A CANDIDATO presidencial pelos partidos Democrático, Populista e da Prata Nacional. Ele concorreu com uma base comprometida com a "prata livre" a "16 para 1" — quer dizer, a adoção de um padrão monetário bimetálico, a preços da Casa da Moeda para o ouro e a prata, sendo que 16 onças de prata teriam o mesmo valor que 1 onça de ouro. Seu oponente republicano, William McKinley, concorreu com uma base comprometida com a retenção de um padrão monometálico de ouro. McKinley derrotou Bryan por uma margem de votos populares menor que 10%. Esse foi o ponto alto do movimento da prata livre. Embora Bryan tenha sido novamente duas vezes o candidato democrata, ele perdeu por margens cada vez maiores.

Em 1887, três químicos escoceses — John S. MacArthur, Robert W. e William Forrest — inventaram um processo comercialmente viável de cianeto para a extração de ouro a partir de minério de baixo teor. O processo acabou se tornando especialmente aplicável nos vastos campos auríferos descobertos naquela época na África do Sul. A produção de ouro na África foi de 0% em 1886 a 23% da produção mundial total em 1896, e para mais de 40% da produção mundial total durante o primeiro trimestre do século XX.[1]

Por mais estranho que possa parecer, esses dois eventos em partes quase opostas do globo estavam intimamente relacionados. Não muito tempo depois da eclosão da Guerra Civil, os Estados Unidos haviam substituído seu padrão bimetálico, sob o qual ouro e prata, ou notas convertíveis em ouro ou prata, serviam como dinheiro, com um padrão de papel-moeda, de acordo com o qual o papel-moeda não convertível em qualquer outra coisa era designado moeda corrente. A inflação resultante do tempo de guerra produziu um nível de preços que era mais do que o dobro do que havia sido. Quando a guerra acabou, houve um desejo difundido de retornar a um padrão de *commodity*. Mas fazer isso com o preço legal pré-guerra dos metais preciosos, o que significava ser na taxa de câmbio entre o dólar e a libra britânica, exigia cortar o nível de preços mais do que pela metade. Isso levou quatorze anos. Como o Capítulo 3 explica, a Lei de Cunhagem de 1873 foi aprovada para preparar a reintegração, embora sua função real fosse substituir o padrão bimetálico pré-Guerra Civil por um padrão monometálico de ouro. A Lei de Reintegração de 1875 foi o próximo passo importante. Ela especificava que a reintegração de pagamentos em moeda metálica — ou seja, a convertibilidade total do papel-moeda em ouro, e vice-versa — deveria ocorrer no dia 1º de janeiro de 1879.

A reintegração com base no ouro ocorreu de fato como programado em 1879. Juntamente com a adoção mais ou menos concorrente de um padrão-ouro pela maioria das nações europeias, o resultado produziu uma

---

[1] Dados para 1896 obtidos na Encyclopaedia Britannica, 11ª ed. (1910), entrada "Gold"; o número relativo ao primeiro trimestre do século XXI foi retirado de Warren e Pearson (1935, p. 122).

deflação mundial nas décadas de 1880 e 1890. Tal deflação, especialmente séria nos EUA, foi o que energizou o movimento da prata livre, que havia surgido após a desmonetização da prata, e em última instância levou à indicação de Bryan em 1896 para concorrer à presidência tendo uma base da prata livre.

Ao tornar o ouro mais valioso em termos de outros bens, a deflação de preços também encorajou a invenção do processo de cianeto. E a aplicação bem-sucedida do processo de cianeto na África do Sul, por sua vez, sentenciou Bryan e a causa da prata livre à derrota e ao declínio político ao produzir uma enxurrada de ouro, atingindo o objetivo principal do movimento da prata livre — a inflação — por outros meios.

Nomeação de Bryan e Sua Subsequente Carreira Política

A convenção nacional democrática de 1896 foi realizada em Chicago, em tendas erguidas em campos abertos na intersecção da Rua 63 com a Avenida Cottage Grove. O local ficava perto do terminal de trem recentemente construído, permitindo que os delegados do partido chegassem rapidamente nas tendas saindo do Hotel Loop. (Posteriormente, a área se tornou altamente desenvolvida e ganhou uma reputação desagradável. Na década de 1930, quando eu estudava na Universidade de Chicago ali perto, essa intersecção era conhecida como "Cantinho do Pecado".)

Foi nessa convenção que William Jennings Bryan, delegado e orador brilhante, eletrizou a audiência com seu famoso discurso contendo a passagem: "Não enterrareis na testa do trabalho esta coroa de espinhos, não crucificareis a humanidade numa cruz de ouro."

As atividades anteriores de Bryan em prol da livre cunhagem da prata em uma proporção de 16 onças de prata para 1 onça de ouro haviam feito dele um candidato de primeira linha para ser nomeado pelo partido Democrata a concorrer às eleições. Antes da convenção, os democratas da prata do oeste e do sul haviam tomado o controle da máquina do partido a partir dos democratas do ouro do leste, que o tinham detido durante muito tempo. No entanto, Bryan era apenas um dos inúmeros democratas da prata considerados possíveis candidatos. Seu discurso comovente — caracterizado pelo historiador Richard Hofstadter (1966, 2:573) como "provavelmente o discurso mais eficiente na história dos partidos políticos dos EUA" — resolveu a questão e levou à sua nomeação aos 36 anos de idade, como o candidato presidencial do partido Democrata. Posteriormente, também foi nomeado pelos partidos Populista e da Prata Nacional.

Depois de uma campanha amarga e dura, Bryan foi derrotado por seu oponente republicano William McKinley, que recebeu 271 votos eleitorais contra os 176 de Bryan. Embora o voto dos colégios eleitorais exagera a margem da vitória, a vitória de McKinley foi decisiva. Sua maioria de votos populares foi quase de 10%, uma realização notável sob as circunstâncias. Por si só, 1896 foi um ano de profunda depressão, depois de vários anos de tempos difíceis. O desemprego estava alto e subindo; a produção industrial estava baixa e caindo; os preços agrícolas estavam baixos e caindo. Embora de forma um pouco menos extrema, a situação econômica relembrava aquela de 1932.

A situação política, no entanto, era muito diferente. O presidente em exercício era democrata, Grover Cleveland, um democrata do ouro que havia orquestrado a anulação da Lei de Compra de Prata de Sherman (TIMBERLAKE, 1978). O partido estava dividido com a questão da prata. Os democratas do ouro organizaram o Partido Nacional Democrata, que teve seu próprio candidato, porém esse partido oriundo da cisão não conseguiu muitos votos. Pelo contrário, como escreve James Barnes em uma análise fidedigna sobre a campanha de Bryan: "Bryan foi derrotado por aquele medo do desconhecido, pois o punhal nu da prata livre na boca dos defensores do ouro invocava males ainda mais formidáveis daqueles que já existiam... Bryan... em parte derrotou a si mesmo quando permitiu que os homens do ouro o atraíssem para seus próprios campos de batalha e o assassinassem com uma única espada. Uma ofensiva brilhante que havia começado em um vasto campo em julho com o grito 'nós os desafiamos', em novembro havia se tornado uma defesa em uma frente monetária estreita. Havia sentido no comentário de Mark Hanna [que era o gestor da campanha de McKinley], 'ele está falando de prata o tempo todo, e é aí que o pegamos', pois o exército que havia se preparado em pleno verão não poderia ser mantido unido em torno de uma única questão, a do padrão de valores" (1947, pp. 399, 402). Em uma nota de rodapé, Barnes acrescenta: "No início, eles estavam atacando com confiança o privilégio, o monopólio, os preços altos, as exações dos que emprestavam dinheiro, a corrupção no governo e uma ordem social e econômica que negligenciava a massa da população. Em novembro, eles estavam lutando por uma única questão, que era a de um dólar de prata versus um dólar de ouro, e muitos ficaram assustados e confusos" (pp. 399–400).[2]

Bryan foi nomeado para concorrer à presidência novamente em 1900 e em 1908. Em ambas as ocasiões foi derrotado por uma maioria mais ampla de votos populares e dos colégios eleitorais do que em 1896. Ele permaneceu influente no Partido Democrata, servindo como secretário de Estado para Woodrow Wilson de 1913 a 1915, quando se demitiu. Pacifista confesso, ele foi contra o que entendeu como um afastamento de Wilson da absoluta neutralidade — uma das raríssimas instâncias quando um membro de gabinete se demitiu por questões de princípio. Não obstante, 1896 havia sido claramente o ápice de sua carreira política. Depois disso, só foi ladeira abaixo.

Ele faleceu em 1925, alguns dias depois de sua última grande batalha — o famoso julgamento de Scopes, que opôs Bryan, como fundamentalista defendendo uma lei do Tennessee que rejeitava os ensinamentos da evolução, a Clarence Darrow, como modernista que se opunha à lei afir-

---

[2] Como observado na nota de rodapé na página 61 do Capítulo 3, Hugh Rockoff (1990) argumenta que O Mágico de Oz é uma recontagem ficcional da agitação da prata e desta campanha.

mando que ela era uma violação da liberdade de expressão. Bryan venceu a batalha (o réu, John Scopes, foi considerado culpado por violar a lei e foi multado), mas perdeu a guerra (a decisão foi posteriormente anulada). E, veredictos legais à parte, sem dúvida foi Darrow, e não Bryan, o herói no tribunal da opinião pública.

Embora o senso comum identifique tanto Bryan quanto a campanha de 1896 quase que exclusivamente com a prata, a prata livre não era o único item da agenda do Partido Democrata, como sugere Barnes (1947), e muitos dos outros itens tinham muito mais importância. Como escreveu Henry Commager em 1942: "Poucos estadistas foram tão defendidos pela história. Item por item, o programa que Bryan havia consistentemente defendido, do início da década de 1890 até a passagem do século, foi escrito sob a forma de lei por aqueles que o haviam ridicularizado e denunciado. Vejamos a lista de reformas: controle governamental da moeda e dos bancos, regulação governamental das ferrovias, telégrafo e telefone, regulação dos monopólios, o dia com oito horas de trabalho, reformas trabalhistas, proibição de liminares em disputas laborais, o imposto de renda, a reforma fiscal, o anti-imperialismo, a iniciativa, o referendo, o direito de voto das mulheres, a temperança e a arbitragem internacional" (p. 99). Pessoalmente, tenho uma simpatia muito mais considerável pelo apoio de Bryan ao bimetalismo do que o faz o senso comum, e consideravelmente menos por muitas das outras reformas que ele apoiou.

A carreira de McKinley foi bem diferente: politicamente bem-sucedida, pessoalmente uma tragédia. Ele foi assassinado por um anarquista em 1901, mas também foi presidente durante a Guerra Hispano-Americana, foi reeleito em 1900 por uma margem substancialmente mais ampla do que havia conquistado em 1896 e testemunhou um rápido reavivamento econômico — certamente, algo perto de um *boom* — nos Estados Unidos.

O TRIUNFO DO PADRÃO-OURO

Tanto o movimento da prata livre quanto os incentivos que impulsionaram o desenvolvimento e a aplicação do processo de cianeto para a mineração de ouro têm suas raízes nos desenvolvimentos monetários da década de 1870 e ainda antes, depois das guerras napoleônicas, na adoção britânica de um padrão-ouro em 1816 e na reintegração dos pagamentos em moeda metálica com base no ouro em 1821. A subida subsequente da Grã-Bretanha à dominância econômica mundial sem dúvida desempenhou um papel importantíssimo ao revestir o padrão-ouro com uma aura de superioridade e ao induzir outros países a seguir seu exemplo.

A França manteve com sucesso um padrão bimetálico em uma relação de 15,5 para 1 a partir de 1803. Contudo, foi forçada a sair desse padrão em 1873 devido à sua derrota na Guerra Franco-Prussiana. A Alemanha exigiu uma indenização gigantesca, que usou para financiar a adoção de um padrão-ouro. No processo, se desfez de grandes quantidades de prata, ao mesmo tempo colocando uma pressão para cima no preço do ouro e para baixo no preço da prata. Essa combinação impossibilitou a França de continuar mantendo a relação de preços de 15,5 para 1. A França e a maioria dos outros países europeus subsequentemente substituíram os padrões bimetálico ou de prata pelos padrões de ouro.

Na época, os Estados Unidos ainda estavam no padrão do papel-moeda — o padrão das notas verdes — que havia adotado não muito tempo depois da eclosão da Guerra Civil. O Capítulo 3 conta a história detalhada dos desenvolvimentos que levaram os Estados Unidos a retomar os pagamentos em moedas metálicas em 1879 com base no ouro. Essa ação foi o passo final, e fundamental, na transição do mundo ocidental para um padrão-ouro.

O forte aumento na demanda por ouro para usos monetários resultante foi sobreposto por uma oferta lenta, à medida que os fluxos de ouro proveniente das descobertas na Califórnia e na Austrália nas décadas de 1840 e 1850 começaram a diminuir. O resultado inevitável foi uma deflação mundial. (A Figura 1 apresenta o nível de preços nos Estados Unidos e no Reino Unido, de 1865 a 1914.)

A queda nos preços foi particularmente rigorosa nos Estados Unidos devido às consequências da inflação de papel-moeda depois da Guerra Civil. Por volta de 1879, quando os Estados Unidos retomaram os pagamentos em moeda metálica, os preços já eram menos da metade do que eram no fim da Guerra Civil. Esse forte declínio de preços foi o que possibilitou a reintegração com a paridade de antes da Guerra Civil entre o dólar e a libra esterlina britânica. Por sua vez, a reintegração trouxe um alívio temporário da queda nos preços. Contudo, poucos anos depois, a deflação recomeçou, acelerando depois de 1889, quando a crescente agitação política a favor da prata livre espalhou dúvidas sobre se os Estados Unidos permaneceriam no padrão-ouro.

FIGURA 1
Nível dos Preços nos EUA e no Reino Unido, anualmente, 1865–1914

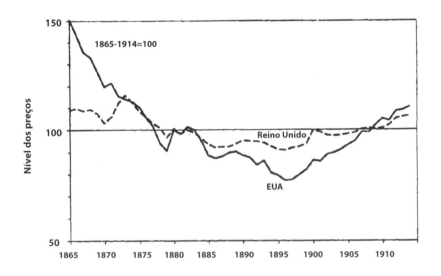

Fontes: Os dados de 1869 em diante para os EUA e de 1868 em diante para o Reino Unido são de Friedman e Schwartz (1982, tabelas 4.8 e 4.9). Dados anteriores foram extrapolados de dados posteriores por meio do uso de inúmeros índices disponíveis.

A Deflação e o Processo de Cianeto

A deflação significava um declínio nos preços expressos em ouro. Era equivalente a um aumento no preço real do ouro, ou seja, na quantidade de bens que uma onça de ouro poderia comprar no mercado. Dito de outro modo, os preços que estavam caindo incluíam aqueles que entravam no custo da produção de ouro, de modo que a mineração de ouro se tornou mais lucrativa. Os preços mundiais em termos de ouro, como mensurados pelo índice britânico de preços, caiu mais de 20% de 1873 a 1896, e isso significou uma redução semelhante no custo da mineração do ouro. Tal redução no custo deve ter multiplicado diversas vezes a margem de lucros aos níveis anteriores de produção. Em outras palavras, justificava um aumento de até 20% nas despesas para extrair mais ouro. As descobertas de ouro na África do Sul, o desenvolvimento do processo de cianeto e sua aplicação comercial teriam provavelmente ocorrido de qualquer modo. Mas foram acelerados, talvez de forma significativa, pelo incentivo adicional que surgiu da deflação nos preços.

A Deflação e o Movimento da Prata

A deflação não impediu o rápido crescimento econômico nos Estados Unidos. Pelo contrário, o crescimento rápido foi a força ativa que produziu a deflação depois da Guerra Civil. O desejo de retornar a um padrão de moeda metálica encorajou a restrição no crescimento monetário, mas a restrição não foi potente o bastante pra impedir que a quantidade de dinheiro fosse maior em 1879 do que em 1867 (o primeiro ano para o qual temos dados satisfatórios). Os preços caíram de forma tão rápida apenas porque a produção estava crescendo muito mais rápido do que a quantidade de dinheiro. De forma similar, as evidências "sugerem que houve uma mudança pouco significativa na taxa de crescimento ao longo do período [de 1879 a 1914] como um todo, mas, pelo contrário, uma forte redução a partir mais ou menos de 1892 até 1896, e depois uma forte aceleração de 1896 a 1901, que praticamente apenas compensou pelo tempo perdido. Caso isso esteja certo, os preços subirem ou caírem de forma geral tiveram pouco impacto na taxa de crescimento, mas o período de grande incerteza monetária no início da década de 1890 produziu fortes desvios da tendência de longo prazo" (FRIEDMAN; SCHWARTZ, 1963, p. 93).

Não obstante, o declínio dos preços produziu uma grande insatisfação tanto nos Estados Unidos (como analisamos com certo detalhe no Capítulo 3) e no restante do mundo com padrão-ouro. O motivo é em partes o que os economistas denominam "ilusão do dinheiro", a tendência de as pessoas prestarem atenção primeiramente aos preços nominais e não aos preços reais ou à relação entre os preços e suas rendas. A maioria das pessoas recebem suas rendas a partir da venda de relativamente poucos bens ou serviços. São especialmente bem informadas a respeito desses preços, e consideram qualquer aumento neles como uma justa recompensa por seu empreendimento, e qualquer queda como uma desgraça que surge a partir de forças além de seu controle. São muito menos bem informadas sobre os preços dos inúmeros bens e serviços que compram como consumidoras, e são muito menos sensíveis ao comportamento de tais preços. Desta forma, há a tendência difundida de que a inflação, desde que seja razoavelmente leve, dê origem a um sentimento generalizado de bons tempos; ou de que a deflação, mesmo que seja suave, faça surgir um sentimento generalizado de maus tempos.

Um motivo igualmente importante para a insatisfação é que a deflação, como a inflação, afeta pessoas diferentes de modos distintos. De particular relevância à agitação sobre o papel-moeda, populista e a favor da prata livre nos Estados Unidos é o fato de que a deflação afeta os devedores e os credores de maneiras muito diferentes. A maioria dos produtores rurais na época eram devedores, assim como a maioria dos pequenos empresários, e a maioria de seus débitos estavam estabelecidos em termos fixos de dólar com taxas de juros nominais especificadas. Os preços em queda fazem com que a mesma quantia de dólares corresponda a um volume maior de bens. Assim, os devedores tendem a perder com a deflação, e os credores a ganhar.³

"O movimento da prata, que chegou ao seu ápice na campanha de Bryan em 1896", escreve Barnes (1947, p. 371), "fundamentava-se basicamente... na Lei de Reintegração de 1875. O desejo básico das pessoas era por mais dinheiro; a legislação que lhes arrancou o papel-moeda os fez se voltarem à prata." Nos primeiros anos de preços em queda depois da Guerra Civil, a pressão era para a criação de mais papel-moeda, em vez de sua retirada — de onde surgiu o nome para o Partido Greenback, ou das notas verdes (nascido em 1875, morto em 1885). Mas, uma vez que a aprovação da Lei de Reintegração documentou a oposição difundida ao papel-moeda e a crença igualmente difundida em um padrão de moeda metálica como a ordem natural, os populistas, como diz Barnes, se voltaram à prata como o veículo para alcançar a inflação. Ao fazer isso, adquiriram tanto um aliado poderoso — os mineradores de prata em diversos estados pouco povoados do oeste, que exerciam um poder político totalmente fora de proporção com seus números — e um diabo conveniente — Wall Street e os banqueiros do leste, a quem acusavam do "crime de 1873". Eles exigiram o retorno ao que chamavam de "moeda corrente da Constituição", o ouro *e* a prata na proporção pré-Guerra Civil, de 16 para 1.

O declínio dos preços na década de 1870 que está registrado na Figura 1 afetou a prata e também outras *commodities*. Em 1876, o preço da prata em dólar estava mais baixo do que o preço legal oficial. Como explicado no Capítulo 3, se a provisão para a livre cunhagem da prata não tivesse sido omitida na Lei de Cunhagem de 1873, os Estados Unidos teriam

---

3   Falando de forma estrita, essa declaração é correta apenas para uma deflação não antecipada. Caso seja antecipada, a taxa de juros pode ser ajustada de acordo com a deflação prevista. No entanto, há amplas evidências de que, certamente durante o século XIX, a deflação e a inflação eram apenas antecipadas de forma imperfeita, e mesmo assim, somente após um considerável espaço de tempo (veja o Capítulo 2 e Fisher, 1896).

recomeçado os pagamentos em moedas metálicas em 1876 com base na prata, e não no ouro. Os preços do dólar teriam parado de cair ou teriam caído em uma taxa menor, e a maioria da agitação monetária das décadas seguintes não teria ocorrido.[4] Da maneira em que as coisas estavam, o nível dos preços continuou caindo e a agitação aumentando. O resultado foi um número de leis no fim da década de 1870, culminando com a Lei Bland-Allison de 1878, que previa a compra, feita pelo governo, de uma quantidade limitada de prata a cada mês como uma forma de acalmar os interesses da prata. Uma breve subida nos preços depois da promulgação da reintegração acalmou a agitação durante algum tempo, mas, quando os preços começaram a cair novamente, a agitação aumentou de novo. O que provocou a criação da Lei de Compra de Prata de Sherman, aprovada em julho de 1890 "por um Congresso republicano como uma suposta concessão ao oeste pelo apoio dado à Lei das Tarifas de 1890 do protecionista McKinley, desejada pelo leste industrial" (FRIEDMAN; SCHWARTZ, 1963, p. 106). Em comparação com a Lei de Bland-Allison, a Lei de Sherman praticamente dobrava a quantidade de prata que o governo deveria comprar. "O ano de 1890 também produziu um grande número de acordos de cunhagem livre nas bases políticas estaduais... Depois de 1890, o movimento da prata começou a subir como a maré crescente" (BARNES, 1947, p. 372). Tal maré alta de agitações explica por que os preços nos Estados Unidos caíram de forma tão mais aguda depois de 1888 do que no Reino Unido. "O desastroso ano do pânico de 1893... foi produtivo ao agitar a demanda pela prata livre em toda a nação atingida" (BARNES, 1947, p. 372). Em 1896, era uma decisão já determinada que os democratas adotariam a prata livre — e se dividiriam em dois, com os Democratas do Ouro, do Leste, em revolta.

---

4   O Capítulo 4 apresenta estimativas do nível hipotético dos preços sob tais hipóteses.

Seria 16 para 1 uma Ideia Maluca?

O preço da prata caiu ao longo das décadas de 1870, 1880 e 1890. O preço do ouro foi fixado pelo padrão-ouro em US$20,67. Consequentemente, a relação de preços entre o ouro e a prata subiu de 16 para 1 em 1873, quando a fatídica frase foi omitida da Lei de Cunhagem de 1873, para 30 para 1 na época da nomeação de Bryan. Por mais plausível que 16 para 1 possa ter parecido como uma relação legal em 1873, em 1896 parecia, à comunidade financeira, uma receita para o desastre. Sua adoção produziria, é o que acreditavam, uma inflação exorbitante. Bryan e seus seguidores estavam propondo praticamente dobrar o preço nominal da prata, a partir do então preço vigente no mercado de US$0,68 por onça para o preço legal ainda contabilizado de US$1,29. Parecia evidente para a comunidade financeira que outros preços teriam que subir em proporção, especialmente o preço do ouro. Mas isso quebraria o vínculo monetário entre o dólar americano e as moedas com padrão-ouro, produziria uma enorme depreciação na taxa de câmbio entre o dólar americano e as moedas com padrão-ouro e, na opinião da comunidade financeira, devastaria os canais do comércio internacional. Que ideia maluca!

Essa conclusão, embora não seja necessariamente o raciocínio preciso, tornou-se senso comum entre economistas e historiadores, assim como a opinião relacionada de que o fim da livre cunhagem de prata determinada pela Lei de Cunhagem de 1873 foi, como disse em 1886 James Laurence Laughlin, "uma obra de boa ventura que salvou nosso crédito financeiro e protegeu a honra do Estado. É um trabalho de legislação pelo qual nunca poderemos agradecer o suficiente" (1895, p. 93).

No Capítulo 3, concluí que Laughlin estava errado, que a lei, longe de ser "uma obra de boa ventura", "foi o contrário — um erro que teve consequências altamente adversas" tanto para os Estados Unidos como para o mundo. Concluí que a retenção do bimetalismo em 16 para 1 como o padrão monetário legal teria reduzido grandemente a subsequente deflação nos EUA e teria evitado a agitação monetária e política e a incerteza que a deflação provocou. Em um grau menor, também teria reduzido a deflação no restante do mundo. Sob tais circunstâncias, o talento de Bryan como orador e político quase certamente o teria levado à fama, embora uma fama por motivos muito diferentes.

Porém, esse é um julgamento sobre 1873, quando a Lei de Cunhagem foi aprovada, ou sobre 1879, quando ocorreu a reintegração com base no ouro. Já não seria tarde demais, em 1896, para desfazer os danos? Não estaria Bryan tentando colocar trancas nas portas após a casa ter sido roubada? Embora o raciocínio que atribuí à comunidade financeira seja ingênuo, acredito que a conclusão fundamental estava correta. Uma medida que teria sido de grande benefício tanto para os Estados Unidos quanto para o restante do mundo em 1873, teria sido altamente prejudicial para ambos depois de 1896, em partes precisamente porque não foi adotada em 1873. Por motivos que são analisados com certa profundidade no Capítulo 6, acredito que um padrão bimetálico é um melhor padrão monetário do que um padrão-ouro monometálico. Isso era verdade tanto em 1896 quanto em 1879. No entanto, as circunstâncias de fato alteram os casos. Com as circunstâncias diferentes em 1896, a relação dos preços ouro-prata, à qual o bimetalismo teria sido uma bênção em vez de um desastre, era uma relação igual ou superior àquela de mercado então vigente, e não menor.

O bimetalismo em 16 para 1 teria sido uma bênção em 1879, pois teria impedido ou amenizado a ameaça de deflação imposta pela difundida mudança para o ouro. Além disso, teria causado isso sem uma transição descontínua. A relação de preços ouro-prata estava apenas levemente abaixo de 16 para 1 em 1873, alcançou esse nível em 1875 ou 1876, e o ultrapassou apenas levemente em 1879, então a transição teria sido suave e rápida.

Em 1896, a ameaça era a inflação, e não a deflação. A enxurrada de ouro proveniente da América do Sul estava elevando o montante de dinheiro circulante nos países de padrão-ouro, e a única força compensatória nessa época era o aumento continuado na produção. Em 1914, o nível de preços estava 17% mais alto na Grã-Bretanha e 44% mais alto nos EUA do que em 1896. O maior aumento nos Estados Unidos do que na Grã-Bretanha refletiu a reação ao maior declínio no início da década de 1890.

A adoção do bimetalismo pelos EUA em uma relação de 16 para 1 em 1896 teria aumentado bruscamente a demanda por prata em relação à demanda por bens em geral, e teria provocado uma saída de ouro dos EUA. A relação de preços ouro-prata do mercado não poderia ter permanecido em 30 para 1. Talvez não voltasse a 16 para 1, mas nem essa possibilidade poderia ser descartada totalmente. Os cálculos no Capítulo 4 da relação hipotética de preços entre o ouro e a prata que teriam prevalecido se os EUA tivessem continuado em um padrão legal bimetálico sugerem que a relação teria tendido a flutuar ao redor de 16 para 1 em todo o período que vai de 1873 até 1914. De acordo com essas estimativas, a relação mais alta teria ocorrido em 1896, ao redor de 24 para 1. Contudo, acredito que, muito provavelmente, essa seja uma estimativa exagerada tanto da relação que teria existido sob as circunstâncias hipotéticas como o quanto teria caído caso o programa monetário de Bryan houvesse sido aprovado.[5]

Independentemente do que tivesse acontecido com a relação, o efeito teria sido aumentar a taxa de crescimento da quantidade de dinheiro tanto nos Estados Unidos, que teriam acumulado prata, como no restante do mundo, que teria recebido o ouro saído dos EUA. A inflação teria sido ainda maior do que de fato foi. E a transição teria sido qualquer coisa menos gradual para os Estados Unidos. A comunidade financeira tinha razão ao

---

5   As razões para as estimativas exageradas são diferentes para os dois casos. Minhas estimativas para a manutenção durante a cunhagem livre da prata usam necessariamente dados afetados pelos distúrbios monetários que não teriam ocorrido se a livre cunhagem tivesse sido mantida. Todavia, isso não valida essas estimativas para as circunstâncias reais. O motivo é que, ao fazer minhas estimativas, presumi um padrão anterior muito diferente de acumulação tanto de ouro quanto de prata do que de fato ocorreu. Caso a livre cunhagem a 16 para 1 tivesse sido aprovada em, digamos, 1897, teria havido uma mudança imediata nas condições da demanda e da oferta de prata e ouro muito maior do que a mudança gradual que postulei. Conjeturei que isso teria produzido uma relação de mercado menor do que minha estimativa de 24 para 1.

pensar que o resultado imediato teria sido uma depreciação acentuada na taxa de câmbio entre o dólar e as moedas dos países com padrão-ouro, uma depreciação que de fato teria criado grandes dificuldades transicionais para o comércio internacional e as atividades financeiras dos Estados Unidos.

Por outro lado, suponhamos que o bimetalismo tivesse sido adotado em 1896 em uma relação de, digamos, 35 para 1. O efeito imediato teria sido desprezível. Os Estados Unidos teriam permanecido em um padrão-ouro efetivo. Não teria havido uma demanda adicional imediata para a prata ou uma oferta adicional de ouro. O único efeito no preço da prata e do ouro teria sido nas expectativas sobre possíveis desenvolvimentos futuros. A reação à depressão da década de 1890 nos Estados Unidos, e à inflação no restante do mundo, teria continuado naquele período, da mesma forma que continuou na realidade. A adoção hipotética do bimetalismo em 25 para 1 não teria causado nenhuma diferença real até cerca de 1901 ou 1902, quando a relação de preços ouro-prata de mercado começou a subir acima de 35 para 1 em valores mais do que triviais e em períodos mais do que breves. A relação permaneceu acima de 35 para 1 até 1905 e depois caiu abaixo disso por alguns anos, antes de ultrapassar essa marca novamente durante quase todo o período até 1914.

De 1902 em diante, o bimetalismo nos Estados Unidos teria sem dúvida nenhuma mantido a relação de 35 para 1. No entanto, considerando o curso real da relação de preços, isso não teria exigido grandes compras de prata pelos EUA, nem resultado em grandes fluxos de saída de ouro, não teria provocado qualquer alteração na taxa de câmbio do dólar em relação às moedas dos países de padrão-ouro e teria permitido uma estabilidade maior na taxa de câmbio em relação aos poucos países de padrão-prata, dos quais o principal era a China. Em retrospecto, o aumento mínimo na inflação tanto nos EUA quanto no mundo de padrão-ouro que talvez ocorresse teria sido um baixo preço a ser pago por um sistema monetário superior.

Infelizmente, a atmosfera política exaltada envolvendo a questão da prata impediu uma consideração séria de qualquer alternativa de uma relação de 16 para 1. Como escreveu Simon Newcomb, matemático e astrônomo internacionalmente famoso, bem como um dos mais aptos economistas e teóricos monetários do período, em um artigo de 1893: "Este autor não faz objeções aos princípios do bimetalismo, caso sejam aplicados de forma apropriada e correta. Um dos infortúnios da situação monetária é que o bimetalismo lógico e consistente parece ter desaparecido do campo de batalha, deixando apenas os monometalistas da prata e do ouro. Todos deveriam saber que a livre cunhagem da prata na base atual significa um monometalismo de prata… A livre cunhagem na relação presente de 16 para 1 seria, atualmente, um verdadeiro cataclismo, e não é provável que uma relação de 20 para 1 tivesse funcionado melhor" (p. 511).

Um "bimetalista lógico e consistente" foi o general Francis A. Walker, descrito no dicionário *New Palgrave* como "o economista norte-americano de sua geração mais conhecido e estimado no mundo todo" e sucessivamente professor de economia política e de história na Universidade Yale e presidente do MIT — Massachusetts Institute of Technology. Ele apoiou o bimetalismo internacional — quer dizer, um acordo feito por diversos países para a adoção de um padrão bimetálico na mesma relação de preços ouro-prata —, mas se opôs à adoção do bimetalismo em um único país, desta forma não favorecendo a base política de Bryan em prol da prata livre. Não sei se ele esteve ativo na campanha de 1896 em oposição a Bryan. No entanto, no "Discurso sobre o Bimetalismo Internacional", que fez alguns dias depois da eleição de 1896, ele se referiu à derrota de Bryan como "a passagem de uma grande tempestade" ([1896a] 1899, 1:251). Até onde eu saiba, ele nunca sugeriu uma adoção unilateral do bimetalismo em uma relação que não fosse a de 16 para 1 e, certamente, continuou a favorecer a adição de um bimetalismo internacional em uma relação de 15,5 para 1, a relação que a França havia mantido (1896b, pp. 212–13).

Caso os Estados Unidos houvessem adotado o bimetalismo em 1896, seja na relação de 16 para 1 ou de 35 para 1, não é impossível que outros países tivessem acompanhado e adotado a mesma relação. Em 1896, os EUA eram provavelmente uma potência maior em relação ao restante do mundo do que a França havia sido nas primeiras décadas do século. Contudo, a França conseguiu manter a relação de 15,5 para 1 de 1803 a 1873, apesar, primeiramente, das grandes descobertas de prata e, depois, das grandes descobertas de ouro. Havia um forte sentimento em favor do bimetalismo em muitos países europeus. A Índia havia apenas recentemente encerrado a livre cunhagem da prata, e a China permaneceu em um padrão-prata até que Franklin D. Roosevelt a afastou desse metal com seu programa de compra de prata na década de 1930 (é interessante notar que se trata de um paliativo político para algumas das mesmas forças que haviam estado por trás do movimento da prata nos EUA no século XIX, como está detalhado no Capítulo 7). Nós nos tornamos tão acostumados a considerar o ouro como o metal monetário natural que nos esquecemos de que a prata já foi um metal monetário muito mais importante do que o ouro durante séculos, perdendo o primeiro lugar somente depois da década de 1870.

Se os outros países houvessem se juntado aos EUA em 16 para 1, os danos causados teriam sido ainda maiores. Por outro lado, caso tivessem se juntado em 35 para 1, os resultados em longo prazo poderiam ter sido favoráveis. A eclosão da Primeira Guerra Mundial em 1914, apenas um curto período depois que a relação do mercado e a relação legal estariam próximas, significa que os efeitos, se é que haveria algum, teriam sido pequenos até depois da guerra. Depois de 1915, a relação do mercado caiu fortemente, para abaixo de 16 para 1 em 1920, e depois subiu abruptamente para um nível superior a 35 em 1927. O padrão pós-guerra sem dúvida teria sido diferente caso o bimetalismo tivesse se tornado o padrão legal para vários países, incluindo os Estados Unidos. O padrão-ouro foi adotado depois da Primeira Guerra Mundial devido a uma preocupação de que haveria falta de ouro, e o bimetalismo teria amenizado tal preocupação. Porém, estamos nos afastando demais de nossa base histórica para que esta especulação seja produtiva.

O Processo de Cianeto e o Declínio Político de Bryan

O capítulo final em nossa história trata do efeito na carreira política de Bryan causado pela aplicação do processo de cianeto. Tal capítulo é contado rapidamente. Como vimos, a enxurrada de ouro proveniente da África do Sul provocou a inflação que Bryan e seus seguidores haviam buscado conquistar com a prata, "mas quando seguidores como o sociólogo E. A. Ross destacaram a Bryan que as novas ofertas de ouro haviam aliviado a falta de dinheiro e abalado a causa da prata, o membro da Câmara não ficou impressionado" (HOFSTADTER, 1948, p. 194). O resultado foi inevitável. A carreira política de Bryan já não estava mais em seu ápice.

Conclusão

Bryan denominou seu relato da campanha de 1896 de *A Primeira Batalha*. Logo do início, ele claramente se vislumbrou como um general à frente de um exército engajado em uma guerra — ou uma cruzada — por uma causa sagrada. Ele começou seu grande discurso na convenção democrata de 1896 destacando: "Esta não é uma competição entre pessoas. O cidadão mais humilde de toda a terra, quando revestido da armadura de uma causa justa, é mais forte do que todas as hostes do erro. Venho lhes falar em defesa de uma causa que é tão sagrada quanto a causa da liberdade — a causa da humanidade." A retórica continuou rolando: o "zelo que inspirou os cruzados que seguiram Pedro, o Eremita", "a nossa não é uma guerra de conquistas", "coroa de espinhos", "crucificar", "cruz de ouro".

Os cruzados que seguiam Bryan eram um grupo heterogêneo, como são em todos os movimentos políticos com uma base ampla. Os mineradores de prata tinham interesses estreitos e setoriais. Os reformadores agrários eram motivados pelo velho conflito entre campo e cidade, os populistas pelo igualmente antigo conflito entre as massas e as classes — Main Street versus Wall Street. Sem dúvida, os seguidores de Bryan incluíam muitos que estavam perturbados pelas evidentes dificuldades econômicas pelas quais o país havia passado na década anterior e que pensavam que a expansão monetária era a cura possível, ou única. Infelizmente, eles incluíam poucos, se é que algum, "bimetalistas lógicos e consistentes".

Seus oponentes eram um grupo igualmente misto: pessoas com interesses na mineração de ouro; deflacionistas castigados pelas forças da prata livre, com alguma justiça, como "Wall Street"; monometalistas convencidos que interpretavam a preeminência econômica da Grã-Bretanha como um testemunho às virtudes de um padrão-ouro e a mudança de muitos países europeus na década de 1870 do bimetalismo para o ouro como um testemunho à fragilidade do bimetalismo; pessoas para as quais a prata não era a questão principal, mas que tinham objeções contra outros aspectos da plataforma populista. Sem dúvida, seus oponentes também incluíam muitos que estavam perturbados, como seus seguidores, pelas dificuldades econômicas pelas quais o país havia passado na década anterior, mas que — corretamente, acredito — consideravam que a cura proposta de 16 para 1 faria piorar ainda mais a doença.

No fim das contas, o resultado não foi decidido por nenhuma das questões levantadas ou argumentos oferecidos pelos dois lados na acalorada disputa política. Foi decidido por eventos longínquos ocorridos na Escócia e na África do Sul, que nunca entraram no debate nacional. Um exemplo fascinante dos efeitos de longo alcance e quase sempre inesperados de um desenvolvimento monetário aparentemente menor.

CAPÍTULO 6

O Bimetalismo Revisitado[1]

EM TODA A HISTÓRIA DOCUMENTADA, OS SISTEMAS MONETÁRIOS EM geral têm se baseado em uma *commodity* física. Os metais têm sido os mais amplamente usados, acima de tudo, os metais preciosos de prata e ouro. Entre eles, "a prata constituía praticamente toda a moeda metálica circulante da Europa" até pelo menos o final do século XIX (MARTIN, 1977, p. 642), e também da Índia e outras partes da Ásia. O ouro era muito menos usado, especialmente para transações de alto valor.

A taxa de câmbio entre a prata e o ouro era às vezes especificada pelas autoridades, e às vezes era deixada ao mercado. Caso uma taxa legal fosse especificada, o resultado era um sistema bimetálico (como descrito no Capítulo 3) sob o qual uma Casa da Moeda autorizada permanecia pronta, para que, a pedido de qualquer um, transformasse prata ou ouro em moedas de valor de face designado e, também a pedido, de peso e pureza especificados (livre cunhagem). Normalmente, havia uma

---

[1] Devo agradecer pelos comentários valiosos sobre edições anteriores a Angela Redish, Hugh Rockoff e Anna J. Schwartz. Além disso, fui muito beneficiado com os comentários detalhados feitos pelos editores do Journal of Economic Perspectives.

pequena taxa de senhoriagem para cobrir os custos da cunhagem, embora às vezes, como na Grã-Bretanha e nos Estados Unidos, não houvesse nenhuma. A relação legal entre os preços era determinada pelos pesos atribuídos às moedas de prata e de ouro. Por exemplo, a partir de 1837 até a Guerra Civil, o dólar de ouro dos EUA era definido como sendo igual a 23,22 grãos de ouro puro, e o dólar de prata como sendo igual a 371,25 grãos de prata pura — ou 15,988 vezes mais grãos de prata do que de ouro, o que pode ser arredondado em linguagem comum para uma relação de 16 para 1.

Uma maneira estritamente equivalente de definir um padrão bimetálico é em termos do compromisso de um governo em comprar prata ou ouro por um preço fixo em dinheiro designado como moeda legal. Para o exemplo dos EUA, os preços fixos correspondentes eram de US$20,67 por onça fina de ouro e de US$1,29 por onça fina de prata.[2] Foi esse o preço legal do ouro que permaneceu até 1933, quando o presidente Franklin D. Roosevelt o aumentou por estágios e depois o fixou a US$35,00 por onça no início de 1934. Nesse patamar, permaneceu até que foi aumentado para US$42,22 no início de 1973, preço pelo qual as reservas de ouro dos EUA ainda são avaliadas nos registros contábeis, embora o preço de mercado seja atualmente (1991) cerca de nove vezes superior ao preço oficial.

Embora tanto a prata quanto o ouro pudessem ser legalmente usados como dinheiro, na prática (como explicado no Capítulo 3), apenas um dos metais poderia ser usado dessa maneira. Além de seu uso como dinheiro, tanto a prata como o ouro possuem usos importantes não monetários, ou de mercado, para joias e propósitos industriais. Quando a relação de preços de mercado diferia substancialmente da relação legal, apenas o metal que estava mais barato ao preço do mercado do que na relação legal seria levado à Casa da Moeda para cunhagem. Por exemplo, se 1 onça de ouro

---

2 Esses são preços arredondados. Há 480 grãos em uma onça fina de ouro, assim, o preço legal exato do ouro era de 480/23,22, ou US$20,6711835… e de prata, 480/371,25, ou US$1,2929…

vendida no mercado pela mesma quantia de dólares que 15,5 onças de prata quando a relação legal era de 16 para 1, aquele que tinha a prata, em vez de levá-la diretamente à Casa da Moeda, faria um melhor negócio ao trocar sua prata por ouro pela relação de mercado e depois levar o ouro à Casa da Moeda.

A situação nos Estados Unidos de 1837 até a Guerra Civil era mais ou menos como a que acabei de descrever: a relação legal era de 16 para 1, a relação de mercado era de 15,5 para 1. O resultado era que os EUA estavam efetivamente em um padrão-ouro. A prata ainda podia ser usada para moedas mais leves e de menor importância (aquelas que continham menos prata do que a quantidade que, no preço legal, corresponderia ao valor de face da moeda) e para transações monetárias internacionais, mas a um preço superior, não a seu preço nominal.

A partir do início da década de 1870, os países mais avançados, incluindo os Estados Unidos em 1879, mudaram para um padrão-ouro monometálico, ou seja, um padrão sob o qual apenas o preço do ouro era fixado legalmente. Isso deixou a Índia e a China como os únicos dois países populosos apoiados primariamente na prata. A prata ainda era usada em outros lugares, mas apenas para cunhagens menores. Depois da Primeira Guerra Mundial, o vínculo entre o dinheiro e o ouro foi progressivamente afrouxado, com um padrão-ouro — um compromisso feito pelos governos para resgatarem seu dinheiro, seja em ouro ou em uma moeda estrangeira que fosse resgatável em ouro —, substituindo um padrão-ouro estrito como a norma. Depois da Segunda Guerra Mundial, o acordo de Bretton Woods, que estabelecia o Fundo Monetário Internacional, deu ao ouro um papel ainda menos importante, exigindo a convertibilidade em ouro apenas para os Estados Unidos e apenas para propósitos externos. Esse vínculo final foi encerrado pelo presidente Richard Nixon no dia 15 de agosto de 1971, quando, no jargão monetário, ele "fechou a janela de ouro" ao recusar honrar o compromisso dos EUA sob o acordo do Fundo Monetário Internacional de vender ouro para bancos centrais estrangeiros a US$35,00 por onça. Desde então, todos os principais países adotaram um papel-moeda inconvertível, ou um padrão-fiat, não como uma medida temporária de emergência, mas como um sistema pretendido a ser permanente. Tal sistema fiat monetário mundial não tem precedentes históricos.

Até o momento, o sistema monetário fiat tem sido caracterizado por amplas flutuações nos níveis dos preços, nas taxas de juros e de câmbio, à medida que as principais nações vêm tentando aprender como navegar nessas águas desconhecidas, vêm tentando encontrar alguma âncora para o nível dos preços que não seja a conversão para uma *commodity*. Se o sistema fiat levará a resultados aceitáveis — e, se sim, quando — permanece uma pergunta aberta, que é examinada no Capítulo 10. Desta forma, uma discussão do que talvez seja o sistema mundial mais comum e mais antigo, o bimetalismo, pode ter um interesse mais do que histórico.

Em um artigo de 1936, intitulado "O Bimetalismo Revisitado", Lewis Froman escreveu: "Os economistas em geral concordam quase de forma unânime que o bimetalismo não oferece um sistema monetário satisfatório" (p. 55). Até recentemente, eu compartilhava dessa opinião, que acredito permanece sendo a visão convencional dos economistas monetários: a de que o bimetalismo é um sistema monetário instável e insatisfatório, envolvendo mudanças frequentes entre sistemas monometálicos alternativos; que o monometalismo é preferível, sendo ainda o monometalismo de ouro preferível ao monometalismo de prata.[3]

---

3   Não é fácil documentar que tal permanece sendo a opinião convencional, visto que poucos livros didáticos contemporâneos sobre dinheiro ou macroeconomia nem sequer mencionam o bimetalismo. Quase todos eles têm alguma referência ao padrão-ouro, mas tipicamente tomam como certo que um padrão-ouro é o único tipo de padrão de commodity que precisa ser mencionado. Examinei sete textos populares sobre sistemas monetários e macroeconomia, datados de 1968 a 1986. Apenas dois mencionam um padrão bimetálico; apenas o mais antigo tem alguma análise racional sobre suas vantagens e desvantagens, e isso em uma nota de rodapé, que observa que "a crítica ao sistema [bimetalismo] está certamente mais do que feita" (Culbertson, 1968, p. 133n.). Também examinei sete textos sobre a história econômica dos EUA, datados de 1964 a 1987. Todos analisam o uso de diferentes commodities como padrões monetários, o bimetalismo e a mudança para um padrão-ouro. No entanto, a abordagem geral é estritamente factual e, com uma exceção, convencional. Por exemplo, o texto mais recente (e, entendo, o mais amplamente usado) afirma categoricamente: "O bimetalismo é um sistema metálico fraco para ser usado porque os dois metais flutuam constantemente um contra o outro em preço e com resultados estranhos" e que "a prata foi afastada da circulação pelo aumento nas ofertas de ouro nas décadas de 1840 e 1850... Portanto, em 1873, a Lei de Cunhagem omitiu qualquer cláusula para a reintegração dos dólares de prata" (Hughes, 1987, pp. 175–76, 360).

Durante minhas pesquisas sobre a história monetária dos EUA no século XIX para os Capítulos 3, 4 e 5, descobri, para minha grande surpresa, que a opinião convencional é dúbia, se não totalmente errada, com respeito tanto à superioridade do monometalismo ao bimetalismo, como da superioridade de monometalismo de ouro ao monometalismo de prata.

Experiência Histórica

Em seu Relatório do Tesouro sobre o Estabelecimento da Casa da Moeda de 1791, no qual recomendava a adoção de um padrão bimetálico, Alexander Hamilton ([1791] 1969, pp. 167–168) escreveu: "É possível dizer que o ouro, talvez, em certos sentidos, tenha maior estabilidade do que a prata, visto que, sendo de valor superior, menos liberdades foram tidas com ele, na regulação de diferentes países. Seu padrão tem permanecido mais uniforme e, em outros aspectos, passou por menos mudanças; por não ser tanto um artigo de comércio, [...] tem menos chances de ser influenciado pelas circunstâncias das demandas comerciais."

Não obstante, Hamilton escolheu o bimetalismo, baseado no motivo puramente pragmático de que a prata era o metal de uso mais comum, que a maior parte das moedas metálicas nos treze estados originais era a prata, na forma de moedas estrangeiras, e que o ouro era raro. Ele escolheu uma relação de 15 para 1, pois tal era a relação do mercado na época, enquanto também reconheceu que a relação estava sujeita a variações e instou que "tomem cuidado para regular a proporção entre [os metais], mantendo um olho na média de seu valor comercial" ([1791] 1969, p. 168). Em curtíssimo tempo, no entanto, a relação do mercado aumentou, conformando-se com a relação legal na França de 15,5 para 1. O Congresso não deu atenção ao conselho de Hamilton, deixando a relação legal a 15 para 1 até 1834. Como resultado, a prata tornou-se o padrão de fato a partir de então até a Guerra Civil. Em 1862, o resgate de dinheiro em moeda metálica foi suspenso, e um dinheiro puramente fiduciário [fiat], popularmente conhecido como cédulas verdes [greenbacks], foi emitido para ajudar a financiar a guerra. A Lei de Cunhagem de 1873 encerrou a livre cunhagem da prata e limitou seu status de moeda corrente, de modo que quando a reintegração (a convertibilidade da moeda corrente em moeda metálica) foi realizada em 1879, foi feita com base no ouro. Isso, por sua vez, desencadeou o movimento da prata livre das décadas de 1880 e 1890, que culminou com a campanha presidencial de William Jennings Bryan de 1896, sob a bandeira de 16 para 1.

A experiência norte-americana sem dúvida ajudou a formar a opinião convencional, como afirma, por exemplo, Ludwig von Mises (1953, p. 75), que o "padrão (bimetálico) foi [...] transformado não em um padrão duplo, como os legisladores tinham pretendido, mas em um padrão alternativo".

Embora tal padrão alternativo seja possível e esse em geral tem sido o caso, como foi nos Estados Unidos antes da Guerra Civil e na Grã-Bretanha por diversos séculos antes das guerras napoleônicas, ele não é de todo inevitável. Como destaca Irving Fisher (1911, p. 132): "A história da França e da União Latina durante o período de 1785 e especialmente de 1803 até 1873 é instrutiva. Ela concede uma ilustração prática da teoria de que, quando as condições são favoráveis, o ouro e a prata podem ser mantidos ligados por um período considerável por meio do bimetalismo. Durante esse período, o público normalmente não tinha consciência de qualquer disparidade de valor, e apenas observava as mudanças da predominância relativa do ouro para a predominância relativa da prata no dinheiro e vice-versa."

O sucesso da França em manter moedas de peso exato de ouro e de prata em circulação simultânea durante um período tão longo refletiu diversos fatores. O primeiro foi a importância econômica da França no mundo, que era muito maior do que agora. O segundo era a propensão excepcionalmente alta dos franceses usarem moedas metálicas como dinheiro, tanto diretamente como moedas e indiretamente como reservas para o papel-moeda e os depósitos.[4] Esses dois fatores fizeram da França

---

4   Em 1880, as moedas de ouro e de prata representavam mais de 70% de todos os balanços transacionais (moedas mais papel-moeda mais depósitos bancários); a fração correspondente para os EUA era ao redor de 15%. Fonte para a França: Saint Marc (1983, pp. 23–33); para os EUA: Friedman e Schwartz (1963, pp. 131, 174).

um participante fundamental no mercado da prata e do ouro, importante o suficiente para conseguir fixar a relação de preços apesar das grandes mudanças na produção relativa da prata e do ouro.[5] Nas palavras de Fisher (1911, pp. 133-34):

> De 1803 até cerca de 1850, a tendência era para a prata substituir o ouro [...] Em 1850, [...] o bimetalismo teria falhado e resultado no monometalismo de prata [...], a não ser pelo fato de que, como para salvar o dia, ouro havia acabado de ser descoberto na Califórnia. A consequência da nova e aumentada produção de ouro foi um movimento reverso, uma entrada de ouro na moeda francesa e uma saída de prata [...] Parecia provável que a França esgotaria totalmente sua moeda corrente de prata e passaria a uma base de ouro [...] Mas as novas minas de ouro foram gradualmente se esgotando, enquanto a produção de prata aumentava, com a consequência de que houve novamente uma inversão do movimento.

A França absorveu em seu dinheiro circulante mais da metade de toda a produção mundial de ouro de 1850 a 1870, ao mesmo tempo que manteve a quantidade de prata quase constante.[6] Como resultado, a relação de preços do mercado, que era de 15,7 em 1850, nunca caiu abaixo de 15,2 (em 1859) e voltou a 15,6 em 1870 (WARREN; PEARSON, 1933, p. 144).

A opinião convencional presume implicitamente que a relação legal de preços entre o ouro e a prata tem um equilíbrio instável, de modo que o menor afastamento do preço do mercado em relação ao preço legal enviaria rapidamente todas as moedas cunhadas no então metal mais valioso para o caldeirão de fusão para serem vendidas no mercado. Esse não acabou sendo o caso da França. A situação é comparável à das taxas de câmbio entre

---

5   Para ilustrar a importância da França, tanto em 1850 como em 1870, a prata monetária naquele país representava mais de 10% de toda a prata produzida no mundo a partir de 1493; em 1850, o ouro monetário na França era de aproximadamente 1/3 das reservas mundiais de ouro monetário; em 1870, mais da metade. (Não consegui encontrar as estimativas das reservas mundiais de prata monetária, por isso comparei a prata monetária da França com a produção total.) Fonte para a França: Saint Marc (1983, pp. 23-33); para a reserva mundial de ouro: Warren e Pearson (1933, pp. 78-79).

6   A relação de onças de prata para onças de ouro em seu estoque monetário caiu de 41 para 8, totalmente por via do aumento de ouro.

as moedas sob um estrito padrão-ouro. O conteúdo de metal legalmente especificado das moedas circulantes nacionais define uma taxa de câmbio equivalente (por exemplo, de 1879 a 1914, de US$4,86649... por uma libra britânica).[7] Se a taxa de câmbio de mercado se desvia da paridade, há uma oportunidade de arbitragem ao trocar a moeda mais barata por ouro, enviar o ouro para o outro país, convertê-lo na outra moeda e converter os proventos na moeda mais barata no mercado. Para que a arbitragem seja lucrativa, a diferença entre a taxa de câmbio do mercado e a paridade deve ser grande o suficiente para cobrir os custos de seguro, transporte do ouro e outras despesas. A taxa de câmbio da paridade mais ou menos esses custos define os denominados pontos de ouro entre os quais a taxa de câmbio do mercado pode flutuar sem envios de ouro em qualquer direção.

De uma forma precisamente paralela, sob um padrão bimetálico os custos incorrem ao converter as moedas subvalorizadas em moeda metálica e vender esta no mercado. Esses custos definem os pontos mais altos e mais baixos da relação de preços ouro-prata entre os quais a relação de mercado pode variar sem provocar a completa substituição de um metal pelo outro. A distância entre os pontos depende da taxa de senhoriagem, o custo de derreter as moedas, taxas de seguro, atrasos e a associada perda de interesse, entre outros.[8]

O padrão bimetálico da França terminou quando terminou por causa da Guerra Franco-Prussiana de 1870–71. A França sofreu uma derrota devastadora e foi forçada a pagar à Alemanha uma gigantesca indeni-

---

[7] A libra esterlina era definida como 113 grãos de ouro puro, o dólar americano como 23,22 grãos; a relação entre esses dois números oferece a taxa de câmbio de paridade. Em um aparte, uma história clássica ilustrando o provincialismo britânico na era vitoriana apresenta um americano criticando um cavalheiro inglês pela complexidade da moeda britânica: "12 pence por shilling, 20 shillings por libra, 21 shillings por guinéu." O cavalheiro inglês respondeu: "Vocês americanos estão reclamando do quê? Veja seu dólar horroroso — 4,8665 por libra."

[8] Em uma comunicação privada datada de 24 de abril de 1989, Angela Redish sugere que os limites mais amplos plausíveis, considerando os custos de cunhagem mais 1% de custos transacionais, eram de 15,3 e 15,89. Os limites da relação de mercado citados são estimativas imperfeitas, e, assim, não estão em conflito sério com sua estimativa de limites.

zação de guerra em fundos convertíveis em ouro. A Alemanha usou o dinheiro para financiar sua própria mudança de um padrão-prata para um padrão-ouro — um tributo ao exemplo da Grã-Bretanha, que os líderes alemães desejavam desesperadamente ultrapassar em poder econômico e que havia estado no padrão-ouro desde 1821. No processo, a Alemanha também soltou no mercado grandes quantidades de prata que foi retirada de circulação. A França não estava disposta a aceitar a grande inflação (em termos de prata) que teria sido produzida pelo efeito combinado da retirada do ouro e da enxurrada de prata. Sendo assim, a França fechou sua Casa da Moeda à livre cunhagem da prata e subsequentemente adotou um padrão-ouro.[9]

Uma característica notável da experiência francesa com o bimetalismo é que "ao longo de vinte anos de guerra, às vezes contra a Europa inteira, [Napoleão] nem uma única vez permitiu o recurso ao expediente ilusório do papel-moeda inconvertível" (WALKER, 1896b, p. 87). Isso foi quase certamente um tributo ao exemplo admonitório da hiperinflação dos *assignats* (WHITE, 1896) que ajudou a levar Napoleão ao poder, em vez de a qualquer virtude peculiar do bimetalismo em relação ao monometalismo. Depois da experiência dos *assignats*, qualquer tentativa de Napoleão em emitir papel-moeda inconvertível com a promessa de regresso aos pagamentos em moeda metálica não teria qualquer credibilidade, e teria ocorrido uma fuga em grande escala da moeda corrente. Até onde eu saiba, nenhuma outra grande guerra jamais foi conduzida sem recorrer à depreciação da moeda (em tempos antigos, ao adulterá-la, mudando o valor nominal da cunhagem, e expedientes semelhantes; em séculos recentes, ao suspender os pagamentos em moedas metálicas e recorrendo ao papel-moeda inconvertível). O comportamento da França contrasta fortemente com o da Grã-Bretanha. Esta, que havia estado em um padrão bimetálico

---

9 Walker (1896b, capítulos 4, 5 e 6) faz uma análise excelente deste episódio, bem como da experiência anterior da França.

legal, mas em um padrão-ouro de fato, encerrou os pagamentos em moeda metálica em 1797 e não os retomou até 1821. Sua promessa de retornar aos pagamentos em moeda metálica tinha credibilidade, no entanto, devido ao longo período anterior durante o qual um padrão de moeda metálica havia predominado.

Durante a década de 1870, não apenas a Alemanha e a França, mas muitos outros países, saíram do bimetalismo e adotaram o ouro, culminando com a reintegração dos Estados Unidos em 1879. O efeito foi uma rápida queda e vastas flutuações nos preços de mercado da prata em relação ao ouro, de modo que a relação de preços ouro-prata de mercado havia quase dobrado em 1896, quando Bryan deu seu famoso discurso da "Cruz de Ouro" e tornou o 16 para 1 seu grito de guerra.

No Capítulo 4, estimei o nível hipotético de preços dos EUA e, como um subproduto, a relação de preços ouro-prata que teriam predominado se os Estados Unidos houvessem retornado ao padrão bimetálico pré-guerra depois da Guerra Civil. Essas estimativas indicam que a relação de preços ouro-prata de mercado teria permanecido bem próxima de 16 para 1 pelo menos até 1914, quando a Primeira Guerra Mundial começou. A capacidade da França em manter um padrão bimetálico efetivo por 70 anos, apesar das vastas oscilações nas ofertas relativas de prata e ouro, fortalece minha confiança nessas estimativas. Se estou de alguma forma perto da verdade, como escrevi no Capítulo 3, "os Estados Unidos poderiam ter desempenhado o mesmo papel depois de 1873 na estabilização da relação do preço ouro-prata que a França desempenhou antes de 1873" (veja a página 69). O resultado teria sido um nível de preços mais estável tanto nos EUA como nos países com padrão-ouro.

A Literatura Acadêmica sobre o Bimetalismo

Assim como a evidência histórica, a literatura acadêmica da época não apoia o ponto de vista convencional. Pelo contrário, como Schumpeter afirma em sua *History of Economic Analysis* [A História da Análise Econômica] (1954, p. 1076): "O bimetalismo foi a principal zona de caça dos monomaníacos monetários. Não obstante, é fato — um fato que esses produtos semipatológicos e também a vitória do partido do ouro tendem a obliterar — que, em seu nível mais elevado, o argumento do bimetalismo na realidade ganhou a controvérsia, e isso a despeito de diversos homens da ciência terem defendido sua causa." Schumpeter acrescenta em uma nota de rodapé que o "exercício excepcional puramente analítico sobre o bimetalismo é o de Walras (*Éléments, leçons* 31 e 32)" (1954, p. 1076).[10] Como Walras (1954, lição 32, p. 359) coloca, em uma afirmação cuidadosamente qualificada: "Em resumo, o bimetalismo está tanto à mercê do acaso como o monometalismo, no que se refere à estabilidade do valor do padrão monetário; a questão é que o bimetalismo tem algumas chances a mais a seu favor."

Schumpeter pode estar certo em seu julgamento sobre a qualidade da análise de Walras. No entanto, a análise de Irving Fisher é igualmente rigorosa e muito mais acessível. Sua conclusão sucinta (1911, cap. 7, pp. 123–24) é a de que "o bimetalismo, impossível em uma relação [legal] [entre os preços dos dois metais monetários], é sempre possível em outra. Sempre haverá duas relações limitantes entre as quais o bimetalismo é possível". Perceba que as relações limitantes de Fisher não são os pontos de relação de preços ouro-prata mencionados anteriormente: esses definem a escala das relações de preços *do mercado* consistentes com uma relação legal e fixa de preços. As relações limitantes de Fisher definem a escala *legal* de preços na qual seria possível manter tanto o ouro quanto a prata em circulação sob determinadas condições de demanda e oferta de ouro e prata. Uma divisão diferente da nova produção de ouro e de prata

---

10 Schumpeter deixa claro que os "monomaníacos monetários" a quem se refere estão entre "os homens da prata", e não os "patrocinadores do ouro". Nesse respeito, ele compartilhava a opinião convencional. Minha própria opinião, como a de Francis A. Walker — cuja obra Schumpeter se refere como "de indubitável posicionamento científico" —, é a de que a causa pró-ouro teve sua quota de monomaníacos monetários.

corresponderia a cada uma dessas relações legais. Na relação limitante de preços ouro-prata mais baixa, o grosso da nova produção de ouro iria para usos não monetários, e o padrão bimetálico estaria prestes a se tornar um padrão-prata monometálico; na relação limitante mais alta, o grosso da nova produção de prata iria para usos não monetários, e o padrão bimetálico estaria prestes a se tornar um padrão-ouro monometálico.

A manutenção de uma ou outra relação de mercado não tem muita importância (exceto talvez às pessoas envolvidas na mineração de prata e de ouro). A questão geral importante é o comportamento do nível de preços. Qual sistema monetário, o bimetalismo, o monometalismo de prata ou o monometalismo de ouro levará ao nível de preços mais estável com o passar do tempo, ou seja, ao valor real mais estável da unidade monetária? A resposta de Fisher (1911, cap. 7, pp. 126–27) é que, quando a relação bimetálica legal é eficaz, então "em uma série de anos, o nível bimetálico [do valor real da unidade monetária] permanece intermediário entre os níveis em alteração que os dois metais seguiriam separadamente. O bimetalismo espalha o efeito de qualquer flutuação unitária pelos mercados combinados do ouro e da prata [...] Devemos destacar que o efeito equalizador sustentado é apenas relativo. É concebível que um metal seja mais estável sozinho do que quando ligado ao outro".[11] Em outras palavras, o padrão bimetálico sempre produz um nível de preços mais estável do que pelo menos um dos dois padrões monetários alternativos, e pode produzir um nível de preços mais estável que qualquer um deles. Era isso que Walras quis dizer com "mais chances".

Proponentes e Oponentes do Bimetalismo

Ao escrever, em 1896, no auge da agitação em prol da prata livre, Francis A. Walker (1896b; pp. 217–19) dá uma excelente descrição das

---

11 A análise foi explicada claramente muito antes por Fisher (1894, pp. 527–37).

três classes de pessoas nos Estados Unidos que estão habituadas a se autodenominar bimetalistas. Temos, primeiramente, os habitantes dos estados produtores de prata. Esses cidadãos possuem o que é chamado de um interesse particular, muito distinto de uma participação no interesse geral [...] Seu interesse na manutenção da prata como metal monetário tem sido da mesma natureza que o interesse dos cidadãos da Pensilvânia nas participações da produção de gusa [...] Embora a indústria de mineração de prata no país não seja grande, [...] ainda assim conseguiu exercer um alto grau de poder em nossa política, em parte por causa de nosso sistema de representação igual no Senado, e em parte devido ao zelo e à intensidade com os quais o objetivo tem sido buscado. A segunda das três classes [...] consiste naqueles que, sem um interesse particular na produção da prata, são ainda assim, em suas opiniões econômicas gerais, a favor de um dinheiro superabundante e barato. Entre os chefes desse elemento foram encontrados muitos que, entre 1868 e 1876, eram proeminentes defensores da heresia das notas verdes [que, vale a pena observar, é a ortodoxia atual]. Derrotados na questão da inflação das notas verdes, eles assumiram a questão da inflação da prata [...] São a favor da prata depreciada, pois, em sua opinião, é a melhor coisa (com o que querem dizer o que nós chamaríamos de a pior coisa) depois das notas verdes. Aqueles que constituem o elemento agora em consideração não são verdadeiros bimetalistas. O que eles realmente querem é a inflação da prata [são os "monomaníacos monetários" de Schumpeter].

O terceiro elemento [...] abrange os bimetalistas convictos do país, homens que acreditam, juntamente com Alexander Hamilton e os fundadores da república, que é melhor basear a circulação em ambos os metais preciosos. Não são inflacionistas, embora [...] menosprezem fortemente a contração.[12]

As pessoas que se autodenominavam monometalistas ou adeptas do dinheiro forte e favoreciam um padrão-ouro consistiam em três grupos paralelos: aquelas com interesses na mineração de ouro; as deflacionistas, castigadas pelas forças da prata livre, com alguma justiça, como "Wall Street"; e as monometalistas convictas, que interpretavam a preeminên-

---

[12] Francis A. Walker foi voluntário na Guerra Civil e, após o término da guerra, foi promovido a general, passando a ter uma carreira distinta como estatístico, economista e administrador educacional.

cia econômica da Grã-Bretanha como um testemunho das virtudes de um padrão-ouro e a mudança de muitos países europeus na década de 1870 do bimetalismo para o ouro como um testemunho da fragilidade do bimetalismo.

A controvérsia não se restringia aos Estados Unidos. Assolava a Grã-Bretanha, a França e, certamente, o mundo todo, provocando, como destaca Massimo Roccas, "as disputas teoréticas mais agitadas entre os economistas e os debates mais incisivos de política econômica no 'mundo civilizado'" (1987, p. 1). Em outros lugares, os participantes também estavam divididos nos mesmos grupos que nos EUA, com uma diferença: entre os defensores do bimetalismo, o primeiro grupo incluía não apenas os interesses da mineração de prata, mas, especialmente na Grã-Bretanha, pessoas envolvidas no comércio com a Índia, que permaneceu no padrão-prata com livre cunhagem até 1893, e, em todos os lugares, as pessoas envolvidas no comércio com a China, que permaneceu no padrão-prata até o final da década de 1930. Os comerciantes com a Índia e a China favoreciam o bimetalismo pelos mesmos motivos que os exportadores hoje em dia favorecem as taxas fixas de câmbio — para reduzir a inconveniência e os riscos que acompanham uma taxa de câmbio flutuante.

As distinções entre os grupos não são rigorosas. Um exemplo claro para os Estados Unidos é o primeiro diretor — que permaneceu longa data no cargo — do departamento de economia da Universidade de Chicago, James Laurence Laughlin. Seu livro de 1886, *The History of Bimetallism in the United States* [A História do Bimetalismo nos EUA, em tradução livre], foi inquestionavelmente uma enorme contribuição acadêmica, tendo sido citado por proponentes e oponentes do bimetalismo. Contudo, Laughlin também foi um líder altamente ativo da oposição do dinheiro forte contra o movimento da prata livre. Nessa qualidade, foi dogmático e demagógico. Acadêmicos monetários como Francis A. Walker e Irving Fisher quase certamente compartilhavam de sua oposição a propostas específicas dos defensores populistas da prata livre, porém, ficaram aparentemente constrangidos por seu dogmatismo e pelo que consideravam — na minha opinião, corretamente — sua má economia, visto que fizeram um esforço excepcional para dissociar suas opiniões das dele.

Um exemplo da Grã-Bretanha é Sir Robert Giffen, imortalizado por Alfred Marshall no "paradoxo de Giffen". Artigos populares de Giffen sobre o assunto, datando entre 1879 e 1890, foram republicados em um livro intitulado *The Case Against Bimetallism* ([1892] 1896) [O Caso contra o Bimetalismo, em tradução livre]. Seja lá qual tenha sido a base para sua alta reputação, o livro fornece amplas evidências de que não foi seu domínio da teoria monetária.[13]

Opiniões sobre as Propostas Bimetálicas Reais

A maioria dos acadêmicos que estavam persuadidos de que o bimetalismo é, em princípio, preferível ao monometalismo se opunham às propostas práticas específicas para o bimetalismo que estavam no centro do debate político. Faziam isso por dois motivos: o engodo de reformas ainda melhores e considerações práticas.

O Melhor versus o Bom:

W. Stanley Jevons ([1875] 1890, pp. 328–33) favorecia um padrão tabular, no qual a unidade monetária, pelo menos em contratos de longo prazo, seria ajustada às mudanças dos preços gerais — o sistema que veio a ser chamado de indexação.

Alfred Marshall, que também favorecia um padrão tabular, o considerava um ideal impraticável, a não ser para contratos de longo prazo. Ele apoiava o que F. Y. Edgeworth denominou de simetalismo como um

---

13 A prova da alta reputação de Giffen é a diplomacia com a qual F. Y. Edgeworth (1895, p. 435), um dos verdadeiros grandes economistas da época, prefacia sua refutação a uma das falácias de Giffen: "Um argumento adiantado pelo Sr. Giffen [...] provavelmente não está aberto a disputas. É com grande reserva que o contra-argumento a seguir é enviado."

afastamento menos extremo de um padrão-ouro do que seria um padrão tabular integral, no entanto, preferível ao bimetalismo (MARSHALL, 1926, pp. 12–15, 26–31)[14]. Um padrão simetálico é aquele no qual a unidade monetária seria uma composição de dois metais, "uma unidade de ouro *e* tantas unidades de prata — uma barra ligada sobre a qual o papel-moeda pode se basear" (EDGEWORTH, 1895, p. 442). Sob um padrão bimetálico, o preço relativo de dois metais é fixo, mas as quantidades relativas usadas como dinheiro são variáveis. Sob um sistema simetálico, as quantidades relativas de metais usados como dinheiro são fixas e o preço relativo é variável; desta forma, não há perigo de que um padrão simetálico legal será convertido em um padrão monometálico de fato.

Léon Walras (1954, p. 361) favorecia um padrão-ouro com um "regulador de prata" gerenciado pelas autoridades monetárias de modo a manter os preços estáveis.

Irving Fisher (1913, p. 495) favorecia um "dólar compensado", ou um sistema sob o qual o equivalente em ouro do dólar variaria para manter um índice geral de preços constante; isto é, o peso em ouro do dólar seria alterado "para compensar pela [mudança] no poder de compra de cada grão de ouro".

Francis A. Walker se opunha à adoção unilateral do bimetalismo pelos EUA, mas favorecia o bimetalismo internacional — quer dizer, um acordo feito por um número substancial de países para adotar uma única relação legal de preços ouro-prata.[15] Basicamente todos os apoiadores responsáveis do bimetalismo, mesmo aqueles a favor de sua adoção unilateral por

---

14 Francis A. Walker (1893, p. 175, n. 1) escreveu: "O professor Alfred Marshall, de Cambridge, facilmente considerado o principal economista britânico, disse-me mais de uma vez que, entre o bimetalismo e o monometalismo de ouro, ele é bimetalista."

15 Embora eu seja um bimetalista do tipo internacional até o mais profundo do meu ser, sempre considerei os esforços que este país fez sozinho para reabilitar a prata prejudiciais tanto para os nossos próprios interesses nacionais como para a causa do verdadeiro bimetalismo internacional" (Walker, 1896b, p. iv).

um único país, prefeririam o bimetalismo internacional. Esse sentimento se refletiu em uma série de conferências internacionais sobre o assunto, tendo todas terminado em fracasso.

Considerações Práticas

Uma consideração prática importante foi a relação legal de preços ouro-prata proposta. Como Fisher destacou, uma variedade de relações legais era consistente com a manutenção de uma moeda bimetálica. Contudo, se países diferentes adotarem relações diferentes, fica claro que apenas uma pode ser efetiva. Embora eu acredite que 16 para 1 fosse viável para os Estados Unidos em 1873, argumentei no Capítulo 5 que em 1896 já era quase certamente tarde demais para desfazer os danos. E os escritores contemporâneos expressaram opiniões semelhantes. Ao escrever em 1896, Walker (1896b, pp. 212–13) diz:

> Embora me recuse desta forma a discutir a relação real em qualquer tentativa de restaurar o bimetalismo internacional, não hesito em dizer que todas as conversas sobre adotar a relação existente do mercado, digamos de 30:1, como a relação para as cunhagens bimetálicas, é simplesmente insensato. A prata caiu para 30 para 1 por causa da desmonetização. A remonetização, mesmo com uma liga fraca, a empurraria de forma necessária e instantânea para trás, e a manteria lá contra todas as forças, exceto revolucionárias [...] O "fator de segurança" será menor com a antiga relação [15,5 para 1] do que seria com uma nova relação de alguma forma mais favorável ao ouro — digamos, 18 ou 20:1. Contudo, apesar disso, o "fator de segurança" pode ainda ser suficiente [...] para permitir que [o bimetalismo] faça seu trabalho beneficente na relação antiga.

Aparentemente, Walker não considerava os Estados Unidos sozinhos como "uma liga fraca", visto que ele se opunha à proposta de Bryan para que os EUA adotassem unilateralmente o bimetalismo com a relação de 16 para 1. Em seu "Discurso sobre o Bimetalismo Internacional", que fez alguns dias depois da eleição de 1896, Walker referiu-se à derrota de Bryan como "a passagem de uma grande tormenta" ([1896a] 1899, 1:251). Em seu livro de 1896, *International Bimetallism* [Bimetalismo Internacional, em tradução livre], Walker expressou a opinião de que os Estados Unidos "não estão e nunca estiveram em uma posição para exercer um efeito igual [ao da França sozinha] sobre o mercado dos metais monetários" (1896b, p. 220). Como já observei, minha própria análise das evidências empíricas sugere que "nunca estiveram" foi um exagero, embora seu "não estão" estivesse provavelmente correto.

Ao escrever em 1888, um dos economistas britânicos mais qualificados a favor do bimetalismo, J. Shield Nicholson ([1888] 1895, pp. 270, 288), considerou o restabelecimento de uma relação de 15,5 para 1 como totalmente viável, caso houvesse um acordo internacional, concordando nesse sentido com Walker. Até onde eu saiba, Nicholson não expressou qualquer opinião sobre a viabilidade de uma adoção unilateral pela Grã-Bretanha ou os Estados Unidos de uma relação similar.

Jevons talvez seja o melhor exemplo de um economista que reconheceu o caso teórico para o bimetalismo, mas que se opôs vigorosamente contra ele com bases práticas. Em uma carta de 1868 para um apoiador do bimetalismo, ele resumiu suas opiniões (1884, p. 306; itálicos no original) ao dizer: "Devo reconhecer que, *em teoria*, você e os outros defensores do que pode ser chamado de *o padrão alternativo* estão certos. Mas, no a*specto prático*, o assunto fica muito diferente, e estou inclinado a desejar a extensão do *padrão-ouro único*." As principais considerações práticas que ele cita na carta (pp. 305–6) são estas:

> Não consigo ver nenhum prospecto de um aumento sério no valor dos metais preciosos. [...] O perigo, portanto, de que o valor do ouro subiria, e que as sobrecargas sobre as nações aumentem, é de uma natureza incerta. [...]
>
> Por outro lado, as conveniências de um padrão-ouro único são de uma natureza certa e tangível. O peso do dinheiro é diminuído à mínima quantidade possível, sem o uso do papel representativo do dinheiro. O sistema tem uma simplicidade e uma conveniência que o recomendaram

aos ingleses durante o meio século que passou desde que nossos novos soberanos foram emitidos. O efeito de nossa lei de 1818 foi de fato tão exitoso na maioria dos aspectos que eu deveria me desesperar completamente se o povo ou o governo inglês jamais fosse levado a adotar o padrão duplo em seu lugar. Fique feliz, portanto, em ver que a convenção monetária havia decidido em favor de um padrão-ouro único.[16]

Aqui e em outras publicações, Jevons coloca grande ênfase na inconveniência do dinheiro de prata para os países mais ricos, pois ele pesa muito mais do que uma quantidade de ouro no mesmo valor. O argumento parte do princípio de que uma grande fração de transações é conduzida com moeda cunhada. Talvez isso fosse verdade em sua época, mas se tornou rapidamente cada vez menos importante com o uso mais amplo de moedas subsidiárias de penhor, papel-moeda e depósitos. Mesmo na época de Jevons, isso era parcialmente verdade apenas porque o Banco da Inglaterra estava proibido de emitir notas de denominação inferior a cinco libras, um fator que era irrelevante nos Estados Unidos.

Em publicações subsequentes, Jevons repetiu tais objeções usando termos ainda mais fortes. Em 1875, depois da suspensão da cunhagem de prata na França e adoção do padrão-ouro pela Alemanha: o preço da prata caiu em consequência das reformas monetárias da Alemanha, mas de jeito nenhum é certo que cairá ainda mais. O fato de que acontecerá um grande aumento no poder de compra do ouro [ou seja, uma queda nos níveis de preço em termos de ouro] é completamente uma questão de especulação. [...] Como um mero palpite, devo dizer que provavelmente não subirá" ([1875] 1890, p. 143). Em 1877 (1884, pp. 308, 309, 311; itálicos no original):

---

16 A melhor e mais concisa exposição de Javons sobre o caso teorético em favor do bimetalismo está em seu Money and the Mechanism of Exchange ([1875] 1890, pp. 137–38). Fisher faz referência a essa discussão em "The Mechanics of Bimetallism" (1894), quando ele apresenta uma análise muito mais minuciosa e definitiva. Fisher também observa que, depois que seu artigo foi preparado, ele descobriu que Walras "havia trilhado praticamente o mesmo caminho e expressado substancialmente as mesmas conclusões" (1894, p. 529, n. 1).

> Em nada é a nação inglesa tão conservadora como em questões de dinheiro. [...]
>
> Se os Estados Unidos adotassem o padrão duplo, lançariam confusão nas relações monetárias das nações comerciais mais importantes, enquanto o bimetalismo universal, essencial ao sucesso dos esquemas do Sr. Cernuschi, estaria mais distante do que nunca. [...][17]
>
> Para dizer o mínimo, está bem aberto à discussão o argumento de que a prata é agora um metal menos constante em valor do que o ouro. [...] Sob tais circunstâncias, é provável que o padrão duplo, ou, como deveria ser chamado, o *padrão alternativo*, será realmente menos estável em valor do que o padrão-ouro sozinho.

Apesar de sua reputação merecida como pioneiro na estatística econômica, Jevons estava quase consistentemente errado em suas previsões empíricas. O preço da prata em termos de ouro caiu drasticamente, o preço real do ouro subiu (ou seja, o nível do preço nominal caiu) e, se algo de fato aconteceu, o ouro se tornou mais instável na produção do que a prata.[18]

Walter Bagehot, famoso jornalista contemporâneo de Jevons, escreveu uma série de artigos no *The Economist* em 1876 sobre a questão da prata. Esses foram reunidos e publicados, logo depois da morte de Bagehot em 1877, em uma monografia intitulada *Depreciation of Silver*. [A Depreciação da Prata, em tradução livre]. Os artigos tratam principalmente dos problemas levantados pelo comércio da Grã-Bretanha com a Índia pela depreciação da prata — levando inevitavelmente a uma discussão do bimetalismo, ao qual Bagehot se opunha vigorosamente. Embora a análise teórica de Bagehot seja muito inferior à de Jevons, as considerações práticas que ele cita em oposição ao bimetalismo duplicam as de Jevons, incluindo as previsões errôneas de Jevons, em particular, a previsão de que a "queda" no preço da prata em 1876 era "apenas um acidente momentâneo em um mercado novo e fraco, e não um efeito permanente de causas duradouras" (BAGEHOT, [1877] 1891, 5:523). Como Jevons, Bagehot considera um

---

17   Cernuschi foi um conhecido bimetalista francês.
18   É interessante notar que as previsões de Jevons em outro campo, o papel futuro e a disponibilidade do carvão, também ficaram distantes da realidade (veja Jevons, 1865).

fator fundamental (5:613) o fato de que a "Inglaterra tem uma moeda que agora se baseia unicamente no padrão-ouro, que corresponde exatamente aos seus desejos, e que está mais intimamente unida com todos seus hábitos mercantis e bancários. Qual o motivo, que um parlamento inglês jamais pudesse entender, os induziria a alterá-lo?".[19]

Citei extensivamente as considerações práticas destacadas por Jevons e Bagehot, pois, embora esses dois estivessem entre os primeiros a chamar a atenção para elas, as mesmas considerações indubitavelmente desempenharam um papel importante na oposição ou no apoio morno ao bimetalismo por quase todos os escritores britânicos posteriores sobre o assunto, incluindo Marshall e Edgeworth. Similarmente, as próprias circunstâncias práticas diferentes da França e dos Estados Unidos explicam por que aqueles países provocaram o apoio mais vigoroso para o bimetalismo, não apenas pelos "monomaníacos monetários" de Schumpeter, mas também por acadêmicos respeitados.

Monometalismo de Ouro versus Monometalismo de Prata

A adoção pela Grã-Bretanha de um padrão-ouro monometálico em 1816 e sua subsequente reintegração da convertibilidade da moeda corrente em moeda metálica com base no ouro em 1º de maio de 1821, como resultado da Lei de Peel de 1819, foi sem dúvida nenhuma o fator fundamental que tornou o ouro o metal monetário dominante no mundo (FEAVEARYEAR, 1963, pp. 212–23). Esse efeito se deu em parte porque a subida subsequente da Grã-Bretanha à preeminência econômica mundial foi atribuída em escala considerável, de maneira correta ou equivocada, à sua adoção de um padrão-ouro estrito, e em parte porque a preeminência da Grã-Bretanha deu uma importância especial às taxas de câmbio entre a libra esterlina e outras moedas.

---

19 Bagehot também expressa dúvidas de que os franceses desmonetizariam a prata, o que fizeram logo em seguida.

Por que a Grã-Bretanha adotou um padrão monometálico em vez de retornar ao seu bimetalismo anterior? E por que o ouro e não a prata? Em um artigo recente, Angela Redish afirma: "A literatura histórica tem tipicamente explicado a emergência do padrão-ouro como uma questão circunstancial: a legislação de 1816 meramente ratificou o padrão-ouro de fato que existia na Inglaterra desde a supervalorização 'inadvertida' do ouro feita por Newton no início do século XVIII" (1990, pp. 789–90). Redish discorda, concluindo (p. 805) que "a Inglaterra abandonou o bimetalismo em 1816 porque um padrão-ouro com uma cunhagem de prata complementar de penhor oferecia a possibilidade de um meio de troca com moedas de valores de face altos e baixos circulando de forma concorrente. O padrão-ouro teve êxito porque a nova tecnologia empregada pela Casa da Moeda conseguiu fazer moedas [de ouro e de prata de penhor] que os falsificadores não podiam copiar de forma barata, e porque a Casa da Moeda aceitou a responsabilidade de garantir a convertibilidade dos penhores".

O sistema monetário que Redish descreve foi de fato uma consequência da reforma monetária. Como Feavearyear (1963, p. 226) coloca a questão: "A Lei de Peel havia deixado a libra sobre uma base que se aproximava muito mais de um padrão metálico completamente automático que em qualquer outro período anterior ou posterior. A senhoriagem e outras cobranças de cunhagem haviam sido abolidas há muito tempo. [...] A introdução de máquinas melhoradas na Casa da Moeda, juntamente com o crescimento de uma organização mais eficiente para a detecção de crimes estava começando a derrotar os falsificadores. Era mais difícil falsificar o ouro do que a prata."

No entanto, acredito que conseguir uma cunhagem satisfatória de prata de penhor não teria sido uma razão válida para retornar ao ouro em vez de à prata, muito embora fosse claramente uma consequência daquela reforma monetária e pode ter sido uma causa parcial para sua adoção. Com o sistema bimetálico francês bem-sucedido, moedas de peso exato com denominações altas e baixas circularam simultaneamente por 75 anos, embora a proporção entre os dois metais em circulação mudasse de tempos em tempos. Redish rejeita a possibilidade de que moedas com denominações altas e baixas pudessem circular concorrentemente por muito tempo, pois ela considera implicitamente a relação legal como um fio de navalha, exigindo com frequência o recunhamento ou alterações no valor nominal das moedas ou mudanças entre padrões alternados. Mas a experiência da França indica que há um limite de tolerância em torno da relação legal bimetálica que é grande o suficiente para absorver sem dificuldades as mudanças menores na relação de mercado. Também indica que a adoção de uma única relação legal por uma ou mais potências financeiras importantes tem uma influência estabilizadora significativa na relação de mercado. A dificuldade que a Grã-Bretanha teve em manter um padrão dual anteriormente, e que os Estados Unidos tiveram então e mais tarde, surgiu porque ambos os países estabeleceram a relação legal em um nível diferente do da França, em um momento em que a relação da França dominava a relação do mercado.

Pessoalmente, compartilho da opinião de Frank Fetter (1973, p. 16) de que "como retrospecto da história, é espantoso que uma decisão de tal magnitude para a Inglaterra [a adoção de um padrão-ouro único], e pelo exemplo da Inglaterra para o mundo todo, fosse tomada sem os benefícios de uma análise completa, e em grande parte com base em pormenores de conveniência das moedas pequenas, e não em questões mais importantes de política econômica. Daí, foi estabelecido formalmente o padrão-ouro que se tornou efetivo com a reintegração dos pagamentos em dinheiro em 1821 e sobreviveu por 93 anos".[20]

---

[20] A reintegração com base no ouro de 1821 não encerrou a batalha dos padrões na Grã-Bretanha, assim como a reintegração com base em ouro de 1879 não encerrou a batalha dos padrões nos EUA. "Os ataques mais consistentes e contínuos contra a Lei de 1821 vieram de apoiadores do padrão-prata ou do bimetalismo" (Fetter, 1973, p. 17). Fetter intitula uma subseção de seu livro sobre ortodoxia monetária de "Novo Apoio ao Bimetalismo", com referência às reações à crise de 1825; ele intitula outra de "Comentários Favoráveis sobre a Prata e o Bimetalismo" e escreve (1965, pp. 124, 181): "A última movimentação séria do parlamento em prol de um padrão-prata ou do bimetalismo se deu em 1835, mas nos anos entre então e 1844, sugestões de que a prata deveria ter um lugar mais permanente no sistema monetário vieram de muitas pessoas com opiniões amplamente diversas sobre outros aspectos da política monetária e bancária." Posteriormente ainda, nas décadas de 1870 e 1880, depois que a reintegração com base no ouro feita pelos EUA e da mudança para o ouro pela França, Alemanha e outros países europeus deu início a uma queda vertiginosa no preço em ouro da prata, "as complicações que as flutuações no câmbio indiano estavam criando para a Inglaterra, a pressão dos Estados Unidos pelo bimetalismo e os problemas econômicos domésticos resultantes da queda nos preços do ouro levaram a sérias considerações da possibilidade do bimetalismo internacional" (1973, p. 19). "Uma comissão dividida [nomeada em 1887] recomendou o bimetalismo, mas o governo não apoiou a proposta e o movimento nunca decolou ao nível de política internacional" (Fetter, 1973, p. 19).

A explicação de Redish sobre por que o ouro foi adotado em vez da prata ecoa a de Jevons: sob um padrão-prata, as moedas de alto valor seriam excessivamente pesadas e inconvenientes. O ouro poderia ter sido usado para as transações de alto valor, mas, se as moedas de ouro fossem cunhadas com um valor de faces menor do que seu valor de mercado, não teriam circulado ao par. Se o valor de face excedesse o valor de mercado, as moedas de ouro poderiam continuar sendo convertíveis em prata pelo valor de face ao limitar a cunhagem à demanda. Tais moedas de ouro supervalorizadas teriam servido a mesma função que as moedas de prata supervalorizadas e o papel-moeda supervalorizado serviram então e mais tarde. É claro, elas teriam sido objeto de falsificações, mas o lucro seria muito menor do que aquele obtido com a falsificação do papel-moeda e, para fazer um julgamento a partir do comentário de Feavearyear, tecnicamente mais difícil do que falsificar a prata, então é difícil tomar isso como uma consideração decisiva.

Tanto sob um padrão-ouro ou um padrão-prata, ou, nesse sentido sob o bimetalismo, é necessário haver moedas de baixa denominação. Sob um padrão-ouro, as moedas de peso integral de baixo valor seriam excessivamente pequenas. Redish argumenta que os britânicos resolveram esse problema ao usar moedas de prata supervalorizadas cuja convertibilidade em valor nominal era garantida pela Casa da Moeda. Isso também poderia ser feito sob um padrão-prata, e foi feito sob o padrão bimetálico legal, mas de fato padrão-ouro, dos EUA de 1837 até a Guerra Civil.

Independentemente de quais forem os méritos da engenhosa racionalização de Redish sobre a ação britânica, certamente não foi uma conclusão precipitada na época que a reintegração seria feita com base no ouro e não na prata, embora pareça que tomou como certo que a reintegração seria feita sob uma base monometálica. Por exemplo, David Ricardo, em seu panfleto *The High Price of Bullion* [O Alto Preço da Barra, em tradução livre] ([1811] 1951, p. 65), escreveu: "Não podemos dizer que haja qualquer medida permanente de valor em qualquer nação enquanto o meio circulante consista em dois metais, pois são constantemente sujeitos a variar em valor com relação um ao outro. [...] O Sr. Locke, o Lorde de Liverpool e muitos outros escritores já consideraram habilmente este assunto, e todos concordaram que o único remédio para os males da moeda provenientes dessa fonte é tornar um dos metais o único padrão de medida de valor."

Com relação ao ouro versus a prata, Ricardo, em seu influente panfleto *Proposals for an Economical and Secure Currency* [Propostas para uma Moeda Econômica e Segura, em tradução livre], favoreceu a prata, ao escrever ([1816] 1951, p. 63):

> Muita inconveniência surge do uso de dois metais como o padrão para nosso dinheiro; e há muito tempo é um ponto de disputa se o ouro ou a prata deveria ser tornado por lei o principal ou único padrão de dinheiro. Em favor do ouro, podemos dizer que seu maior valor com um volume menor eminentemente o qualifica para o padrão em um país opulento; porém, essa mesma qualidade o sujeita a maiores variações de valor durante períodos de guerra, ou a um extensivo descrédito comercial quando é em geral coletado e guardado, e pode ser usada como um argumento contra seu uso. A única objeção ao uso da prata, como o padrão, é seu volume, que a torna inadequada para pagamentos maiores necessários em um país rico; mas tal objeção é inteiramente removida pela substituição pelo papel-moeda como meio geral de circulação do país. A prata, também, é muito mais constante em seu valor, em consequência de sua demanda e oferta serem mais regulares; e, como todos os países estrangeiros regulam o valor de seu dinheiro pelo valor da prata, não pode haver dúvidas de que, no todo, a prata é preferível ao ouro como um padrão, e deveria ser permanentemente adotada para esse propósito.

Em testemunho subsequente em 1819, perante uma comissão do Parlamento, Ricardo ([1819a] 1952, pp. 390–91; veja também [1819b] 1952, p. 427) mudou para o ouro, porque "entendi que o maquinário é particularmente aplicável às minas de prata, e pode, portanto, conduzir muito bem a uma quantidade aumentada desse metal e uma alteração de seu valor, enquanto não é provável que a mesma causa atue sobre o valor do ouro".

Uma maior estabilidade de valor era uma razão econômica válida para favorecer um metal em detrimento do outro, mas a previsão técnica que induziu Ricardo a decidir que o ouro tinha mais chances de ser mais estável do que a prata se mostrou equivocada. A produção de prata caiu em relação à do ouro até a descoberta do Filão de Comstock em 1860, e o maquinário veio a ser no mínimo tão aplicável à mineração de ouro como à da prata. No entanto, a asserção de que o ouro teria um valor mais estável do que a prata se tornou uma profecia em grande parte autorrealizável, uma vez que o ouro foi escolhido como o padrão. A escolha britânica levou a mudanças drásticas na demanda de ouro e de prata, tanto na época quanto posteriormente, quando outros países seguiram seu exemplo. Como resultado, a prata tendeu a substituir o ouro na moeda francesa até as descobertas de ouro na Califórnia e na Austrália, e o preço real do ouro foi muito menos variável ao longo do século seguinte do que o preço real da prata. Todavia, se a Grã-Bretanha houvesse escolhido a prata na expectativa de que seu valor seria mais estável, provavelmente isso, também, teria se tornado uma profecia autorrealizável. A escolha da Grã-Bretanha pela prata teria impedido a subsequente desmonetização difundida da prata e, em vez disso, teria levado ou à desmonetização do ouro ou a uma continuação do bimetalismo efetivo em pelo menos alguns países. Qualquer resultado provavelmente teria significado um preço real mais estável da prata do que do ouro e, se o bimetalismo tivesse continuado, muito provavelmente um nível mais estável de preços do que sob qualquer um dos padrões monometálicos.

É fascinante especular sobre o que poderia ter ocorrido se o conselheiro técnico de Ricardo o houvesse informado de que "o maquinário é particularmente adequado às" minas de ouro, e não às minas de prata — como, na realidade, veio a acontecer. Com a imensa influência e o prestígio de Ricardo na época em que as decisões fundamentais estavam sendo tomadas, de forma alguma é fantasioso supor que a Grã-Bretanha teria retomado os pagamentos em moeda metálica de prata e não de ouro, transformando a subsequente história econômica do século XIX de formas gigantescas que só podemos enxergar vagamente.

Como se sucedeu, o exemplo da Grã-Bretanha e sua ascensão subsequente à preeminência econômica provou-se ser decisivo. Foi um fator importante que levou primeiro a Alemanha e depois os Estados Unidos a adotarem um padrão-ouro. Circunstancial ou não, a decisão britânica há quase dois séculos de retomar a convertibilidade com base no ouro é a fonte fundamental da opinião convencional de que o ouro é superior à prata como a base de um padrão monometálico.

Conclusão

Apesar da presença contínua entre nós de "monomaníacos monetários" — agora, em sua maioria, "goldbugs", ou escaravelhos do ouro —, a adoção praticamente universal de padrões de papel-moeda inconvertíveis em todo o mundo tornou a discussão sobre os padrões em moeda metálica, seja ouro, prata, bimetálico ou simetálico, de grande interesse histórico atualmente. A situação pode mudar, mas, não importa o que aconteça, parece válido oferecer um antídoto à opinião convencional entre os economistas monetários sobre o bimetalismo.[21] Longe de ser uma falácia totalmente desacreditada, o bimetalismo tem muito que o recomenda, com bases teóricas, práticas e históricas, como superior ao monometalismo, embora não ao simetalismo ou a um padrão tabular. Certamente, os desenvolvimentos tecnológicos do século XX enfraqueceram muitas das considerações práticas que foram citadas contra o bimetalismo durante o século XIX. Em particular, o uso mais amplo de depósitos e papel-moeda tornou quase irrelevante a preocupação de Jevons sobre o peso da prata, assim como a preocupação de muitos que um padrão bimetálico pudesse

---

21 Dois artigos recentes sobre o bimetalismo podem ser um sinal de que a situação está mudando (Roccas, 1987; Dowd, 1991).

envolver recunhamentos extensivos de tempos em tempos. Por outro lado, a redução no uso de moedas sem dúvida enfraqueceu o mito do dinheiro forte de que apenas a moeda metálica é dinheiro real. Tal mito sustentou o apoio popular anterior por um padrão de moeda metálica e ainda inspira os escaravelhos do ouro no mundo todo. Quando era muito mais forte do que hoje, o mito tornou politicamente perigoso afastar-se da convertibilidade ilimitada da moeda legal em moeda metálica, e ainda tem suficiente poder residual para levar bancos centrais ao redor do mundo a continuar registrando o ouro em seus livros com um preço monetário legal artificial.

Como uma nota final, temos aqui outro exemplo impressionante dos efeitos de longo alcance, mas involuntários, de um evento que é quase uma questão do acaso. Neste caso, uma pedrinha que começou uma avalanche foi a decisão britânica de retomar a convertibilidade com base no ouro. A história econômica do mundo desde então teria sido muito diferente caso a Grã-Bretanha tivesse escolhido manter o bimetalismo ou retomar a convertibilidade com base na prata, embora isso esteja além de nossa habilidade analítica para delinearmos em detalhes exatamente como os eventos teriam evoluído.

CAPÍTULO 7

FDR, a Prata e a China

O PROGRAMA DE COMPRA DE PRATA PELOS EUA, QUE FOI INICIADO EM 1933 pelo presidente Franklin Delano Roosevelt (FDR) sob a autoridade da emenda de Thomas ao Projeto de Lei de Auxílio à Agricultura de 1933, foi o produto final de uma década ou mais de pressões políticas pelo lobby da prata para "fazer alguma coisa" pela prata. O lobby da agricultura apoiou as compras de prata em parte porque favorecia qualquer medida que produzisse inflação e, desta forma, aumentasse os preços dos produtos agrícolas — preços que haviam despencado durante a Grande Depressão. Além disso, o lobby da agricultura queria conseguir apoio do lobby da prata devido a outros mecanismos inflacionários contidos no Projeto de Lei de Auxílio à Agricultura. O presidente Roosevelt apoiou as compras de prata principalmente para garantir que os congressistas dos estados da prata e da agricultura apoiassem outras legislações do *New Deal*.

As outras medidas inflacionárias no Projeto de Lei de Auxílio à Agricultura já haviam demonstrado sua capacidade de produzir inflação antes que qualquer prata fosse comprada. No entanto, as compras de prata contribuíram de fato para o crescimento em dinheiro forte que, de 1932 a 1937, sustentou um aumento no nível geral de preços de 14%, nos preços de venda no atacado de 32% e nos produtos agrícolas de 79%.

O programa de compra de prata "fez alguma coisa" pela prata ao aumentar o preço do metal de forma rápida e aguda, fornecendo um grande subsídio para os produtores de prata. Contudo, o programa também afastou a China — o único país grande ainda em um padrão-prata em 1934 — da prata, e levou outros utilizadores importantes do metal por propósitos monetários — notavelmente o México e muitos países da América Latina — a reduzirem ou eliminarem o conteúdo de prata de suas moedas menores. O programa, desta forma, garantiu a desmonetização final e quase completa da prata.

Os proponentes do programa de compra de prata haviam alegado que os benefícios à China eram uma de suas vantagens. De fato, o programa foi um desastre para a república chinesa, na época governada por Chiang Kai-shek. Em virtude de estar em um padrão-prata, a China estava grandemente protegida contra os piores efeitos dos primeiros anos da Grande Depressão. Mas a política de prata dos EUA impôs uma grande deflação na China entre 1934 e 1936, acompanhada por condições econômicas turbulentas, desta forma minando o apoio popular para Chiang Kai-shek. O mais importante, a política despojou a China de suas reservas monetárias e a afastou da prata, levando-a a um padrão de papel-moeda fiduciário. A guerra com o Japão e a guerra civil interna entre o governo nacionalista de Chiang e os comunistas de Mao Tsé-Tung sem dúvida teriam levado a inflação à China de qualquer modo. Porém, a política de prata dos EUA acelerou o início da inflação e aumentou sua magnitude, contribuindo para a hiperinflação entre 1948 e 1949. E, como escreveu Chang Kia-ngau, embora "muitas forças históricas contribuíram com o colapso do governo nacionalista depois da Segunda Guerra Mundial, [...] a causa direta e imediata que ofuscou todos os outros fatores foi, sem dúvida nenhuma, a inflação" (1958, p. 363). Esse sentimento é ecoado por um historiador norte-americano, C. Martin Wilbur, em seu prefácio a um livro levemente posterior de um acadêmico chinês sobre a inflação chinesa: "Parecia haver poucas dúvidas de que a inflação chinesa do tempo da guerra e do pós-guerra fosse um dos principais fatores que causaram a queda do governo nacionalista e a conquista do território continental pelo Partido Comunista Chinês" (Chou 1963, p. ix; veja também Young 1965, p. 328). Como resultado, o programa de compra de prata dos EUA deve ser considerado como tendo contribuído, mesmo que talvez só modestamente, ao sucesso da revolução comunista na China.

A Pressão pela Prata

Assim como os velhos soldados, as velhas causas nunca morrem; apenas desvanecem. Supostamente sepultada pela derrota de Bryan em 1896, a questão da prata ressurgiu repetidamente.

Perto do fim da Primeira Guerra Mundial, "o governo da Índia estava tendo grande dificuldade para garantir prata suficiente de modo a manter a circulação da rupia e ter uma reserva adequada para sustentar o papel-moeda" (LEAVENS, 1939, p. 145). A quantidade necessária era maior do que poderia ser fornecida a partir da produção da época. Para atender a Grã-Bretanha, os Estados Unidos concordaram em fornecer prata a partir de suas amplas reservas monetárias. Para autorizar essa venda e para satisfazer o bloco nacional da prata, a Lei de Pittman foi aprovada em 1918. Ela recebeu o nome do senador Key Pittman, de Nevada, que foi talvez o defensor mais persistente de "fazer alguma coisa pela prata" desde seu primeiro mandato como senador, em 1913, até sua morte, em 1940. Para satisfazer o bloco da prata, a prata das reservas monetárias deveria ser substituída por compras da produção doméstica, a um preço garantido de US$1,00 por onça, quando houvesse produção excedente.

A inflação do tempo de guerra somada a uma alta demanda de prata nesse período, para propósitos monetários e não monetários, havia aumentado o preço de mercado de US$0,70 por onça em 1914 para US$0,97 em 1918, e para mais de US$1,00 em 1919. "Em 1920, o preço caiu para menos de US$1,00 por onça. O diretor da Casa da Moeda começou imediatamente a comprar barras de prata ao preço estipulado de US$1,00 por onça fina" (LEAVENS, 1939, p. 147). Ao todo, a Casa da Moeda comprou cerca de 200 milhões de onças de prata ao longo dos três anos seguintes a um preço para os produtores norte-americanos de US$1,00 por onça, enquanto o preço de mercado estava caindo para menos de US$0,70 — um subsídio aos produtores totalizando aproximadamente US$16 milhões.

A pressão para "fazer alguma coisa" pela prata continuou após a conclusão das compras sob a Lei de Pittman, mas só voltou a ganhar vigor em 1930, quando a Grande Depressão provocou um forte declínio no preço da prata — de US$0,58 por onça em 1928 para US$0,38 em 1930, e US$0,25 no final de 1932 e início de 1933.

O bloco da prata ressuscitou imediatamente todos os remédios anteriores favoritos: convocar uma conferência internacional, comprar e estocar prata acima do preço do mercado e sancionar a livre e ilimitada cunhagem da prata a 16 para 1. Nenhum deles produziu frutos durante a administração Hoover, mas ressurgiram rapidamente com a eleição de FDR.[1]

A explicação para a pressão continuada é simples. Como observou T. J. Kreps em um artigo de 1934: "Visto que a prata é produzida nos sete estados do oeste — Utah, Idaho, Arizona, Montana, Nevada, Colorado e Novo México —, os senadores da prata controlam 1/7 dos votos no Senado. Isso, sob a lei de encerramento dos debates, lhes dá uma importância estratégica considerável. Consequentemente, mais de vinte projetos de lei sobre a prata estavam recentemente pendentes no Congresso. Embora os estados da prata tenham uma população agregada menor que a do estado de Nova Jersey, e embora a indústria da prata em 1929 tenha empregado menos de 3 mil pessoas, a liderança política dos Estados Unidos pode em breve achar conveniente, de modo a assegurar o adequado apoio político para medidas de importância nacional muito maior, 'fazer alguma coisa pela prata'" (p. 246).

---

1 Para uma análise detalhada das "propostas para fazer alguma coisa pela prata, 1923 a 1933", veja o capítulo assim intitulado em Leavens (1939, pp. 224–35).

A Ação do *New Deal* pela Prata

A plataforma democrática sobre a qual Roosevelt foi eleito em 1932 garantiu que uma "moeda forte seria preservada a qualquer custo", mas acrescentou que "uma conferência monetária internacional foi convocada a convite do nosso governo para considerar a reabilitação da prata e questões relacionadas". A plataforma republicana também favorecia uma conferência internacional, mas, separadamente, prometeu "continuar a manter o padrão-ouro" — tonalidades de diferença que haviam persistido desde o confronto direto sobre a questão da prata em 1896. Em um discurso de campanha em Butte, Montana, o coração da região da prata, Roosevelt declarou que "a prata deve ser restaurada como metal monetário, e que a promessa do partido Democrata sobre o assunto deve ser mantida", e que "ele convocaria, imediatamente após sua posse, uma conferência monetária internacional para considerar a reabilitação da prata" (*New York Times*, 20 de setembro de 1932, p. 1).

A vitória esmagadora do partido Democrata, em 1932, fortaleceu muito o poder político do bloco da prata, especialmente no Senado. Antes da eleição, os quatorze senadores dos sete estados que produziam a maior parte da prata estavam divididos de forma homogênea: sete Republicanos e sete Democratas. A varredura de Roosevelt deixou apenas dois Republicanos contra doze Democratas, e um dos Republicanos, William E. Borah, de Idaho, era apoiador ferrenho da prata há muito tempo. Alguns líderes do bloco da prata — como Borah, eleito pela primeira vez em 1906, e Key Pittman, eleito pela primeira vez em 1912 — tinham, por virtude de tempo de casa, tornado-se altamente influentes no Senado. De igual modo, os estados agrícolas que eram aliados do bloco da prata ganharam força.

O primeiro teste no Senado foi a votação de uma emenda que permitia a adoção da cunhagem livre e ilimitada da prata a 16 para 1, que foi "rejeitada por 44 votos contra e 33 votos a favor, mas demonstrou um ganho de 15 votos desde a época em que a questão havia sido votada em janeiro" por um Congresso em fim de mandato (LEAVENS, 1939, p. 245). Obviamente, o bloco da prata era uma força política potente, que o presidente não poderia ignorar. E, como Roosevelt havia deixado claro na campanha, ele não tinha intenção de fazer isso.

A reação do presidente foi apoiar uma emenda a um projeto de Lei de Auxílio à Agricultura que estava na época sendo proposta pelo senador Elmer Thomas, que não era de um estado da prata, mas que, ainda assim, era um "inflacionista robusto" (LEAVENS, 1939, pp. 245–46). Da maneira pela qual foi enfim aprovada, em 12 de maio de 1933, a emenda de Thomas provisionava um aumento nas notas e depósitos do Federal Reserve e de notas dos EUA, a critério do presidente, numa quantia (US$3 bilhões) que teria quase dobrado a quantia de dinheiro forte. Além disso, a emenda autorizava o presidente a reduzir o conteúdo de ouro do dólar e lhe dava amplos poderes com respeito à prata — poderes que, por exemplo, teriam-no permitido dar efeito imediato ao grito de guerra de Bryan em prol da livre e ilimitada cunhagem de prata a 16 para 1. Tais poderes "mal foram postos em prática até 21 de dezembro de 1933, quando [...] o presidente Roosevelt usou a autoridade garantida pela emenda de Thomas para orientar as Casas da Moeda dos EUA a receber toda prata doméstica recém-produzida oferecida a elas até 31 de dezembro de 1937 a 64 64/99 centavos por onça (ou seja, US$0,6464… por onça)" (FRIEDMAN; SCHWARTZ, 1963, p. 483), numa época em que o preço de mercado era de US$0,44 por onça.[2] Roosevelt justificou o bizarro preço de compra ao adotar a ficção de que o Tesouro estava apenas cunhando a prata no peso legalmente especificado para o dólar de prata — quer dizer, a um valor monetário de US$1,2929 por onça —, mas cobrando 50% de senhoriagem. Tal artifício tinha a vantagem de que o subsídio para os produtores de prata não apenas não acarretava qualquer custo orçamentário, mas, na realidade, produzia

---

2 Um pequeno efeito anterior da emenda de Thomas foi sua provisão para que, por um tempo limitado, a prata fosse aceita no preço artificial de US$0,50 por onça em pagamento de dívidas governamentais de guerra. Cerca de 20 milhões de onças foram recebidas sob tal provisão anteriormente naquele ano.

um lucro orçamentário igual à taxa fictícia de senhoriagem. "Cortina de fumaça" na contabilidade de orçamento não é uma invenção recente.

Enquanto isso, a malfadada Conferência Econômica Mundial, convocada a pedido do presidente Roosevelt para cumprir sua promessa de campanha e, dois meses depois sumariamente torpedeada por ele mesmo, havia começado e terminado.[3] Quanto à sua única realização, tratava-se de mais uma cortina de fumaça: um acordo entre países produtores e utilizadores de prata de modo a tomarem medidas para sustentarem o preço do metal na alta. Isso não impôs ações significativas a qualquer país a não ser aos Estados Unidos e simplesmente lhes concedeu a cobertura de um acordo internacional para fazerem o que fariam de qualquer modo: comprar uma quantidade limitada de prata (para obter uma análise completa, veja LEAVENS, 1939, pp. 248–51).

O ápice veio com a Lei de Compra de Prata, decretada pelo Congresso em reação a uma mensagem do presidente Roosevelt no dia 22 de maio de 1934, e assinado por ele menos de um mês depois, em 19 de junho de 1934. Essa lei "direcionava o Secretário do Tesouro a comprar prata doméstica e internacional até que o preço do mercado alcançasse US$1,29+ por onça, ou até que o valor monetário das reservas de prata do Tesouro alcançasse um terço do valor monetário das reservas de ouro. O Secretário recebeu ampla liberdade para cumprir tal missão" (FRIEDMAN; SCHWARTZ, 1963, p. 485).[4]

---

3   A conferência teve início em Londres, no dia 12 de junho de 1933, e término em 27 de julho de 1933.

4   A seguir, um excelente resumo da lei feito por Paris (1938, pp. 54–55):
    Propósitos
    (1) Aumentar o preço da prata.
    (2) Aumentar o estoque monetário da prata para um terço do valor do estoque monetário do ouro.
    (3) Emitir certificados de prata.
    Medidas a serem tomadas para realizar os propósitos:
    (1) O Secretário do Tesouro deve comprar prata doméstica e internacional sob os termos e condições que ele entender que são do interesse público.
    (2) As compras devem cessar quando o preço atingir o valor monetário de (US$1,2929 +

As compras e, muito depois, as vendas sob a Lei de 1934 e também sob as leis posteriores continuaram até o fim de 1961, e a autoridade legal para as compras não foi revogada até 1963. Contudo, apesar da aquisição massiva de prata ao abrigo da lei, nenhum de seus objetivos — um preço de US$1,29+ por onça e uma relação de 1 para 3 entre a prata monetária e o ouro monetário — chegou perto de ser realizado. As aquisições — pela compra de produtores nacionais sob a proclamação de 21 de dezembro de 1933, pela "nacionalização" dos estoques de prata mantidos no país em 9 de agosto de 1934, e por compras no mercado aberto sob a Lei de Compra de Prata — inicialmente levaram o preço da prata de aproximadamente US$0,44 por onça logo antes da proclamação de dezembro de 1933 para um pico de US$0,81 por onça em 26 de abril de 1935. Depois, o preço caiu para cerca de US$0,45 no início de 1936 e não subiu de forma apreciável até a Segunda Guerra Mundial. No fim da guerra, o preço havia subido acima do preço de suporte do governo para a prata mineirada nacionalmente, então, em 1946, foi aprovada uma lei reduzindo a senhoriagem para 30%, implicando um preço de suporte de US$0,905 por onça. O preço de mercado foi fixado nesse nível pelas compras e vendas do Tesouro até 1961. Depois do término da intervenção governamental, o preço por fim subiu acima do valor monetário legal, uma vez que a prata participou da inflação do pós-guerra. E, depois, o preço subiu tanto a ponto de enviar as moedas menores de prata, subvalorizadas drasticamente, para o derretimento ou para o mercado numismático.

---

por onça fina), ou estoques de prata monetária que se igualem, em valor, a um terço do estoque monetário de ouro.
(3) O preço da prata situada nos Estados Unidos em 1º de maio de 1934 não deverá exceder US$0,50 por onça fina.
(4) A prata deverá ser vendida quando o estoque monetário de prata exceder um terço em valor do estoque monetário de ouro.
(5) Os certificados de prata deverão ser emitidos com um valor de face que não seja menor do que o custo da prata adquirida.
(6) O Secretário do Tesouro pode controlar a importação, a exportação e outras transações relacionadas à prata.
(7) O presidente pode "nacionalizar" a prata.
(8) O lucro sobre a compra e a venda da prata deve ser taxado em 50%.

Quanto ao segundo objetivo, a relação da prata monetária com o ouro monetário nunca subiu acima de 1 para 5 durante a década de 1930 — uma grande distância do objetivo de 3 para 1. O aumento massivo no estoque de ouro que foram produzidas pelo aumento no preço monetário legal do ouro para US$35,00 por onça compensaram os efeitos das compras massivas de prata.

Efeitos Domésticos

A legislação da prata teve apenas um efeito doméstico significativo — a provisão de um grande subsídio, à custa dos pagadores de imposto, para os produtores de prata. Eles reagiram aumentando muito sua produção, de 33 milhões de onças em 1934 para 70 milhões em 1940. O crescimento econômico teria levado de qualquer maneira a um aumento de produção da prata, visto que grande parte é um subproduto da mineração de cobre, chumbo e zinco. No entanto, o preço subsidiado estimulou a mineração não apenas da prata, mas também de cobre, chumbo e zinco.

O bloco da prata considerou o estímulo à produção de prata como algo bom por si só, pois levou empregos nos estados da prata. Porém, para obter o apoio de outros interesses, especialmente do bloco agrícola, os apoiadores da prata também argumentaram que o programa de compras contribuiria com a inflação geral ao aumentar a oferta de dinheiro, e que promoveria as exportações ao aumentar o poder de compra de países que usavam a prata como dinheiro, especialmente, de acordo com eles, a China e a Índia.[5]

O Tesouro pagou por suas compras de prata imprimindo certificados de prata, que, de fato, aumentavam o dinheiro circulante. No entanto, há muitas outras formas de aumentar o dinheiro circulante, e seu efeito monetário real foi simplesmente que foram impressos os certificados de prata em vez das notas do Federal Reserve. Dito de outro modo, nada re-

---

5 A China ainda estava em um padrão-prata, mas a Índia não estava mais. Todavia, a Índia havia estado até 1893, e sua cunhagem havia permanecido, em sua maioria, na prata.

lacionado ao programa de prata impediu o Federal Reserve de esterilizar o efeito monetário das compras de prata.

O efeito nos países utilizadores da prata, como veremos em breve, foi precisamente o oposto do que havia sido afirmado: grande dificuldade econômica.

Em suma, o maior efeito doméstico de curto prazo foi simplesmente que os pagadores de impostos pagaram para que a prata fosse extraída do solo, refinada, cunhada e enviada para ser armazenada em Washington e em outros depósitos do governo — um trabalho pouco importante que produziu pouquíssimos resultados úteis, se é que houve algum. Em longo prazo, até mesmo os interesses domésticos da prata foram prejudicados, pois os efeitos em outros países destruíram o que tinha sido um grande mercado para sua produção, a saber, o uso da prata para propósitos monetários.

Já em 1933, momento em que a China era o único país populoso ainda em um padrão-prata, 43% de todo o estoque visível de prata e mais de 30% de toda a prata produzida entre 1493 e 1932 estava em uso monetário (LEAVENS, 1939, p. 369). Em 1979, a cunhagem representava apenas 5% do consumo total da prata. Ao longo da maior parte do período pós-guerra, o consumo industrial desse metal excedeu substancialmente a nova produção mais o refugo, sendo que o saldo saía dos estoques de prata dos EUA e da prata cunhada desmonetizada e fundida (veja a próxima seção).

O preço da prata conta a mesma história. De 1670 a.C. a 1873 d.C., ano em que os Estados Unidos e a França desmonetizaram a prata, o preço médio anual do ouro nunca subiu acima de 16 vezes o preço correspondente da prata. A relação de preços mais baixa registrada é de um pouco abaixo de 9 ao redor do ano 50 a.C. (WARREN; PEARSON, 1933, p. 144.). De modo notável, a relação de preços oscilou entre 9 e 16 por mais de três milênios. De 1687, quando as estimativas anuais começaram, até 1873 — ano em que a prata era inquestionavelmente o metal monetário dominante —, a relação foi muito mais estreita, entre 14 e 16.[6] A situação

---

6   A variação estreita do preço relativo do ouro e da prata não significa que o poder de compra de nenhum desses metais estivesse constante.

mudou drasticamente depois de 1873. A partir de então e até 1929, a relação variou entre 15 e 40, estando na maior parte do tempo no topo da casa dos 30, com exceção de alguns anos durante e logo depois da Primeira Guerra Mundial. A queda drástica no preço da prata durante a Depressão elevou a relação para 76 em 1933. O programa de compra de prata diminuiu a relação temporariamente para 54 em 1935, mas depois ela subiu para uma alta histórica acima de 100 em 1940 e 1941. Caiu para 18 em 1970 porque os EUA fixaram o preço do ouro em US$35,00 por onça, enquanto a inflação empurrava para cima o preço da prata juntamente com os preços de outras *commodities*. Depois que o preço do ouro foi liberado em 1971, a relação subiu novamente, flutuando consideravelmente. Atualmente, está ao redor de 75 para 1.

Muitas outras forças além do programa de compra de prata afetaram o uso e o preço da prata durante aquelas décadas conturbadas, especialmente a mudança no caráter dos sistemas monetários ao redor do mundo, acabando na adoção dos padrões de dinheiro fiduciário depois de 1971. Contudo, há poucas dúvidas de que o aumento inicial no preço da prata ocasionado pelo programa de compra desempenhou um papel significativo na redução da demanda monetária de prata, o que em última instância levou seu preço para abaixo do nível que, de outro modo, teria prevalecido.

Ainda assim, como demonstra a Figura 1, em uma visão de longo prazo, o programa de compra de prata aparece apenas como uma bolha menor. A figura apresenta o preço da prata, ajustado às mudanças dos níveis gerais de preços, de 1800 até 1989.[7] Em 1982, o preço real da prata variou entre US$10 e US$18 entre 1800 e 1873, quando a desmonetização da prata nos Estados Unidos e em outros países deu início à longa queda nos preços.

---

7   Uma série contínua de preços foi obtida ao vincular o deflator em Friedman e Schwartz (1982) com o deflator do PIB do Departamento de Comércio de 1976 a 1986 e com os preços de venda no atacado, conforme relatos de 1800 a 1867 no relatório da Comissão dos EUA sobre o Papel do Ouro (1982). O preço da prata em Nova York foi reunido a partir de Warren e Pearson (1933), Historical Statistics e Jasrram (1981).

FIGURA 1
Preço Real da Prata, 1800–1989 (em dólares de 1982)

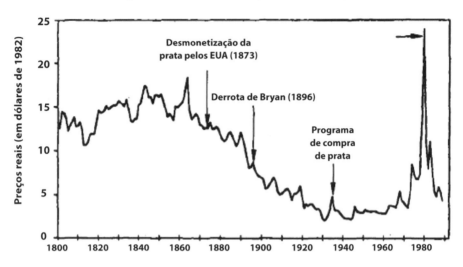

A queda se transformou em derrocada no início da década de 1890, quando primeiro a revogação da legislação de compra de prata e, depois, a derrota de Bryan encerraram qualquer chance real de que a prata seria remonetizada. O programa de compra de prata de 1934 interrompeu a derrocada, mas apenas temporariamente. A queda no preço realmente não parou até a década de 1960, quando o aumento do uso da prata na fotografia e em outras indústrias veio ao resgate. A malfadada especulação sobre a prata feita pelos irmãos Hunt, que perderam grande parte de sua fabulosa fortuna na aventura, levou o preço para níveis sem precedentes históricos, que tiveram uma média próxima de US$25 ao longo de todo o ano, mas tendo alcançado um pico muito maior durante ele. A prata então caiu para os níveis anteriores.

Efeitos em Outros Países

O alto preço que os EUA ofereciam pela prata afetou muitos outros países. Embora ela tivesse perdido para o ouro sua posição como principal metal monetário na década de 1870, seus séculos de dominância deixaram muitos países com uma grande cunhagem em prata. Depois da mudança para o ouro, o valor de face das moedas de prata foi estabelecido acima do valor de mercado da prata que continham; eram moedas de penhor. Mas, quando os EUA forçaram o aumento do preço da prata, a situação mudou, e as moedas em muitos países se tornaram mais valiosas como metal do que como dinheiro e assim foram destinadas à fundição.

O mesmo fenômeno havia ocorrido nos Estados Unidos com a inflação do papel-moeda [greenbacks] durante a Guerra Civil, o que causou uma grande falta de moedas menores e o recurso aos selos postais — chamados de "shinplasters" — como substitutos. O apelido pegou mesmo depois que os correios começaram a produzir selos sem mucilagem para satisfazer a demanda para seu uso como moeda fracionária. Posteriormente, o papel-moeda fracionário suplementou os selos. O fenômeno ocorreu novamente nos EUA, depois da Segunda Guerra Mundial, quando a inflação levou o preço da prata para acima de seu valor monetário legal. Dessa vez, houve preparo com antecedência para reduzir a quantidade de prata nas moedas. Embora as moedas atuais de US$0,10, US$0,25 e US$0,50 ainda tenham um brilho de prata, na realidade são moedas de cobre com uma fina camada de níquel.

Em 1935 e 1936, à medida que o preço da prata subia cada vez mais, um país após o outro mudou o conteúdo de prata de suas moedas. "A campanha de rebaixamento da cunhagem de prata para impedir que as moedas fossem parar na caldeira de fundição foi mundial. A América Central, a América do Sul, a Europa, a Ásia e até a África participaram" (PARIS, 1938, p. 72).

O México foi um caso especial. Como o maior produtor de prata, beneficiou-se dos preços mais altos. Mas, também, grande parte de seu estoque monetário consistia em moedas de prata. Mais para o fim de abril de 1935, o valor do *peso* de prata como metal subiu acima de seu valor como dinheiro. "De modo a impedir que o *peso* fosse enviado para os Estados Unidos, seja como moeda ou derretido, o presidente Cardenas proclamou um feriado bancário no dia 27 de abril. Então, ordenou que todas as moedas fossem substituídas por papel-moeda, e proibiu a exportação de dinheiro de prata. [...] Um ano e meio depois, quando os preços da prata haviam caído, essas ordens foram revogadas e a cunhagem de prata restaurada" (PARIS, 1938, p. 71). Mesmo assim, o México havia convertido de forma permanente seu sistema monetário para um padrão controlado de papel-moeda. O benefício em curto prazo do preço mais alto da prata pode ter superado os danos imediatos do feriado bancário e dos desenvolvimentos monetários que o acompanharam. Porém, em longo prazo, tal ganho imediato foi quase certamente absorvido pela perda de uma grande fonte de demanda para a prata e pelos efeitos monetários duradouros de serem forçados a adotar um padrão de papel-moeda.

O Efeito na China

Escolho a China para uma análise especial porque foi o único país importante que estava em um padrão-prata em 1933, quando a ação dos EUA para aumentar o preço da prata teve início.[8] Como consequência, o programa de compra de prata dos EUA teve mais efeitos abrangentes na China do que em qualquer outro país. Embora a China não produzisse qualquer quantidade significativa de prata, ela havia acumulado um grande estoque do metal como resultado de seu uso como dinheiro. Apenas a Índia tinha um estoque maior de prata. (Como a China, a Índia estava há muito tempo em um padrão-prata, porém, diferentemente da China, havia saído da prata em 1893 e adotado um padrão-ouro em 1899.)

---

8   Devido às suas relações econômicas próximas com a China, Hong Kong também estava em um padrão-prata, assim como a Etiópia (então Abissínia) e a Pérsia (agora Irã) (Leavens, 1939, p. 369). Descrever a China como estando em um padrão-prata é uma simplificação. "O cobre [...] é usado em uma proporção ainda maior do que a prata nos negócios realizados na China. [...] Essas moedas de cobre [...] circulam com base em seu valor como metal. Constituem o meio de troca e de conta das pessoas comuns" (Kreps, 1934, pp. 251–52). No entanto, basicamente todo o comércio em atacado e o comércio internacional eram conduzidos com base na prata.

O padrão-prata foi uma bênção para a China nos primeiros anos da Grande Depressão. Os países com os quais fazia negócios estavam em um padrão-ouro, e os preços nesses países caiu drasticamente depois de 1929, incluindo o preço da prata. Com a China em um padrão-prata, a queda nos preços da prata era equivalente à depreciação da taxa de câmbio de sua moeda com respeito às moedas com padrão-ouro; deu à China o equivalente de uma taxa de câmbio flutuante. Por exemplo, em 1929, o dólar chinês valia US$0,36 no mercado estrangeiro de câmbio; nos dois anos seguintes, o preço da prata em termos de ouro caiu mais de 40%, fazendo com que o dólar chinês valesse apenas US$0,21. Visto que os preços de vendas no atacado caíram apenas 26%, a China podia exigir preços mais altos em termos de sua própria moeda para suas exportações, apesar de seu preço menor em termos de ouro. As importações, é claro, também ficaram mais caras. O resultado líquido foi que, embora as exportações da China tivessem caído, sua queda foi muito menor do que as exportações mundiais ou do que as importações chinesas. Em 1930 e 1931, a China tinha um excedente em sua balança de pagamentos refletido nas importações líquidas de ouro e prata. Internamente, teve uma inflação e um *boom* leves, enquanto o restante do mundo estava sofrendo com uma deflação drástica.[9]

A saída do padrão-ouro feita pela Grã-Bretanha, pela Índia, pelo Japão e por outros países em 1931 erodiu a vantagem conferida à China por uma taxa de câmbio flutuante. As moedas desses países se desvalorizaram em relação ao dólar americano, significando que o dólar chinês se valorizou em relação à libra esterlina, à rúpia e ao iene, ao mesmo tempo que continuava se desvalorizando em relação ao dólar americano — a US$0,19 no fim de 1932. Pela primeira vez, a China começou a sentir os efeitos da depressão mundial, embora estivesse de algum modo protegida pelo

---

9 Para uma excelente discussão a respeito do impacto nos preços da China por ela estar no equivalente a uma taxa de câmbio flutuante, veja Wignall (1978a, pp. 33–43; 1978b, p. 39). Os artigos não estão assinados na fonte original. Atribuí a autoria com base em uma carta pessoal de 18 de abril de 1990, de John Greenwood, fundador e editor do Asian Monetary Monitor.

declínio contínuo nos preços da prata em termos do dólar americano, pela monetização limitada de sua economia e pelo uso em grande escala de moedas de cobre pela população em geral. O balanço de pagamentos chinês se deteriorou grandemente, e, em 1932, a China teve que exportar ouro e prata para pagar pelo excesso de importações em relação às exportações. Internamente, os preços das vendas no atacado atingiram seu pico em 1931 e depois tiveram uma queda livre, e as condições econômicas pioraram, na opinião da maioria dos observadores contemporâneos (SALTER, 1934, p. 6; WIGNALL, 1978b, pp. 36, 37).

O efeito adverso sobre a China causado pela saída da Grã-Bretanha e de outros países do padrão-ouro em 1931 foi reforçado pela ocupação japonesa da Manchúria, em setembro de 1931. Na época, a China era governada pelo Kuomintang, sob Chiang Kai-shek, embora os senhores de guerra regionais governassem algumas áreas e os comunistas estivessem liderando uma rebelião. "A reação de Chiang Kai-shek à ocupação da Manchúria foi indicativa da fraqueza chinesa. A realidade foi aceita e nenhuma resistência oferecida. O líder do Kuomintang se concentrou, então, em fortalecer seu exército para enfrentar a inevitável agressão japonesa. Um exército forte também foi necessário para suprimir os comunistas e as bases regionais de poder dos senhores de guerra remanescentes. Tais demandas militares foram um motivo crucial para os *déficits* orçamentários crescentes do Kuomintang. O efeito debilitante de um longo passado de financiamento deficitário foi um fator preponderante para a hiperinflação chinesa subsequente" (GREENWOOD; WOOD, 1977a, p. 27.)[10] Não obstante, Chiang teve um sucesso considerável na união do país. "As bases regionais de poder dos senhores de guerra foram enfraquecidas, enquanto em 1934 os comunistas foram empurrados de volta para seu esconderijo nas montanhas do noroeste, em Yenan" (GREENWOOD; WOOD, 1977a, p. 27).

---

10   Este artigo e outros dois por Greenwood e Wood não estão assinados na fonte original. Atribuí a autoria com base em uma carta pessoal de 18 de abril de 1990, de John Greenwood, fundador e editor do *Asian Monetary Monitor*.

A vantagem temporária no comércio exterior que a China havia obtido por seu padrão-prata não foi apenas deteriorada, mas eliminada e convertida em uma grande desvantagem quando os Estados Unidos também saíram do padrão-ouro em 1933. O dólar chinês se valorizou ainda mais em relação à libra, ao iene e à rúpia, e, pela primeira vez, em relação ao dólar americano, de US$0,19 no fim de 1932 para US$0,33 no fim de 1933 — quase voltando ao nível de 1929. Certamente, os preços em termos do dólar e outras moedas estavam subindo, compensando alguns dos efeitos da valorização do dólar chinês. Mas o preço da prata nos EUA subiu muito mais abruptamente do que os preços em geral, de modo que apenas uma pequena parte da valorização foi compensada. Como resultado, as exportações chinesas tiveram uma queda drástica, atingindo 58% quando comparadas com 1930, e as exportações de metais preciosos continuaram. Enquanto a maioria do restante do mundo estava começando a se recuperar da Grande Depressão, a China estava, de acordo com observadores contemporâneos, entrando na fase mais severa de sua depressão interna.[11]

O efeito adverso sobre a China devido ao afastamento do ouro pelos Estados Unidos foi fortemente reforçado pela ação norte-americana de "fazer alguma coisa" pela prata, algo que foi um fator primordial para quase dobrar o preço da prata durante 1933 e mais do que triplicar em seu pico em abril de 1935. Naquela altura, o dólar chinês valia US$0,41 no mercado. O preço da prata caiu logo depois, como observado anteriormente, mas, então, o prejuízo para a China já havia sido feito. O país saiu do padrão-prata em 14 de outubro de 1934, aumentando os direitos de exportação sobre a prata e impondo uma "taxa de equalização" ajustável. Passou basicamente a um "padrão de papel-moeda" (WIGNALL, 1978b, p. 38), embora uma declaração oficial de que a China estava saindo do padrão-prata foi adiada até 3 de novembro de 1935, quando o governo anunciou uma reforma monetária radical.

---

11 Os dados neste capítulo e nos dois anteriores foram obtidos em Salter (1934, pp. 15–19). No entanto, veja o Apêndice deste capítulo para obter interpretações diferentes por Brandt e Sargent (1989), Rawski (1989), e P. H. K. (1988).

Caso a prata fosse apenas uma *commodity* na China, o aumento no preço desse metal teria sido um golpe de sorte muito bem-vindo, permitindo que o país se desfizesse de seu enorme estoque de prata em termos altamente favoráveis. Mas, como a prata era o dinheiro chinês, o aumento no preço do metal havia provocado uma grande deflação, que, por sua vez, levou a condições severamente conturbadas. "As importações caíram, enquanto as exportações se tornaram cada vez menos competitivas. A produção industrial parou devido ao baixo nível de atividade econômica, o desemprego aumentou e os preços despencaram. O efeito da deflação sobre a agricultura fica claro a partir da queda no índice de preços dos produtos agrícolas de 100 em 1926 para 57 em 1933. Isso representou um declínio assustador na renda, e daí, também no poder de compra daqueles que viviam do cultivo da terra" (GREENWOOD; WOOD, 1977a, p. 32).[12] De acordo com Arthur N. Young, que foi consultor financeiro da China entre 1929 e 1947, "a China passou de uma prosperidade moderada para uma depressão profunda" (1971, p. 209).

Um efeito adverso da política da prata dos EUA sobre a China não foi nem imprevisível tampouco imprevisto. Em um relatório datado de fevereiro de 1934, Sir Arthur Salter, que havia sido "convidado pelo governo chinês para ser consultor oficial no Concílio Econômico Nacional por alguns meses", escreveu: "Há grandes perigos e dificuldades em qualquer saída da presente base de prata do dólar chinês. Sem isso, porém, a China só pode escapar dos danos de uma deflação ainda maior caso a prata deixe de subir substancialmente em relação às moedas estrangeiras e aos preços mundiais de *commodities*. O principal fator é a política de prata dos EUA. Portanto, parece importante que a China (cujo real interesse na prata é extraordinariamente maior do que qualquer outro país) deva deixar sua posição clara ao governo daquele país" (SALTER, 1934, página não

---

12 Veja o Apêndice deste capítulo para obter interpretações alternativas sobre os eventos ocasionados pelo programa norte-americano de compra de prata.

numerada do prefácio, pp. 108–9). Observe que isso aconteceu depois que grande parte do dano já havia sido causado. Em um editorial subsequente de 3 de setembro de 1934, baseado majoritariamente no relatório de Salter, o *New York Times* escreveu: "Um dos aspectos estranhos da nossa política de prata é que foi originalmente defendido precisamente para ajudar os países 'utilizadores da prata' e para 'restaurar o poder de compra do Extremo Oriente'. [...] No entanto, o único país importante que está no padrão-prata é a China, e aqueles que estão intimamente familiarizados com a situação chinesa são praticamente unânimes em sustentar que aumentar o preço da prata só pode ser danoso para aquele país." O editorial do *Times* concluiu observando que a política da prata dos EUA pode "ter o resultado irônico de levar o único país importante ainda na prata ao padrão-ouro".[13] De fato, a política levou a China a um padrão papel-moeda.

Em março de 1934, o Tesouro dos EUA enviou o professor James Harvey Rogers, da Universidade Yale, à China para elaborar um relatório sobre o efeito que os preços mais altos da prata teriam lá. Como Salter, Rogers reportou que o efeito seria altamente adverso, chegando ao ponto de escrever para o Secretário do Tesouro Henry Morgenthau em outubro, depois que a maior parte dos danos havia sido feita, que "proceder com essa nova política [forçar o aumento do preço da prata] — antes de dar ao governo chinês uma oportunidade de se ajustar às perturbações monetárias resultantes — parece para mim estar prestes a cruzar a linha da irresponsabilidade internacional" (YOUNG, 1971, p. 205).

O efeito sobre os preços domésticos da China por sua saída do padrão-prata foi imediato, mas até 1937, moderado. De acordo com as médias anuais para Xangai, os preços de vendas no atacado, que haviam caído

---

[13] Salter havia sido correspondente do New York Times na Conferência Econômica Mundial realizada em Londres no ano de 1933, e continuou escrevendo artigos especiais ao jornal dali em diante. O Times se refere a ele como tendo dado diversos discursos em Nova York em 1934, assim não é inconcebível que ele tenha escrito o editorial que citei.

23% entre 1931 e 1934, caíram mais 1% de 1934 a 1935, e depois subiram 24% nos dois anos seguintes. Contudo, a situação mudou drasticamente quando o Japão invadiu a China no terceiro trimestre de 1937. "Os gastos governamentais foram às alturas para bancar o custo de suprimir a invasão japonesa, e posteriormente para financiar a guerra civil contra os comunistas" (GREENWOOD; WOOD, 1977a, p. 25). Sem dúvida, os gastos governamentais teriam ido às alturas mesmo se os Estados Unidos não houvessem forçado a subida do preço da prata, e a China mais cedo ou mais tarde teria saído do padrão-prata e passado para um padrão papel-moeda. Mas a ação dos EUA garantiu que o papel-moeda e a inflação chegassem mais cedo. A posição de Chiang foi diretamente enfraquecida pela perda das reservas de prata que poderiam ter financiado pelo menos a expansão inicial dos gastos do governo, desta forma adiando a necessidade de se engajar em uma criação inflacionária monetária. Ele foi enfraquecido indiretamente pelas condições econômicas severamente conturbadas às quais a ação dos EUA contribuiu e que enfraqueceu o apoio popular para o regime nacionalista.[14] Se os EUA não tivessem forçado a subida do preço da prata, a China teria saído do padrão-prata mais tarde — talvez muitos

---

14 Podemos obter uma ideia da importância que esse efeito poderia ter tido a partir dos dados sobre a exportação de prata e o orçamento do governo. Entre 1932 e 1936, cerca de 900 milhões de ienes de prata (no preço legal chinês) foram exportados, e entre 1932 e 1938, quase 1,4 bilhão (LEAVENS, 1939, p. 303). Evidências indiretas sugerem que, embora grande parte da prata viesse de estoques particulares, metade pode ter vindo das reservas monetárias mantidas diretamente pelo governo ou dos bancos estatais como reservas contra depósitos e papel-moeda. Em 1936, o ano anterior à invasão japonesa, mas quando o governo nacionalista já estava tentando desesperadamente aumentar sua força militar, o empréstimo governamental foi de 276 milhões de ienes, e uma fração substancial disso foi para refinanciar dívidas vencidas (RAWSKI, 1989, p. 15; BRANDT; SARGENT, 1989, p. 43). Assim, mesmo a prata mantida diretamente pelo governo teria financiado diversos anos de déficits. Além disso, caso a prata estivesse disponível, ela teria contribuído para uma situação monetária mais saudável, com os preços mais estáveis, pelo menos por certo tempo. Assim, os déficits gerados pela expansão militar teriam sido menores, e a capacidade de fazer empréstimos não inflacionários muito maior. No todo, não parece insensato supor que o início da expansão monetária inflacionária poderia ter sido adiado em pelo menos um ano, e possivelmente em dois ou mais anos. Obviamente, parte da prata exportada deve ser considerada para a compra de bens e serviços usados pelo governo. Mas muita, ou a maioria, foi provavelmente destinada a acumular ativos em contas privadas para substituir ativos internos.

anos depois — do que de fato o fez, e sob melhores condições econômicas e políticas. O curso futuro dos eventos teria sido alterado. A hiperinflação final talvez não teria sido impedida, mas pelo menos teria sido adiada, dando ao governo nacionalista mais tempo para se recuperar dos desastres da guerra e repelir a ameaça comunista.

A partir de 1937, a política de prata norte-americana não teve mais efeitos na China (embora outras políticas dos EUA certamente tiveram). Os prejuízos provocados pela concentração míope do governo dos EUA no autointeresse estreito e de curto prazo de um grupo pequeno, mas politicamente poderoso haviam sido feitos. No entanto, os efeitos secundários ainda viriam.

A Hiperinflação Chinesa

A invasão japonesa na China levou o governo nacionalista a um programa frenético de armas, financiado basicamente pela impressão de dinheiro. A emissão de notas multiplicou quase 300 vezes entre 1937 e 1945, ou numa média de 100% ao ano, começando em 27% de 1937 a 1938 e terminando em 224% no último ano da guerra. Os preços subiram ainda mais rápido, chegando a quase 1.600 vezes seu preço inicial, ou em média, mais de 150% por ano.[15] Claramente, isso era uma inflação enorme. Contudo, o aumento nos preços "havia sido impedido de alcançar níveis hiperinflacionários pelo fluxo de ajuda dos EUA ao governo KMT, pela entrada dos EUA na Guerra do Pacífico e pelo declínio agudo no fluxo de refugiados do território ocupado pelos japoneses. Nas semanas que antecederam a vitória sobre o Japão, os preços das *commodities* haviam na verdade despencado em antecipação à vitória aliada sobre o Japão e com o regresso dos fornecimentos estrangeiros" (GREENWOOD; WOOD, 1977b, p. 32).

---

15 Os dados sobre a emissão de notas são de Yang (1985, p. 35) e sobre o índice de preços no atacado são de Huang (1948, p. 564). Agradeço a Liu Na pela tradução dos títulos e dos cabeçalhos das tabelas de Yang de chinês para inglês.

As perspectivas iniciais após a rendição japonesa pareciam favoráveis. Uma trégua foi alcançada entre os nacionalistas e os comunistas. Todavia, "nenhum lado estava realmente interessado em uma frente unida quando a principal luta era pelo controle doméstico. [...] Confrontos armados se tornaram mais sérios e a guerra civil foi renovada [...] no fim de 1947. [...] Uma guerra gigantesca se espalhou por milhares de quilômetros e envolveu milhões de homens em ambos os lados. [...] No fim de 1947, os comunistas ocuparam Hopei e Shansi, e no fim de 1948, haviam conquistado uma vitória decisiva nas planícies do Rio Hwai, perto de Suchow. Em janeiro de 1949, o comandante nacionalista, general Tu Yu-ming, entregou-se juntamente com a melhor parte do exército nacionalista sobrevivente. [...] Ciang Kai-shek resignou em fevereiro e fugiu com as últimas reservas de ouro (cerca de 3 milhões de onças) para Taiwan" (GREENWOOD; WOOD, 1977b, pp. 33, 44).

Há poucas dúvidas de que a burocracia, a corrupção e a má gestão financeira, que levaram ao colapso do mercado monetário e a uma verdadeira hiperinflação, foram os principais fatores que contribuíram para a derrota dos nacionalistas. Numa medida final desesperada, "no dia 22 de agosto de 1948, Chiang Kai-shek anunciou uma reforma oficial da moeda. [...] Sob os termos da reforma, um 'yuan de ouro' foi criado. [...] Os preços foram congelados e todas as posses privadas de ouro, prata e moedas estrangeiras deveriam ser entregues dentro de três meses", em termos que representavam um confisco descarado. Os resultados poderiam ser alcançados somente à força. Mas, no processo, "as autoridades perderam o respeito dos poucos que restavam que ainda não tinham abandonado seu senso mais amplo de responsabilidade social" (GREENWOOD; WOOD, 1977b, pp. 40–41). Em novembro, com o mercado paralelo à solta, o governo admitiu a derrota. No panorama geral, unindo o "yuan de ouro" e a moeda anterior, os preços no território nacionalista em abril de 1949 — altura em que o poder havia efetivamente trocado de mãos — estavam mais de 54 milhões de vezes acima de seu nível em dezembro de 1946. Isso representa uma taxa média de aumento de quase 90% por *mês* — muito acima dos 50% por mês que

Phillip Cagan adotou, em seu estudo, agora clássico, sobre a hiperinflação, ao separá-la de outros episódios inflacionários (1956, p. 25).

A hiperinflação não ajudou apenas a vitória esmagadora dos comunistas. Uma vez que a guerra acabou, eles conseguiram eliminar a hiperinflação, e isso, sem sombra de dúvidas, ajudou-os a fincarem pé no poder (GREENWOOD; WOOD, 1978).

Conclusão

É impossível avaliar com qualquer precisão o papel que o programa dos EUA de compra de prata desempenhou em levar os comunistas ao poder na China. Há poucas dúvidas de que a inflação dos tempos de guerra e, ainda mais, a hiperinflação do pós-guerra, abalaram a confiança no governo nacionalista tão severamente que "a ascensão dos comunistas ao poder, em outubro de 1949, não provocou uma histeria em massa na comunidade empresarial e financeira da China". Mas isso dificilmente pode ser atribuído apenas, ou mesmo em grande escala, aos efeitos posteriores do programa de compra de prata. "A atitude prevalente [quando os comunistas assumiram o poder] foi a de que nada poderia ser pior do que a incompetência e a corrupção do regime anterior" (GREENWOOD; WOOD, 1978).

Com ou sem o programa de compra de prata, a guerra com o Japão e a guerra civil interna teriam levado à inflação, e a incompetência e a corrupção ainda teriam existido. No entanto, na ausência do programa de compra de prata, os nacionalistas provavelmente teriam um ou dois anos a mais durante os quais a inflação teria sido baixa. A existência de um padrão-prata teria sido um controle da inflação, a disponibilidade da prata teria sido outro, e a ausência de uma grande deflação anterior teria sido ainda outro. Sem dúvida, o mesmo cenário final ainda teria se desenrolado, mas não teria ocorrido no mesmo período de tempo; teria sido mais longo. As chances para evitar a catástrofe teriam sido um pouco maiores — para a China e para os EUA.

Apêndice ao Capítulo 7
INTERPRETAÇÕES ALTERNATIVAS SOBRE A SAÍDA DA CHINA DA PRATA

A análise sobre o episódio da China neste capítulo é uma versão expandida da análise de Anna Schwartz e minha em *Monetary History* (1963, pp. 489–91) [Episódios da História Monetária] e oferece basicamente a mesma interpretação do episódio. Tal interpretação foi recentemente questionada por Loren Brandt, Thomas Sargent e por P. H. Kevin Chang com base em dois novos conjuntos de estimativas estatísticas.

Havíamos dado como certo que a exportação da prata (especialmente em 1934 e 1935) produziu um declínio no estoque monetário da China que espalhou a deflação desde os produtos comercializados internacionalmente até o nível geral dos preços. Também havíamos considerado as condições de depressão econômica relatadas por observadores contemporâneos principalmente como uma consequência da deflação monetária.

Não há discordâncias de que o aumento no preço da prata produziu uma deflação severa. A pergunta é: como? E o preço mais alto da prata foi realmente uma catástrofe para a China, como sustentamos, ou um benefício?

Estimativas sobre o produto interno bruto feitas por K. C. Yeh (1964) indicam que a renda real na China caiu consideravelmente de 1933 a 1934, principalmente por causa de más colheitas agrícolas, mas que, sob outros aspectos, o país não sofreu uma depressão específica entre 1932 e 1936 (veja BRANDT; SARGENT, 1989, tabela 5, p. 46). As estimativas do estoque monetário chinês feitas por Thomas Rawski (1989, pp. 312–400) indicam que um aumento das notas bancárias e dos depósitos bancários mais do que compensaram o declínio em moeda metálica como resultado das exportações de prata, de modo que a quantidade total de dinheiro aumentou, não apenas antes de 1931, mas também a partir desse ano (veja

RAWSKI, 1989, tabela C16, p. 394). Considerados em seu valor de face, esses dois conjuntos de estimativas são inconsistentes com nossa interpretação do episódio como uma deflação monetária.

Loren Brandt e Thomas Sargent (1989) consideram que essas evidências adicionais sugerem que o episódio foi de "banco livre" em um padrão de moeda metálica no qual o preço real mais alto da prata significava que um estoque físico menor do metal era necessário para sustentar o mesmo estoque total de dinheiro em unidades nominais. A deflação dos preços, sugerem eles, foi produzida pela "lei do preço único", ou seja, a arbitragem entre preços internacionais e domésticos, em vez de pela contração monetária. E eles conjecturam que os preços estavam suficientemente flexíveis para proteger a economia real da deflação de preços produzida pela "lei do preço único". O valor mais alto da prata era simplesmente um benefício para seus possuidores, e, para se beneficiarem, eles exportaram a quantidade que não era mais necessária para sustentar o estoque monetário.

Eles concluem que "o programa de compra de prata dos EUA não desencadeou uma sequência ruim de eventos econômicos, que acabaram forçando a China a sair da prata e entrar em um padrão fiduciário. O programa de compra de prata dos EUA sem dúvida ajudou a causar a queda no nível de preços da China. [...] Mas as evidências apontam que nenhuma disrupção massiva na atividade real econômica foi resultado da queda no nível de preços. [...] O sistema monetário chinês foi afastado da prata pelo seu governo, que queria aumentar sua participação [nos benefícios de um maior preço da prata] [...] e que também talvez previu que nos anos posteriores seria mais fácil emitir títulos de dívida com taxas baixas de retorno se conseguisse impedir a concorrência dos bancos que ofereciam ativos de retorno elevado e de baixo valor de face na forma de notas bancárias conversíveis em prata" (p. 49).

As evidências sobre o comércio internacional — que incidentalmente têm uma sustentação estatística mais sólida que as estimativas de Yeh e Rawski — contradizem categoricamente essa interpretação altamente imaginativa e teoricamente atrativa. Se a deflação tivesse efeitos reais desprezíveis, deveria, por esse motivo, não ter tido qualquer efeito nas exportações ou importações em termos reais, embora ambas tenham caído em termos nominais. Pelo contrário, com o restante do mundo em geral se expandindo a partir de 1933, seria possível esperar que as exportações e as importações aumentassem em termos reais. Acrescentemos agora o efeito do "benefício" aos detentores de prata. O aumento imprevisto na riqueza os induziria a gastar mais com produtos e serviços estrangeiros e nacionais. Os gastos extras com os itens estrangeiros aumentariam as importações reais, e os gastos extras com os itens domésticos reduziriam as exportações reais, sendo a diferença financiada pela exportação da prata agora redundante.

O padrão real foi o oposto. Importações e exportações nominais caíram, mas as importações caíram muito mais. Expressas em termos reais (ajustadas pelo índice de preços de vendas no atacado), as importações caíram todos os anos a partir de 1931 até 1935, e uma queda especialmente íngreme de 1933 a 1935, os anos das exportações pesadas de prata. As exportações em termos reais na realidade cresceram de 1932 a 1933, aparentemente se beneficiando da recuperação em outros lugares e dos preços reais baixos na China. Caíram levemente entre 1933 e 1934 e subiram levemente entre 1934 e 1935 (baseado nos dados de CHANG, 1988, tabela 4, p. 103). Esse padrão é totalmente consistente com a interpretação da deflação monetária, mas o oposto do que é necessário para a interpretação de Brandt-Sargent. As importações reais começaram a cair quando a Grã-Bretanha saiu do padrão-ouro em 1931, caindo mais fortemente quando os Estados Unidos fizeram o mesmo em 1933 e começaram seu programa de compra de prata. As exportações reais flutuaram para cima e para baixo, refletindo os baixos preços reais na China produzidos por um fracasso dos preços internos em reagir integralmente à mudança nos preços externos expressos em termos de prata.

Examinados com mais proximidade, nenhum dos conjuntos de estimativas constitui um desafio real para a interpretação monetária. Tanto Schwartz quanto eu e os observadores contemporâneos podemos muito bem ter superestimado os efeitos reais da deflação nominal. "A ilusão do dinheiro" tende a produzir tal superestimativa, como foi observado por Alfred Marshall muitos anos atrás. Em *Monetary History*, nós relatamos que essa superestimativa ocorreu com relação à depressão nos EUA entre 1873 e 1879. Ainda assim, acho difícil desconsiderar totalmente as opiniões dos observadores contemporâneos com base nas estatísticas necessariamente imperfeitas e incompletamente agregadas que fundamentam as estimativas de Yeh.[16] Além disso, é difícil supor que os preços na China estavam suficientemente flexíveis de modo que uma grande deflação teria efeitos insignificantes nas grandezas reais.

As conclusões de Rawski de que o estoque monetário subiu apesar das exportações de prata é igualmente questionável. Ele constrói dois totais monetários alternativos, incorporando estimativas distintas da quantidade de prata monetária. Ambos aumentam de 1931 a 1935 — 23% e 20% —, graças exclusivamente a um aumento brusco nos depósitos de "bancos

---

[16] Diversos exemplos de observações contemporâneas sobre o efeito dos preços em queda na economia foram mencionados anteriormente (Salter, 1934; Young, 1971; Rogers, citado por Young, 1971). Outra observação, um tanto quanto posterior, está em T'ang (1936). Referindo-se ao período após o abandono do padrão-ouro pela Grã-Bretanha em 1931, ele escreveu: "Os preços em queda agravaram muito as condições, visto que os agricultores e os fabricantes viram sua renda caindo de forma constante, enquanto gastos como juros de empréstimos, impostos etc. continuaram altos, e o aluguel, os salários etc. caíram mais lentamente do que os preços. As condições dos trabalhadores em empregos estáveis e com salários fixos melhoraram ao longo da queda nos preços, mas inúmeros assalariados perderam o emprego durante a crise, mais do que cancelando o benefício daqueles que mantiveram suas posições. A situação econômica piorou de forma contínua" (p. 51). A respeito das condições alguns anos depois, T'ang escreveu: "O efeito da queda industrial em 1932 e 1933 foi registrado por um grande aumento no desemprego. [...] Em 1934, as condições pioraram ainda mais. A queda nos preços havia primeiramente afetado os fabricantes e os produtores rurais com terra própria, enquanto os trabalhadores rurais, e outros trabalhadores que permaneceram empregados, foram auxiliados pelo custo de vida mais baixo. Mas os salários para o setor agrícola e de manufatura afundaram, conforme as condições econômicas pioraram, e o sofrimento se estendeu ainda mais" (p. 60). Ainda outro exemplo de uma observação contemporânea, embora tenha sido publicado muito mais tarde, é Young (1971, pp. 208–11, 220–23).

domésticos modernos" e "bancos estrangeiros". É altamente questionável se tais depósitos foram relevantes à atividade não financeira doméstica. Os bancos modernos domésticos e estrangeiros estavam concentrados em Xangai e serviam basicamente aos desejos por atividades transacionais e de liquidez da comunidade financeira de Xangai, domésticas e internacionais. Sua falta de relevância à atividade doméstica não financeira é documentada pelas estimativas de Rawski sobre a proporção entre o dinheiro fora dos bancos e o total do estoque monetário. O dinheiro cai de 47% ou 55% do total em 1931 para apenas 33% ou 41% do total em 1935. Até mesmo as proporções iniciais são dificilmente críveis para um país tão subdesenvolvido como a China, e as proporções finais ainda mais baixas são literalmente incríveis.[17] Por contraste, ao longo do período que vai de 1931 a 1935, o dinheiro fora dos bancos era de aproximadamente 80% dos totais que excluem os depósitos de bancos modernos e estrangeiros. Isso é muito mais crível para um país com o nível de desenvolvimento econômico e financeiro como o da China.[18]

Os totais mais estreitos, que incluem as moedas metálicas mais as notas bancárias e mais os depósitos em bancos nativos caíram 11% e 9% de 1931 a 1935, e 13% e 11% de 1933 a 1935 — assim, o declínio severo ocorreu depois que os EUA saíram do padrão-ouro e começaram seu programa de compra de prata.[19] Concluo que o estoque monetário relevante às atividades econômicas domésticas não financeiras se comportou de fato como Schwartz e eu presumimos.

---

17. Uma proporção tão baixa assim só foi atingida nos EUA depois da Guerra Civil, momento em que a renda real per capita nos EUA era aproximadamente dez vezes maior que a renda real per capita na China em 1933. Proporção tão baixa assim só foi alcançada na França em 1952 (SAINT MARC, 1983, pp. 38–39)!

18. Algumas porcentagens para países em desenvolvimento para 1988, com base nas estimativas do FMI, são 60% para a Índia, 62% para a Síria e o México, 65% para Chade, 68% para Zaire e Nepal, 74% para a República Árabe do Iêmen e 78% para a República Africana Central.

19. O declínio no total menor pode ser uma superestimativa, pois Rawski não permite a existência de um provável declínio nas reservas de prata detidas por trás das notas bancárias. Mas mesmo fazendo a concessão máxima possível para tal declínio serve para produzir apenas um aumento insignificante de 1931 a 1935, e deixa uma diminuição de 3% e 2% de 1932 a 1935.

P. H. Kevin Chang (1988), em uma análise detalhada do mesmo período, também rejeita a explicação de Brandt e Sargent, sob uma base diferente, porém relacionada, ou seja, a de que "ela não consegue explicar o aumento repentino nas exportações de prata que ocorreram em 1934 e em 1035; [...] o momento da deflação chinesa não corresponde com o padrão de suas exportações de prata" (pp. 73–74). Ele rejeita nossa interpretação visto que acredita erroneamente que ela fica em contradição com as novas estimativas sobre as quais Brendt e Sargent se sustentam e porque "nós deixamos passar o caso verdadeiro do fluxo de saída de prata da China" (p. 69).

Chang argumenta que a "determinação dos EUA para sustentar os preços da prata e a forte aversão chinesa à deflação e à exportação de prata [que Chang considera muito exagerada] apontaram claramente para uma futura suspensão do padrão-prata [...] que levou aos detentores desse metal dentro da China a buscar exportá-lo", reforçando as preocupações do governo e levando ao futuro abandono da prata (p. 43).

A explicação de Chang sobre o padrão de tempo das exportações de prata parece convincente. A reação especulativa ao medo difundido em relação ao efeito da determinação norte-americana em aumentar o preço da prata pode muito bem ter desencadeado a decisão do governo para embargar as exportações de prata e, subsequentemente, estabelecer um padrão fiduciário. Os efeitos que enfatizamos em *Monetary History* teriam levado ao mesmo resultado, mas talvez necessitassem de um tempo mais longo para produzirem tal resultado.

As diferenças entre as interpretações são importantes para uma compreensão integral dos eventos na China entre 1931 e 1936. Mas vale a pena enfatizar que todas as três interpretações concordam que (1) o aumento no preço da prata nos EUA produziu uma forte deflação na China; (2) grandes quantidades de prata foram exportadas, tanto legalmente como por contrabando após o embargo governamental sobre as exportações; (3) observadores contemporâneos entenderam que a deflação veio acompanhada por condições econômicas severamente problemáticas — seja devido à ilusão do dinheiro ou porque suas informações em primeira mão eram mais confiáveis do que os dados estatísticos posteriores altamente agregados, parciais e inexatos; (4) a deflação, seja apenas nominal ou acompanhada por quedas nas magnitudes reais, produziu incerteza e descontentamento difundidos; (5) esses fenômenos levaram, por um caminho ou por outro, para a saída da China do padrão-prata e sua substituição por um padrão fiduciário; (6) a "reforma" monetária estabeleceu arranjos institucionais que contribuíram para a hiperinflação.

Conclui-se que as diferentes interpretações dos eventos entre 1932 e 1936 são todas consistentes com a conclusão de que o programa de compra de prata dos EUA foi responsável pela hiperinflação ter ocorrido mais cedo e ter sido mais severa do que teria sido a realidade caso o preço da prata não tivesse subido tão fortemente. Desta forma, o programa de compra de prata contribuiu para o triunfo final do comunismo na China.

CAPÍTULO 8

A Causa e a Cura da Inflação

> Não existe forma mais sutil e mais segura de destruir a base existente da sociedade do que corromper a moeda. O processo engaja todas as forças ocultas da lei econômica para o lado da destruição, e faz isso de tal modo que nem uma pessoa em um milhão consegue perceber.
>
> — JOHN MAYNARD KEYNES (1920, p. 236)

A HIPERINFLAÇÃO CHINESA É UM EXEMPLO NOTÁVEL DA MÁXIMA DE KEYNES. Se o regime de Chiang Kai-shek tivesse conseguido evitar a inflação, ou a tivesse mantido em valores de um dígito ou mesmo de dois dígitos baixos, seja por uma gestão melhor de suas finanças e política monetária ou devido a uma política diferente de prata dos Estados Unidos na década de 1930, as chances são altas de que hoje a China seria uma sociedade totalmente diferente.

A guerra e a revolução foram as progenitoras da maioria das hiperinflações. Os primeiros episódios no Ocidente são da Revolução Americana, com sua moeda continental, e a Revolução Francesa, com seus *assignants* — ambos os papéis-moeda que no fim acabaram não valendo praticamente nada.

As diversas inflações anteriores não contêm nenhuma hiperinflação por um motivo simples. Enquanto o dinheiro consistia em moedas metálicas (seja de ouro, prata, cobre, ferro ou estanho), a inflação era produzida por novas descobertas ou por inovações tecnológicas que reduziam o custo da extração, ou por depreciação da moeda — a substituição dos metais "preciosos" por metais de "base". Novas descobertas ou inovações levavam necessariamente a taxas modestas de crescimento na quantidade de dinheiro — o que não produzia nem de longe os valores de dois dígitos da inflação *por mês* que são característicos das hiperinflações. No caso da depreciação, não importa quão "básico" fosse o metal, ainda custava algo para ser produzido, e esse custo estabelecia um limite na quantidade de dinheiro. Como destaca Forrest Capie em um artigo fascinante (1986, p. 117), foi necessário um século para que a inflação em Roma, que contribuiu com o declínio e a queda do império, fizesse subir o nível de preços "de uma base de 100 em 200 d.C. para 5.000 [...] — ou seja, uma taxa composta de 3% a 4% ao ano". O limite era estabelecido pelo preço relativo da prata, o metal monetário inicial, e do cobre, o metal monetário final. A implicação é que a relação de preço entre a prata e o cobre estava na ordem de 50 para 1 — mais ou menos a mesma relação de mercado como em 1960. (Desde então, o preço da prata subiu fortemente em relação ao preço do cobre, então a relação é muito maior agora.)

A inflação nos níveis aos quais nos acostumamos, isso sem mencionar os níveis hiperinflacionários, tornou-se possível apenas depois que o papel-moeda passou a ser vastamente usado. A quantidade nominal de papel-moeda pode ser multiplicada por um custo insignificante; é necessário apenas imprimir números maiores nas mesmas notas de papel.

A primeira "moeda corrente verdadeira" registrada, de acordo com Liensheng Yang, autor de *Money and Credit in China* [Dinheiro e Crédito na China, em tradução livre] — cujo subtítulo é *A Short History* [Uma Breve História, também em tradução livre] e que abrange mais de dois milênios — "apareceu em Sichuan [China] durante a primeira parte do século XI"

(1952, p. 52). Ela durou mais de um século, mas acabou sucumbindo à tentação fatal da superemissão inflacionária, "basicamente", escreve Yang, "para cobrir gastos militares". Ele registra inúmeras emissões adicionais de papel-moeda durante os cinco séculos seguintes em diferentes partes da China e sob diversas dinastias, cada uma passando pelo mesmo ciclo de um período de estabilidade inicial, moderada e então de superemissão substancial, chegando por fim ao seu abandono. Não há outros registros das extensivas emissões de papel-moeda na China até o século XIX.

O papel-moeda passou a ser amplamente usado no Ocidente apenas no século XVIII. Acredito que tenha começado com a "Bolha de Mississippi" de John Law, entre 1719 e 1720, quando, como coloca a *Encyclopaedia Britannica* (1970), "a emissão excessiva de notas bancárias estimulou uma inflação galopante com os preços das *commodities* a mais do que o dobro" (veja também HAMILTON, 1936) — um pálido precursor da multiplicação aos milhões, bilhões e trilhões dos preços nas subsequentes verdadeiras hiperinflações.

Até décadas recentes, todas as hiperinflações que conheço foram o produto de guerras ou revoluções. Mas não é mais o caso. Bolívia, Brasil, Argentina e Israel tiveram hiperinflações em tempos de paz — hiperinflações que ainda persistem, no momento de redação deste capítulo, no Brasil e na Argentina. E ainda pode haver outras que eu não tenha conhecimento. O motivo, como veremos, é que a guerra e a revolução não são mais os únicos motivos, nem mesmo os principais, pelos quais os governos recorrem à impressora para financiar suas atividades.

Seja qual for sua fonte próxima, a inflação é uma doença perigosa e às vezes fatal, que, se não for tratada a tempo, pode destruir uma sociedade, como o fez na China. As hiperinflações na Rússia e na Alemanha depois da Primeira Guerra Mundial preparam o terreno para o comunismo no primeiro país e para o nazismo no segundo. Quando a inflação no Brasil chegou a 100% ao ano em 1954, levou ao governo militar. Inflações mais extremas também levaram ao governo militar no Chile e na Argentina, contribuindo para derrubar Salvador Allende no Chile em 1972 e Isabel Perón na Argentina em 1876. As repetidas inflações no Brasil e na Argentina da década de 1980 levaram a reiteradas "reformas" malsucedidas, à substituição de governos, a fugas de capital e a uma grande instabilidade econômica.

Nenhum governo aceita de bom grado a responsabilidade por produzir inflação mesmo que em um grau moderado, que dirá a níveis hiperinflacionários. Os oficiais do governo sempre encontram alguma desculpa — empresários gananciosos, sindicatos ávidos, consumidores esbanjadores, xeiques árabes, tempo ruim ou qualquer outra coisa que pareça remotamente plausível. Não há dúvidas de que os empresários sejam gananciosos, os sindicatos ávidos e os consumidores esbanjadores, que os xeiques árabes tenham aumentado o preço do petróleo e que o tempo às vezes é ruim. Qualquer um desses fatores pode provocar altos preços para itens individuais; o que não podem é produzir preços altos para os bens em geral. Podem causar altos e baixos temporários na taxa de inflação. Porém, não podem produzir uma inflação continuada, por um motivo muito simples: nenhum dos supostos culpados possui uma impressora que pode legalmente produzir aquelas notas de papel que carregamos em nossos bolsos e chamamos de dinheiro; nenhum pode autorizar um contador a fazer entradas em livros-razão que sejam o equivalente àquelas notas.

A inflação não é um fenômeno capitalista. A Iugoslávia, um país comunista, teve uma das taxas inflacionárias mais rápidas do que qualquer país da Europa; a Suíça, bastião do capitalismo, uma das mais baixas. A inflação tampouco é um fenômeno comunista. A China teve pouca inflação sob Mao; a União Soviética teve pouca por décadas, embora agora (1991) esteja em plena inflação rápida; Itália, Reino Unido, Japão e Estados Unidos — todos fortemente capitalistas — passaram por inflações substanciais, a maior parte recentemente, na década de 1970. No mundo moderno, a inflação é um fenômeno da impressora.

O reconhecimento de que a *inflação substancial é sempre e em todos os lugares um fenômeno monetário* é apenas o início de uma compreensão sobre sua causa e sua cura. As perguntas mais básicas são: por que os governos aumentam a quantidade de dinheiro rápido demais? Por que produzem inflação quando entendem seu potencial de danos?

A Causa Próxima da Inflação

Antes de nos voltarmos a essas perguntas, vale a pena refletirmos um pouco sobre a proposição de que a inflação é um fenômeno monetário. Apesar da importância dessa proposição, apesar das extensivas evidências históricas para apoiá-la, é ainda amplamente negada — em grande parte por causa da cortina de fumaça com a qual os governos tentam esconder sua própria responsabilidade pela inflação.

Se a quantidade de bens e serviços disponíveis para compra — produção, em resumo — aumentasse tão rapidamente quanto a quantidade de dinheiro, os preços tenderiam a ficar estáveis. Talvez até caíssem gradualmente, à medida que rendas mais altas levassem as pessoas a querer manter uma fração maior de sua riqueza na forma de dinheiro. A inflação ocorre quando a quantidade de dinheiro cresce apreciavelmente mais rápido do que a produção, e, quanto mais rápido o aumento na quantidade de dinheiro por unidade de produção, maior será a taxa inflacionária. Provavelmente não há outra proposição na economia que seja tão bem estabelecida quanto essa.

A produção é limitada pelos recursos físicos e humanos disponíveis e pelo grau de conhecimento e capacidade para usar tais recursos. No máximo, a produção pode crescer apenas de um modo lento. Ao longo do século XIX, a produção nos Estados Unidos cresceu a uma taxa média de 3% ao ano, aproximadamente. Mesmo no ápice do crescimento mais rápido do Japão depois da Segunda Guerra Mundial, sua produção nunca cresceu muito acima de 10% ao ano. A quantidade de dinheiro-*commo-*

dity está sujeita aos limites físicos semelhantes, embora às vezes tenha crescido mais rapidamente do que a produção em geral, como os exemplos das enxurradas de metais preciosos vindos do Mundo Novo nos séculos XVI e XVII e do ouro no século XIX ilustram. As formas modernas de dinheiro — papel e entradas no livro-razão — não estão sujeitas a tais limites físicos.

Durante a hiperinflação alemã depois da Primeira Guerra Mundial, o dinheiro em circulação aumentou a uma taxa *média* de mais de 300% por *mês* por mais de um ano, bem como os preços. Durante a hiperinflação húngara depois da Segunda Guerra Mundial, o dinheiro em circulação aumentou a uma taxa *média* de mais de 12.000% por *mês* durante um ano, e os preços subiram a uma taxa ainda mais alta, de cerca de 20.000% por mês (veja CAGAN, 1956, p. 26).

Durante a inflação moderada nos Estados Unidos entre 1969 e 1979, a quantidade de dinheiro aumentou a uma taxa média de 9% por ano, e os preços a uma taxa média de 7% ao ano. A diferença de 2 pontos percentuais reflete a taxa média de 2,8% de crescimento da produção ao longo da mesma década.

Como esses exemplos demonstram, o que acontece com a quantidade de dinheiro tende a ofuscar o que acontece com a produção, causando nossa referência à inflação como um fenômeno *monetário*, sem acrescentar qualquer qualificação sobre a produção. Esses exemplos também mostram que a taxa de crescimento monetário não tem uma correspondência precisa de 1 para 1 com a taxa de inflação. No entanto, não conheço nenhum exemplo na história de uma inflação substancial ter durado mais do que um breve período que não fosse acompanhada por um aumento mais ou menos correspondente na quantidade de dinheiro; e nenhum exemplo de um rápido aumento na quantidade de dinheiro que não fosse acompanhado por uma inflação substancial mais ou menos correspondente.

Alguns gráficos (Figuras 1-5) ilustram a universalidade dessa relação. A linha sólida em cada um é a quantidade de dinheiro por unidade de produção para o país em questão, ano a ano pelos diversos períodos. A outra linha é um índice de preços — um deflator ou um índice de preços ao consumidor.[1] Para tornar as duas séries comparáveis, ambas foram expressas como porcentagens de seus valores médios para o período como um todo. Além disso, a escala vertical é logarítmica; ou seja, distâncias iguais registram mudanças percentuais iguais. A razão é simples. O que importa para os preços é a mudança percentual, e não a mudança absoluta. Um aumento de US$1,00 no preço é uma mudança muito mais drástica para um item com preço inicial de US$1,00 do que para um item com o preço inicial de US$100,00; o preço do item de US$100,00 teria que dobrar para US$200,00 para sofrer uma mudança comparável. As escalas nos diversos gráficos não são idênticas, mas são comparáveis, no sentido de que a mesma inclinação corresponde à mesma taxa de inflação.[2]

As duas linhas em cada gráfico têm necessariamente o mesmo nível médio, mas não há nada na aritmética que exija que as duas linhas sejam as mesmas para qualquer ano específico ou que tenham o mesmo padrão ao longo do tempo. Por exemplo, uma linha poderia subir do início ao fim, e a outra cair. Contudo, em cada gráfico — para períodos diferentes, países diferentes e políticas monetárias e econômicas vastamente diferentes —, as duas linhas, embora não sejam idênticas, raramente desviam muito uma da outra e claramente têm o mesmo padrão. Dificilmente isso é uma pura coincidência.

---

1   Para os EUA e o Reino Unido, o índice de preços é o deflator implícito na computação da renda real nacional; para a Alemanha, o Japão e o Brasil, é o preço ao consumidor. Para todos os países, com exceção do Brasil, o dinheiro é definido como a contraparte do total designado M2 nos EUA; para o Brasil, o dinheiro é definido como a contraparte do total designado M1 nos EUA, visto que é o único total para qual os dados estavam disponíveis ao longo de 1989. Para os EUA e o Reino Unido, a produção é a renda nacional real; para os outros países, é o PIB real. Para os EUA e o Reino Unido, os dados são de Friedman e Schwartz (1982, tabelas 4.8 e 4.9), extrapolados depois de 1975 pelos dados oficiais. Para os outros países, os dados vêm de diversas edições de International Financial Statistics, publicado anualmente pelo Fundo Monetário Internacional, e, para o Brasil, também do relatório anual de 1989 do Banco Central do Brasil.

2   Isso é possível ao fazer uma equivalência da proporção da escala vertical com a escala horizontal em todos os gráficos.

As Figuras 1 e 2, para os Estados Unidos e a Grã-Bretanha, abrangem um século inteiro, de modo a mostrar como a relação é persistente apesar de vastas mudanças nas circunstâncias. (O Capítulo 3 fala detalhadamente sobre a primeira parte desse período.) Até 1931, ambos os países estavam em um padrão-ouro (com exceção da Grã-Bretanha entre 1915 e 1925) e estavam ligados por uma taxa de câmbio fixa, o que explica por que os padrões para ambos os países são tão semelhantes antes da Segunda Guerra Mundial. Também para os dois países, os anos das duas guerras mundiais se destacam fortemente, demonstrando um rápido crescimento monetário. Contudo, há uma diferença interessante sobre as duas guerras: na primeira, o preço subiu praticamente em paralelo com o aumento de dinheiro; na segunda, o aumento de preços é mais lento e mais espalhado, e não se alinha com o aumento de dinheiro até o fim da década de 1950. A diferença é em parte uma ilusão estatística; na Segunda Guerra Mundial, o aumento de preços foi suprimido e espalhado por uma dependência muito maior dos controles de preço e do racionamento.

FIGURA 1
Um Século de Dinheiro e de Preços nos Estados Unidos, 1891–1990

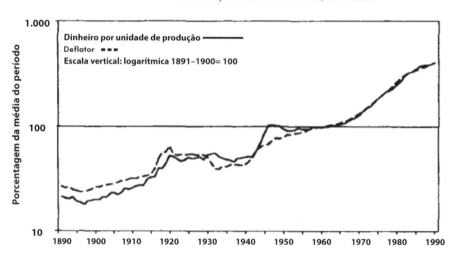

A CAUSA E A CURA DA INFLAÇÃO ❱ 181

Antes da Primeira Guerra Mundial e no período entre as duas guerras, os preços ficaram relativamente estáveis, exceto pela forte queda nos preços nos EUA durante a Grande Depressão. O período depois da Segunda Guerra Mundial é bem diferente, demonstrando, em tempos de paz, taxas de aumentos de preços que são iguais ou até mais altas que as taxas obtidas nos tempos de guerra. Além disso, as linhas do dinheiro e do nível de preços se aproximam muito mais intimamente depois da guerra do que antes (talvez simplesmente porque os dados se tornaram mais precisos).

Dito tudo isso, nos Estados Unidos, os preços em 1990 eram 15 vezes maiores do que seu nível inicial em 1891; na Grã-Bretanha, 50 vezes. A divergência entre os dois países se deu principalmente durante e depois da Segunda Guerra Mundial, quando a ligação do padrão-ouro já não existia para vincular os preços nos dois países. A taxa de inflação durante a primeira metade do século (1891–1940) teve a média abaixo de 1% ao ano nos Estados Unidos e 1,6% na Grã-Bretanha. Durante a segunda metade, quadruplicou em ambos os países, com uma média de 4% nos Estados Unidos e de 6,4% na Grã-Bretanha.

FIGURA 2
Um Século de Dinheiro e de Preços no Reino Unido, 1891–1990

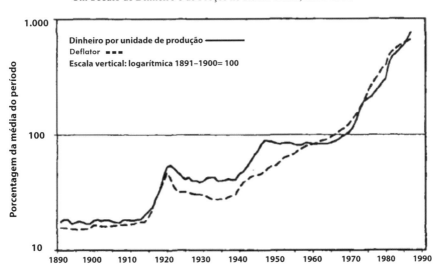

Os gráficos para a Alemanha e o Japão (Figuras 3 e 4) cobrem um período mais curto, as três décadas entre 1961 e 1990. Em ambos os países, a quantidade de dinheiro subiu mais rapidamente do que os preços: na Alemanha, 4,8% ao ano para o dinheiro versus 2,7% para os preços; no Japão, 7% para o dinheiro versus 5,7% para os preços. O rápido crescimento na produção e nas atividades financeiras em ambos os países levaram a uma demanda maior por saldos reais em dinheiro por unidade de produção (um declínio em velocidade). O mesmo fenômeno havia ocorrido nos Estados Unidos uma década antes, como pode ser visto na Figura 1. Embora tanto o Japão quanto a Alemanha sejam corretamente considerados países com uma inflação relativamente baixa, nos dois países ela foi decididamente mais alta do que havia sido antes da Segunda Guerra Mundial nos países em padrão-ouro.

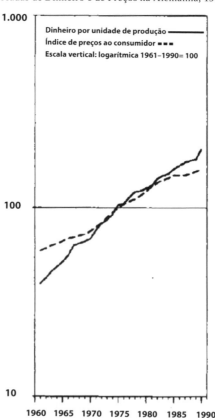

FIGURA 3
Três Décadas de Dinheiro e de Preços na Alemanha, 1961–1990

O gráfico para o Brasil (Figura 5) cobre um período ainda mais curto, o quarto de século entre 1965 e 1989, devido às limitações de dados. Ele conta uma história de hiperinflação, com os níveis de preços no fim chegando a quase 6 milhões de vezes o nível inicial — uma taxa média de inflação de 86,5% por ano. Ah, o poder dos juros compostos! Como o gráfico mostra, a inflação acelerou durante o período; nos anos finais, a taxa de inflação mensal estava mais alta do que a taxa média anual para o período como um todo. E o fim pode ainda não estar à vista.

FIGURA 4
Três Décadas de Dinheiro e de Preços no Japão, 1961—1990

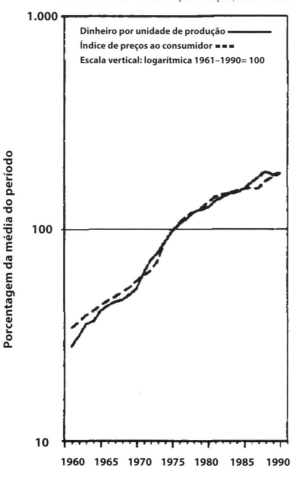

Não temos os dados para a quantidade de dinheiro e de produção para 1990, mas temos uma estimativa de que os preços multiplicaram 30 vezes entre 1989 e 1990. Até agora, as denominadas reformas monetárias repetidas direcionadas a encerrar a hiperinflação terminaram todas em fracasso. No entanto, mais cedo ou mais tarde uma terá êxito. Nenhum país pode tentar continuar operando com as taxas hiperinflacionárias do Brasil sem abandonar sua moeda nacional e adotar uma substituta.

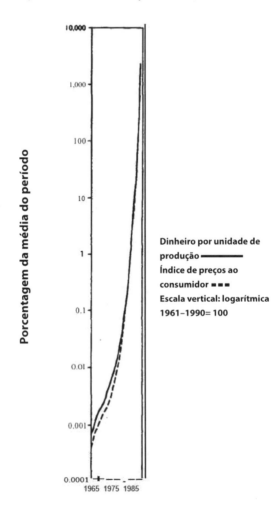

FIGURA 5
Um Quarto de Século de Inflação no Brasil, 1965–1989

Como os gráficos mostram, o dinheiro e os preços claramente se movimentam juntos. Mas isso deixa aberta a questão sobre qual causa qual. Os preços sobem porque a quantidade de dinheiro aumenta, ou vice-versa? Um grande número de episódios históricos deixa claro como a água qual é a causa e qual é o efeito.

Um exemplo drástico vem da Guerra Civil Americana. O Sul financiou a guerra em grande parte pela impressão de dinheiro, e, no processo, produziu uma inflação com média de 10% por mês de outubro de 1861 a março de 1864. Em uma tentativa de conter a inflação, os Estados Confederados promulgaram uma reforma monetária: "Em maio de 1864, a reforma monetária ocorreu e o estoque monetário foi reduzido. O índice geral de preços caiu de forma drástica, [...] apesar da invasão feita pelos exércitos da União, da iminente derrota militar, da redução no comércio exterior, do governo desorganizado e do baixo moral do exército dos Confederados. Reduzir o estoque monetário teve um efeito mais significativo nos preços do que essas forças poderosas" (LERNER, 1956, p. 172). Esses exemplos podem ser multiplicados muitíssimas vezes. Em inflações substanciais, o dinheiro é a causa (ou a causa próxima), e o aumento nos preços é o efeito.

Os gráficos e essa conclusão apresentam inúmeras explicações amplamente sustentadas sobre a inflação. Os sindicatos são o bode expiatório favorito. São acusados de usar o poder de seu monopólio para forçar a subida de salários, o que faz subir os custos, que, por sua vez, fazem subir os preços. Desta forma, como é que os gráficos do Japão, local em que os sindicatos têm uma importância ínfima, e no Brasil, onde existem apenas com a tolerância e sob um controle estrito do governo, mostram a mesma relação entre os preços e o dinheiro que os gráficos do Reino Unido, onde os sindicatos são mais fortes do que em qualquer uma das outras nações, e da Alemanha e dos Estados Unidos, onde os sindicatos têm uma força considerável? Os sindicatos podem oferecer serviços úteis para seus membros, e também podem causar muito dano, ao limitar oportunidades de emprego para outros. Mas eles não produzem inflação. Os aumentos de salário somados aos aumentos na produção são um resultado da inflação, e não uma causa.

Do mesmo modo, os empresários não causam a inflação. Eles certamente não são mais gananciosos em países que têm tido mais inflação do que nos países que têm tido um pouco de inflação, tampouco são mais gananciosos em um período ou em outro. Como, portanto, a inflação pode ser muito maior em alguns lugares e em determinados momentos do que em outros lugares e outros momentos?

Outra explicação favorita a respeito da inflação, especialmente entre os oficiais do governo que buscam fugir da culpa, é que ela vem importada de fora. Essa explicação estava em geral correta quando as moedas dos principais países estavam vinculadas por meio de um padrão-ouro, como vimos no Capítulo 3. A inflação era, então, um fenômeno internacional, pois muitos países usavam a mesma *commodity* como dinheiro, e qualquer coisa que fizesse a quantidade desse dinheiro-*commodity* crescer mais rapidamente, afetava a todos. Mas a explicação claramente não está correta para os anos recentes. Caso estivesse, como poderiam as taxas da inflação ser tão diferentes em países diferentes? O Japão e o Reino Unido sofreram inflações com uma taxa de 30% ou mais por ano no início da década de 1970, quando a inflação nos EUA estava ao redor de 10% e abaixo de 5% na Alemanha. A inflação é um fenômeno mundial no sentido de que ocorrem em diversos países ao mesmo tempo — assim como os altos gastos e os grandes *déficits* governamentais também são fenômenos globais. Mas a inflação não é um fenômeno internacional no sentido de que a cada país separadamente lhe falta a habilidade de controlar sua própria inflação — assim como os gastos e os déficits governamentais não são produzidos por forças externas ao controle de cada país.

A baixa produtividade é outra explicação favorita para a inflação. Contudo, consideremos o Brasil. Durante as décadas de 1960 e 1970, o país teve uma das taxas mais rápidas de crescimento de produção do mundo e também uma das taxas mais altas de inflação. Nada é mais importante para o bem-estar econômico em longo prazo de um país do que o aumento de sua produtividade. Se ela crescer a 3,5% ao ano, a produção dobrará em vinte anos; a uma taxa de 5% anual, em quatorze anos — uma grande diferença. Mas a produtividade é um figurante na história inflacionária; o dinheiro é o personagem principal.

E quanto aos xeiques árabes e a OPEC? Eles impuseram custos pesados sobre a maioria do mundo. O forte crescimento no preço do petróleo na década de 1970 diminuiu a quantidade de bens e serviços que estavam disponíveis para as pessoas usarem, pois todos tiveram que exportar mais para pagar o petróleo. Essa redução na produção aumentou o nível de preços. Mas isso foi um efeito que ocorreu apenas uma vez. O fato não produziu nenhum efeito duradouro na taxa inflacionária. Nos cinco anos depois da crise do petróleo em 1973, a inflação caiu na Alemanha e no Japão, no primeiro país de 7% ao ano para menos de 5%, no segundo de mais de 30% para menos de 5%. Nos Estados Unidos, a inflação atingiu o pico um ano depois da crise do petróleo, chegando a 12%, caiu para 5% em 1976, e depois subiu para mais de 13% em 1979. Como essas experiências tão diferentes podem ser explicadas por uma crise de petróleo que foi comum para todos os países? A Alemanha e o Japão são 100% dependentes do petróleo importado, contudo, fizeram um trabalho melhor para cortar a inflação do que os EUA, que dependem apenas 50% do petróleo importado, ou do que o Reino Unido, que se tornou um importante produtor de petróleo.

Voltamos à nossa proposição básica. A inflação é basicamente um *fenômeno monetário* que é produzido por um aumento mais rápido na quantidade de dinheiro do que na produção. O comportamento da quantidade de dinheiro é o sócio sênior, o comportamento da produção é o sócio júnior. Muitos fenômenos podem produzir flutuações temporárias na taxa inflacionária, mas podem ter efeitos duradouros apenas à medida que afetam a taxa do crescimento monetário.

Por que o Crescimento Monetário Excessivo Ocorre?

A proposição de que a inflação é um fenômeno monetário é importante, contudo, é apenas o início de uma resposta sobre a causa e a cura da inflação. É importante porque orienta a busca por causas básicas e limita as possíveis curas. Mas é apenas o início de uma resposta porque a questão mais profunda é por que o crescimento monetário excessivo ocorre.

Independentemente de qual possa ter sido a verdade para o dinheiro vinculado à prata ou ao ouro, com o papel-moeda de hoje são os governos, e apenas eles, que podem produzir um crescimento monetário excessivo, e daí, a inflação.

Nos Estados Unidos, o crescimento monetário acelerado a partir de meados de 1960 até o fim da década de 1970 — o período mais recente de inflação acelerada — ocorreu por três motivos relacionados: primeiro, o rápido crescimento nos gastos governamentais; segundo, a política governamental de pleno emprego; terceiro, uma política equivocada aplicada pelo Sistema do Federal Reserve.

Os gastos governamentais maiores não levarão a um crescimento monetário mais acelerado e à inflação *se* os gastos adicionais forem financiados por impostos ou por um empréstimo público. Em ambos os casos, o governo terá mais para gastar, a população, menos. No entanto, os impostos são politicamente impopulares. Embora muitos possam de fato receber bem os gastos extras do governo, poucos na realidade fazem o mesmo com os impostos. Os empréstimos que o governo pega com a população também são impopulares politicamente, provocando protestos contra a dívida cada vez maior do governo e desviando as economias privadas dos investimentos para o financiamento do déficit governamental.

A única alternativa para financiar mais gastos do governo é aumentando a quantidade de dinheiro. O governo dos EUA pode realizar isso ao fazer com que o Tesouro dos EUA, uma divisão do governo, venda títulos de dívida para o Fed — Federal Reserve System, ou Sistema do Federal

Reserve —, outra divisão do governo.[3] O Fed paga os títulos com cédulas recém-impressas ou ao inserir nos registros contábeis um depósito em crédito ao Tesouro dos EUA. O Tesouro pode então pagar as contas do governo com o dinheiro ou com os cheques depositados em sua conta pelo Fed. Quando esse dinheiro forte adicional é depositado em bancos comerciais por seus recebedores iniciais, ele serve como reservas para os bancos e como a base para um acréscimo muito maior à quantidade de dinheiro.

Legalmente, o Tesouro tem um limite quanto ao volume de títulos de dívida que pode vender diretamente ao Fed. Mas o limite é facilmente contornado: o Tesouro vende os títulos ao público; o Fed compra os títulos do público. O efeito é o mesmo como o de uma venda direta, exceto pela comissão coletada pelos intermediários — sua recompensa por fornecer a cortina de fumaça.

Financiar os gastos do governo ao aumentar a quantidade de dinheiro é, em geral, o método mais atrativo politicamente, tanto para o presidente quanto para os membros do Congresso. Eles podem aumentar os gastos governamentais, e fornecer "presentinhos" para seus apoiadores e eleitores,

---

3   Há muita confusão sobre se o Fed é uma divisão do governo ou um empreendimento privado. Essa confusão causou inúmeras conspirações "excêntricas".
O Conselho de Governadores do Sistema do Federal Reserve é composto de sete membros, todos nomeados pelo presidente, com o auxílio e orientação do Senado. É claramente uma divisão do governo.
A confusão surge porque os doze bancos do Federal Reserve são sociedades anônimas com alvará federal, cada um com acionistas, diretores e um presidente. Os acionistas de cada banco são os bancos membros de seu distrito, e eles selecionam seis dos nove diretores. Os outros três são nomeados pelo Conselho de Governadores. Cada banco membro deve comprar uma quantidade de ações igual a 3% de seu capital e reservas. Assim, nominalmente, os bancos do Federal Reserve são de propriedade privada.
No entanto, os dividendos pagos pelas ações são limitados a 6%. Qualquer rendimento adicional que exceda os custos é entregue ao Tesouro dos EUA (quase US$20 bilhões em 1989). O Conselho de Diretores de cada banco distrital nomeia os oficiais da gestão do banco. Contudo, o Conselho de Governadores tem um poder de veto e, na prática, tem exercido o papel mais importante na nomeação de presidentes dos bancos distritais.
Por fim, o órgão mais importante na definição política do sistema, além do próprio Conselho de Governadores, é a Comissão de Mercado Aberto, que tem como membros os sete governadores mais os doze presidentes dos bancos. Todavia, apenas cinco dos presidentes têm um voto a qualquer momento, de modo que o Conselho de Governadores tem garantido o controle final.
Em resumo, o sistema na prática é uma divisão do governo, apesar da cortina de fumaça da propriedade privada nominal de seus bancos distritais.

sem ter que propor ou votar novos impostos para pagarem os gastos e sem ter que pegar dinheiro emprestado da população.

Uma segunda fonte de crescimento monetário maior nos Estados Unidos foi a tentativa de produzir o pleno emprego. O objetivo, como o de muitos programas do governo, é admirável, mas os resultados, não. O pleno emprego é um conceito muito mais complexo e ambíguo do que aparenta ser na superfície.

Além disso, há uma assimetria que confere um viés à política governamental na direção de adotar objetivos de pleno emprego indevidamente ambiciosos. Qualquer medida que possa ser representada como aumentando o emprego é atrativa politicamente. Qualquer medida que possa ser representada como aumentando o desemprego não é atrativa politicamente.

A relação entre o emprego e a inflação tem duas facetas. A primeira: os gastos do governo podem ser representados como aumentando o emprego e os impostos como aumentando o desemprego pela redução dos gastos privados. Desta forma, a política de pleno emprego reforça a tendência do governo para aumentar os gastos sem aumentar os impostos, ou até mesmo diminuir os impostos, e financiar qualquer déficit resultante ao aumentar a quantidade de dinheiro. A segunda: o Fed pode aumentar a quantidade de dinheiro de outras maneiras além de financiar os gastos governamentais. Uma forma pela qual pode fazer isso é comprar títulos de dívida pendentes do governo e pagar por eles com dinheiro forte recém-criado. Isso permite que os bancos façam um volume maior de empréstimos privados, o que também pode ser representado como aumentando o emprego. A pressão para promover o pleno emprego tem dado à política monetária do Fed o mesmo viés inflacionário que tem dado à política fiscal do governo.

Essas políticas não tiveram sucesso para criar o pleno emprego, mas produziram inflação. Como disse o primeiro-ministro James Callaghan em um discurso corajoso na conferência do Partido do Trabalho britânico em setembro de 1976: "Costumávamos pensar que era possível sair de uma recessão por meio de mais gastos e aumentar o emprego por meio da redução dos impostos e turbinando os gastos governamentais. Pois eu lhes digo, com toda a candura, que essa opção já não existe, e que, durante todo o tempo em que existiu, só funcionou pela injeção cada vez maior de doses de inflação na economia, tendo como o próximo passo níveis mais altos de desemprego. Tal é a história dos últimos vinte anos."

A terceira fonte de maior crescimento monetário nos Estados Unidos foi uma política equivocada do Sistema do Federal Reserve. O Fed tem o poder de controlar a quantidade de dinheiro, e fala muito sobre esse objetivo. Mas age mais ou menos como Demétrio em *Sonho de uma Noite de Verão*, de Shakespeare, quando se esquiva de Helena, que está apaixonada por ele, para ir atrás de Hérmia, que ama outro. O Fed se entregou de corpo e alma não ao controle da quantidade de dinheiro, algo que pode fazer, mas ao controle das taxas de juro, algo que não tem o poder de realizar. O resultado tem sido o fracasso em ambas as frentes: grandes oscilações tanto no dinheiro como nas taxas de juros. Essas oscilações também tiveram um viés inflacionário. Com as memórias de seu erro desastroso entre 1929 e 1933, quando permitiu que a quantidade de dinheiro declinasse um terço, desta forma transformando uma severa recessão em uma depressão desastrosa, o Fed tem sido muito mais rápido em corrigir uma oscilação rumo a uma baixa taxa monetária do que corrigir uma oscilação rumo a uma alta taxa de crescimento monetário.

O público financeiro também acredita que o Fed pode controlar as taxas de juros, e tal crença se espalhou para o Tesouro e o Congresso. Como resultado, todas as recessões provocam pedidos do Tesouro, da Casa Branca, do Congresso e de Wall Street para que o Fed "diminua as taxas de juros". É notável a falta de pedidos compensatórios, em tempos de expansão, para que o Fed aumente as taxas de juros.

O resultado final de mais gastos governamentais, da política de pleno emprego e da obsessão do Fed com as taxas de juros tem sido uma montanha-russa ao longo de um caminho ascendente desde o fim da Segunda Guerra Mundial — embora talvez tenha enguiçado de alguma forma na década de 1980 (veja alguns motivos para o otimismo no Capítulo 10). A inflação aumentou, e depois caiu. Até 1980, cada subida levou a inflação a um nível mais alto do que o topo anterior. Cada caída levou a inflação acima de seu ponto mais baixo anterior. Todas as vezes, os gastos do governo estavam subindo como uma fração da renda. As receitas governamentais com os impostos também estavam subindo como uma fração da renda, mas não tão rápido como os gastos, e, assim, o déficit também subia como uma fração da renda.

Esses desenvolvimentos não são exclusividade dos Estados Unidos ou de décadas recentes. Desde tempos imemoriais, os soberanos — sejam reis, imperadores ou parlamentos — são tentados a recorrer ao aumento da quantidade de dinheiro como uma forma de adquirir recursos para empreender guerras, construir monumentos ou para outros propósitos. Em geral, eles sucumbem à tentação. Sempre que isso ocorreu, a inflação seguiu logo depois.

Receitas do Governo com a Inflação

Financiar os gastos do governo ao aumentar a quantidade de dinheiro parece mágica, como obter alguma coisa de graça. Para usarmos um exemplo simples, o governo constrói uma estrada e paga por ela com dinheiro recém-impresso do Fed. Parece que todos estão em uma condição melhor. Os trabalhadores que construíram a estrada são pagos e podem comprar comida, roupas e casa, ninguém pagou impostos mais altos e, contudo, há uma nova estrada onde antes não havia nenhuma. Quem, de fato, pagou por ela?

A resposta é que todos os possuidores de dinheiro pagaram pela estrada. O dinheiro extra que foi impresso aumenta os preços quando é usado para induzir os trabalhadores a construir a estrada em vez de ser utilizado para engajar alguma outra atividade produtiva. Os preços mais altos são mantidos à medida que o dinheiro extra circula no fluxo de gastos, dos trabalhadores para os vendedores daquilo que compram, desses vendedores para outros e assim por diante. Os preços mais altos significam que o dinheiro que as pessoas têm em seus bolsos, em cofres ou depositados no banco agora comprará menos do que antes. De modo a terem em mãos uma quantia de dinheiro com a qual possam comprar o mesmo que antes, agora terão que parar de gastar toda sua renda e usar parte dela para aumentar seus saldos em dinheiro. Como vimos no Capítulo 2, o dinheiro extra impresso é equivalente a um imposto nos saldos em dinheiro. As notas recém-impressas do Fed são, em efeito, recibos pelos impostos pagos.

A contraparte física a esses impostos são os bens e serviços que poderiam ter sido produzidos com os recursos que construíram a estrada. As pessoas que gastaram menos do que o total de sua renda para manterem o poder de compra de seus saldos em dinheiro abriram mão desses bens e serviços para que o governo pudesse obter os recursos para construir a estrada.

A inflação também pode produzir receitas de maneira indireta ao aumentar automaticamente as taxas efetivas de impostos. Até 1985, conforme a renda pessoal em dólar subia com a inflação, a renda era empurrada para faixas cada vez maiores e era ainda mais taxada. Tal "fluência de suporte" foi reduzida em grande parte pela Lei de Impostos Federais de 1981, que previa que o imposto de renda de pessoa física fosse indexado pela inflação a partir de 1985, mas parte do efeito permanece, visto que a indexação não foi estendida para todos os elementos da estrutura do imposto de renda. De uma maneira semelhante, a renda de pessoas jurídicas é inflacionada artificialmente por margens inadequadas para depreciações e outros custos. Em média, antes da década de 1980, se a renda aumentasse 10% apenas para se adequar a uma inflação de 10%, as receitas federais com os impostos tinham a tendência de subir mais de 15% — fazendo com que o pagador de impostos tivesse que correr cada vez mais rápido para permanecer no mesmo lugar. Esse processo permitiu que o presidente, o Congresso, os governadores e os deputados estaduais fingissem ser os "cortadores de impostos", quando tudo o que haviam feito era impedir que os impostos subissem tanto como subiriam de outro modo. Havia conversas sobre a redução de impostos todos os anos. Contudo, não houve reduções. Pelo contrário, os impostos, se mensurados corretamente, subiram — a nível federal, de 22% da renda nacional em 1964 para 26% em 1978 e para 28% em 1989, apesar dos cortes de impostos feitos por Reagan em 1981 e da Lei de Reforma Tributária de 1986; a nível estadual e regional, de 11% em 1964 para 12% em 1978 e para 14% em 1989.[4]

Uma terceira forma pela qual a inflação produz receitas para o governo é quitar — ou repudiar, se preferir — parte da dívida do governo. O governo pega emprestado em dólar e paga de volta em dólar. No entanto, graças à inflação, os dólares usados no pagamento compram menos do que os dólares que foram pegos emprestados. Isso não seria um ganho líquido para o governo se, no meio-tempo, ele pagasse uma taxa de juros alta o suficiente sobre a dívida para compensar o emprestador pela inflação. Na maioria das vezes, isso não foi feito. Os títulos de poupança [*saving bonds*] são o exemplo mais nítido. Suponha que você comprou um título desse em dezembro de 1968, ficou com ele até dezembro de 1978, e depois o vendeu e sacou o dinheiro. Você teria pagado US$37,50 em 1968 para um título de dez anos com um valor de face de US$50,00 e teria recebido US$64,74 em 1978, quando pegou o dinheiro (porque o governo aumentou a taxa de juros no ínterim para dar certa margem à inflação). Mas em 1978 eram necessários US$70,00 para comprar o mesmo título que custava US$37,50 em 1968. No entanto, você não apenas teria recebido os US$64,74; você também teria que pagar o imposto de renda sobre a diferença de US$27,24 entre o que recebeu e o que pagou — em efeito, teria acabado pagando pelo privilégio duvidoso de emprestar dinheiro para seu governo.

---

4 Por "mensurados corretamente" me refiro à inclusão do chamado déficit como um imposto oculto. Os números citados são para os gastos do governo como uma fração da renda nacional, uma medida melhor do fardo tributário do que o total denominado "impostos". É uma medida melhor, mas ainda muito baixa porque não inclui os gastos ordenados pelo governo, mas omitidos dos números do orçamento.

Você teria tido um resultado melhor na década de 1980, depois que a inflação foi reduzida e o Tesouro ajustou a taxa de juros para que refletisse mais integralmente a inflação. Suponha que tenha comprado um título de poupança da série E dos EUA em maio de 1981, que o manteve até maio de 1991 e que o vendeu e sacou o dinheiro. Você teria pagado US$25,00 em 1981 por um título de dez anos com um valor de face de US$50,00, e teria recebido US$56,92 ao sacá-lo. Em 1991, eram necessários US$41,38 para comprar o mesmo que US$25,00 compravam em 1981. Assim, você teria recebido US$15,54 em poder de compra na forma de juros, uma taxa de retorno real aparente de 3,24% por ano. No entanto, isso não teria sido um ganho claro por causa do imposto de renda devido sobre a diferença de US$31,92 entre o que você recebeu e o que pagou. Dependendo do seu nível de renda, o imposto teria abocanhado cerca de um terço e dois terços do mísero retorno real. No todo, você teria ganhado entre 1% e 2% por ano em termos reais por deixar o governo usar seu dinheiro por dez anos. É dificilmente um retorno magnífico, mas certamente melhor do que acabar no vermelho.

Embora o governo tenha registrado grandes déficits ano após ano e sua dívida em termos de dólares tenha subido, devido à inflação, a dívida subiu muito menos em termos de poder de compra, e, por um tempo, na realidade caiu como uma porcentagem da renda nacional. Na década entre 1968 e 1980, quando a inflação estava acelerando, o governo federal teve um déficit cumulativo de mais de US$340 bilhões, no entanto, a dívida somou 32% da renda nacional em 1968, e 25% em 1980. Nos anos entre 1981 e 1989, quando a inflação estava diminuindo, o déficit cumulativo totalizou mais de US$1.400 bilhão, e a dívida subiu para 45% da renda nacional.[5]

---

5   Os números normalmente citados para a dívida são enganadores, pois incluem as dívidas das agências federais e do Sistema do Federal Reserve. Por exemplo, em junho de 1990, a dívida bruta era de US$3,233 trilhões, e a dívida líquida era de US$2,207 trilhões, um terço a menos.

A Cura para a Inflação

A cura para a inflação é fácil de dizer, mas difícil de implementar. Assim como um aumento excessivo na quantidade de dinheiro é a única causa importante da inflação, a redução na taxa do crescimento monetário é a única cura para a inflação. O problema não é saber o que fazer. Isso é muito fácil — o governo deve aumentar a quantidade de dinheiro menos rapidamente. O problema é ter a vontade política para tomar as medidas necessárias. Uma vez que a doença inflacionária esteja em um estado avançado, a cura leva muito tempo e tem efeitos colaterais dolorosos.

Duas analogias médicas ilustram a natureza do problema. Uma é sobre um jovem que tinha a doença de Buerger, um mal que interrompe o fluxo sanguíneo e pode levar a gangrenas. O jovem estava perdendo seus dedos das mãos e dos pés. A cura era simples: parar de fumar. Mas o jovem não tinha a vontade para tanto; seu vício em tabaco era forte demais. Sua doença era, em um sentido, curável, em outro, não.

Uma analogia mais instrutiva aborda a inflação e o alcoolismo. Quando o alcoólatra começa a beber, os efeitos bons vêm primeiro; os ruins só aparecem na manhã seguinte, quando ele acorda com uma ressaca — e, em geral, não consegue resistir e "toma outra" para aplacar a ressaca.

O paralelo com a inflação é exato. Quando um país começa um episódio inflacionário, os efeitos iniciais parecem bons. A quantidade maior de dinheiro permite que qualquer um com acesso a ele — hoje em dia, basicamente os governos — gaste mais sem ninguém ter que gastar menos. Há mais oportunidades de trabalho, as empresas ficam animadas, quase todo mundo está feliz — no início. Esses são os efeitos bons. Mas então, os gastos maiores começam a fazer os preços subirem. Os trabalhadores percebem que seus salários, mesmo que estejam mais altos em dólares, compram menos; as empresas percebem que seus custos subiram, então as vendas mais altas não são tão lucrativas quanto previsto, a menos que os preços possam subir ainda mais rapidamente. Os efeitos ruins estão emergindo: preços mais altos, demanda menos animada, inflação combinada com estagnação. Assim como no caso do alcoólatra, a tentação é aumentar a quantidade de dinheiro de forma ainda mais rápida, o que produz o tipo de montanha-russa na qual os Estados Unidos se encontram. Em ambos os casos, é necessária uma quantidade cada vez maior, de álcool ou de dinheiro, para dar ao alcoólatra, ou à economia, a mesma "empolgação".

O paralelo entre o alcoolismo e a inflação transfere-se à cura. A cura para o alcoolismo é simples de dizer: parar de beber. Mas é difícil de estabelecer, pois desta vez os efeitos ruins vêm primeiro, os bons, depois. O alcoólatra que para de beber sofre dores severas de abstinência antes de entrar em um estado feliz no qual não sente mais aquele desejo quase irresistível por outro drinque. É o mesmo com a inflação. Os efeitos colaterais iniciais de uma taxa mais lenta de crescimento monetário são dolorosos: menor crescimento econômico e desemprego temporariamente maior, sem muita redução da inflação por um tempo. Os benefícios começam a aparecer somente depois de um ou dois anos, em média, na forma de inflação menor, economia mais saudável e o potencial para um crescimento rápido não inflacionário.

A década de 1980 fornece um exemplo claro dessa sequência. Em 1980, o Federal Reserve pisou forte nos freios monetários. O resultado foi uma recessão severa e, depois, um declínio agudo na inflação. No final de 1982, o Fed mudou sua política e aumentou o crescimento monetário. A economia se recuperou pouco depois e embarcou em sua mais longa expansão pós-Segunda Guerra Mundial. Os efeitos ruins vieram primeiro, os bons, depois. E o país se beneficiou muito em fazer o tratamento.

Os efeitos colaterais dolorosos são um dos motivos pelos quais o alcoólatra e a nação inflacionária acham difícil dar um fim em seus vícios. Mas outro motivo, pelo menos nos estágios iniciais da doença, pode ser ainda mais importante: a ausência de um desejo real para encerrar o vício. O que bebe se deleita com sua bebida; ele acha difícil admitir, mesmo que para si mesmo, que é realmente um alcoólatra, e não tem certeza se quer buscar a cura. A nação inflacionária está na mesma posição. É tentador acreditar que a inflação é uma questão temporária e moderada, produzida por circunstâncias incomuns ou extrínsecas, e que ela desaparecerá sozinha — algo que nunca acontece.

Além disso, muitos não estão infelizes com a inflação. Naturalmente, gostaríamos de ver cair os preços das coisas que *compramos*, ou pelo menos, pararem de subir. Mas ficamos felizes em ver subir os preços das coisas que *vendemos* — sejam os bens que produzimos, nossos serviços laborais, ou casas e outros itens que possuímos. Vimos no Capítulo 3 e no Capítulo 5 como o desejo pela inflação animou os populistas e provocou o apoio para a prata livre. Mais recentemente, os produtores rurais reclamaram da inflação, mas se reuniram em Washington para fazerem lobby por preços mais altos para seus próprios produtos. A maioria das pessoas faz a mesma coisa de uma forma ou de outra. É por isso que nossa compulsão por inflação durou tanto, do início da década de 1960 até o início da de 1980, e também por que a inflação permanece sendo uma ameaça contínua.

Um dos motivos pelos quais a inflação é tão destrutiva é porque algumas pessoas se beneficiam muito e outras sofrem; a sociedade fica dividida entre ganhadores e perdedores. Os ganhadores consideram as coisas boas que acontecem a eles como o resultado natural de sua própria visão, prudência e iniciativa. Eles consideram as coisas ruins — o aumento nos preços das coisas que compram — como um erro das forças que estão além de seu controle. Quase todos nós diremos que somos contra a inflação; o que geralmente queremos dizer é que somos contra as coisas ruins a respeito dela que nos atingiram.

Por exemplo, quase todo mundo que tinha casa própria nas décadas de 1960 e 1970 se beneficiou com a inflação. O valor das casas subiu fortemente. Se o proprietário tivesse um financiamento, a taxa de juros era geralmente menor que a taxa da inflação. Assim, os pagamentos chamados juros, assim como aqueles chamados de principal, em efeito quitavam o financiamento. Para utilizarmos um caso simples, suponha que tanto a taxa de juros como a de inflação estivessem a 7% por ano. Se o dono de uma casa tivesse um financiamento de US$10 mil sobre o qual ele pagasse apenas os juros, um ano depois, o financiamento corresponderia ao mesmo poder de compra que US$9.300 teriam um ano antes. Em termos reais, ele estaria devendo US$700 a menos — apenas a quantia que pagou como juros. Em termos reais, ele não teria pagado nada pelo uso dos US$10 mil. (Na realidade, visto que os juros eram redutíveis na composição de seu imposto de renda, acabaria sendo beneficiado — teria sido pago para contrair o empréstimo.) Esse efeito se tornou aparente aos proprietários de casas à medida que o valor de seu patrimônio subia rapidamente. A contrapartida foi a perda para os pequenos poupadores que forneceram os fundos que permitiram que as associações de poupança e de empréstimo, os bancos de poupanças mútuas e outras instituições concedessem empréstimos para financiamento de casas. Os pequenos poupadores não tinham boas alternativas, pois o governo limitava muito a taxa máxima de juros que tais instituições podiam pagar aos seus depositantes — supostamente para protegê-los. A perda acabou aparecendo a nível nacional no colapso do setor de poupanças e empréstimos e a correspondente sobrecarga nos pagadores de impostos.

Assim como gastos governamentais mais elevados podem contribuir para um crescimento monetário excessivo, os gastos governamentais menores podem contribuir para um crescimento monetário reduzido. Aqui, também, temos a tendência de sermos esquizofrênicos. Todos gostaríamos de ver os gastos do governo diminuir, desde que não sejam gastos que nos beneficiem. Todos gostaríamos de ver os déficits reduzir, desde que seja por meio de impostos para os outros.

À medida que a inflação acelera, mais cedo ou mais tarde ela faz tão mal à estrutura da sociedade, cria tanto sofrimento e injustiça que uma vontade pública acaba se desenvolvendo para fazer algo a respeito — como vimos acontecer nos Estados Unidos em 1980. O nível da inflação no qual isso pode ocorrer depende crucialmente do país em questão e de sua história. Na Alemanha, a vontade de fazer algo apareceu com um nível inflacionário baixo, por causa das terríveis experiências daquele país depois da Primeira e da Segunda Guerra Mundial; a vontade apareceu com um nível muito mais alto de inflação no Reino Unido, no Japão e nos EUA.

Efeitos Colaterais de uma Cura

Antes que os Estados Unidos começassem seu tratamento, e de novo mais recentemente, ouvimos repetidas vezes que as alternativas reais que enfrentamos eram mais inflação *ou* mais desemprego, que devíamos nos reconciliar com um crescimento indefinitivamente mais lento e com um desemprego maior para curarmos a inflação e mantê-la a níveis baixos. Contudo, ao longo das décadas de 1960 e 1970, o crescimento da economia norte-americana diminuiu, o nível médio de desemprego aumentou e, ao mesmo tempo, a taxa da inflação ficou cada vez mais alta. Tínhamos tanto desemprego como mais inflação. Outros países tiveram a mesma experiência. Mas como isso é possível?

A resposta é que o crescimento lento e o alto desemprego não são *curas* para a inflação. São os *efeitos colaterais* de uma cura exitosa — como descobrimos entre 1980 e 1983. Muitas políticas que impedem o crescimento econômico e aumentam o desemprego podem, ao mesmo tempo, aumentar a taxa inflacionária. Isso foi verdadeiro em relação a algumas políticas que os EUA adotaram — controles esporádicos de preços e salários, maior intervenção governamental nas empresas, acompanhados por gastos cada vez maiores do governo e um rápido aumento na quantidade de dinheiro.

Outro exemplo médico talvez possa tornar clara a diferença entre a cura e os efeitos colaterais. Você tem apendicite aguda. Seu médico recomenda uma apendicectomia, mas o alerta que, depois da operação, terá de ficar na cama por certo tempo. Você recusa a cirurgia, mas fica na cama pelo período indicado como uma cura menos dolorosa. É patético, de fato, mas corresponde em todos os pormenores à confusão entre desemprego como efeito colateral e como cura.

Os efeitos colaterais de uma cura para a inflação são dolorosos, então é importante entendermos por que eles ocorrem e buscarmos meios de mitigá-los. O motivo básico pelo qual os efeitos colaterais ocorrem é porque as taxas variáveis de crescimento monetário introduzem a "estática" nas informações transmitidas pelo sistema de preços. Essa estática é traduzida como reações inapropriadas por fatores econômicos, e leva tempo para superar tais reações.

Considere, primeiro, o que acontece quando o crescimento monetário inflacionário começa. Um vendedor de bens, de trabalho ou de outros serviços não consegue distinguir entre os gastos mais altos financiados pelo dinheiro recém-criado e quaisquer outros gastos. Os vendedores no varejo, por exemplo, percebem que estão vendendo mais bens com os preços anteriores. A reação inicial é fazer mais pedidos ao vendedor no atacado, que, por sua vez, faz mais pedidos ao fabricante, e assim por diante. *Se* a demanda pelos produtos aumentou à custa de algum outro segmento de demanda — digamos, à custa dos gastos do governo, e não como resultado do crescimento monetário inflacionário —, o fluxo maior de pedidos para um conjunto de produtos seria acompanhado por um fluxo menor para outro. Alguns preços tenderiam a subir, outros a cair; mas não haveria motivos para que os preços, *em média*, mudassem.

A situação é completamente diferente quando a demanda aumentada tem sua origem no dinheiro recém-criado. A demanda para a maioria dos bens e serviços pode então subir de forma simultânea. Há mais gastos totais (em dólares). No entanto, os vendedores no varejo não sabem disso. Eles agem como descrito há pouco, inicialmente mantendo constante o preço de venda, felizes em vender mais, até que, acreditam eles, poderão repor o estoque. Mas agora o fluxo aumentado de pedidos no canal de varejo não é compensado por um fluxo menor no canal do governo. Conforme o fluxo aumentado de pedidos gera uma demanda maior de trabalho e de matérias-primas para produzir mais, a reação inicial dos trabalhadores e dos produtores de matérias-primas será semelhante à dos vendedores no varejo — trabalhar mais e produzir mais, e também cobrar mais, na crença de que a demanda pelo que eles têm fornecido subiu. Porém, desta vez não há compensação, não há redução da demanda que corresponda mais ou menos ao aumento da demanda, não há queda nos preços que compense os aumentos. Essa situação não ficará óbvia no início. Em um mundo dinâmico, as demandas estão sempre mudando, com alguns preços subindo e outros caindo. O sinal geral de aumento na demanda será confundido com os sinais específicos que refletem as mudanças nas demandas relativas. É por isso que o efeito colateral inicial de um crescimento monetário mais rápido é uma aparência de prosperidade e mais empregos. Todavia, mais cedo ou mais tarde, o sinal ultrapassará a estática criada pela taxa alterada de crescimento monetário.

Quando isso acontece, trabalhadores, fabricantes e varejistas descobrem que foram enganados. Eles reagiram a uma demanda maior pelo pequeno número de coisas que vendem individualmente na crença equivocada de que a demanda maior era especial para eles e que, desta forma, não afetaria muito os preços das muitas coisas que compram. Quando descobrem seu erro, aumentam ainda mais os salários e os preços — não apenas para reagir à maior demanda, mas também para corresponder ao aumento dos preços das coisas que compram. A economia é lançada em uma espiral preço-salário que por si só é um efeito da inflação, e não uma causa. Se o crescimento monetário não acelerar ainda mais, o estímulo inicial ao emprego e à produção será substituído pelo oposto; ambos tenderão a cair em reação aos salários e preços mais altos. Uma ressaca sobreviará à euforia inicial.

Leva tempo para que essas reações ocorram. Como afirmado no fim do Capítulo 2, ao longo do século XIX e mais nos Estados Unidos, no Reino

Unido e em alguns outros países ocidentais, entre seis e nove meses se passaram em média antes que o maior crescimento monetário afetasse a economia e provocasse mais crescimento econômico e empregos. Passaram-se mais doze a dezoito meses antes que o maior crescimento monetário afetasse o nível de preços de forma perceptível e que a inflação ocorresse ou acelerasse. Tal foi o tempo decorrido nesses países, pois, tirando os tempos de guerra, eles foram em geral poupados de taxas muito variáveis de crescimento monetário e de inflação. Os preços no atacado no Reino Unido eram, em média, mais ou menos os mesmos na véspera da Segunda Guerra Mundial que 200 anos antes, e nos EUA, que 100 anos antes. A inflação pós-Segunda Guerra Mundial era um fenômeno novo para esses países. Eles tinham passado por muitos altos e baixos, mas não por um longo movimento na mesma direção.

Muitos países na América do Sul tiveram uma herança menos feliz. Eles experimentam períodos de tempo menores nos efeitos — somando-se no máximo a alguns meses. Se os Estados Unidos não tivessem se curado (pelo menos por um tempo, e, esperamos, por muito tempo) de sua propensão recente de se entregar a taxas de inflação amplamente descontroladas, os períodos de tempo também teriam sido mais curtos. Até agora, parece que não é o caso.

A sequência de eventos que segue uma diminuição no crescimento monetário é a mesma que a que acabei de delinear, só que na direção oposta. A redução inicial nos gastos é interpretada como uma redução na demanda para produtos específicos, que, depois de um intervalo, leva a uma redução na produção e no emprego. Depois de outro intervalo, a inflação diminui e é acompanhada por uma expansão no emprego e na produção. O alcoólatra deixou para trás as piores dores do afastamento do álcool e está no caminho para uma abstinência feliz.

Todos esses ajustes são colocados em movimento por *mudanças* nas taxas de crescimento monetário e de inflação. Se o crescimento monetário estava alto, mas constante, de modo que, digamos, os preços tinham a tendência de subir 10% ano a ano, a economia se ajustaria a ele. Todos passariam a antecipar uma inflação de 10%. Os salários aumentariam 10% ao ano, mais do que teriam aumentado de outro modo; as taxas de juros estariam 10% mais altas do que de outro modo, para compensar o emprestador pela inflação; as taxas fiscais seriam ajustadas à inflação; e assim por diante.

Tal inflação não causaria um mal tão grande, mas tampouco serviria para nada. Apenas introduziria complexidades desnecessárias nos arranjos econômicos. O mais importante, tal situação, se alguma vez se desenvolvesse, provavelmente não seria estável. Caso fosse politicamente lucrativo e viável gerar uma inflação de 10%, a tentação seria grande, quando e se a inflação chegasse nesse patamar, para aumentá-la a 11%, 12% ou 15%. Uma inflação zero é um objetivo politicamente viável; uma de 10% não é. Esse é o veredito da experiência.

Mitigando os Efeitos Colaterais

Desconheço qualquer exemplo de uma inflação que tenha sido encerrada sem um período intermediário de baixo crescimento econômico e de um desemprego maior do que o normal. Essa é a base empírica para a opinião de que não há formas de evitar esses efeitos colaterais de uma cura para a inflação.

No entanto, é possível mitigar os efeitos colaterais, tornando-os mais suaves.

O mecanismo mais importante de mitigação é diminuir a inflação de modo *gradual, mas constante*, por meio de uma política anunciada com antecedência e depois aderida, para que se torne crível. Isso é viável para inflações moderadas. Não é viável para as grandes inflações, que dirá para as hiperinflações. Nesses casos, apenas um tratamento de choque é viável; o paciente está doente demais para aguentar um tratamento prolongado.

O motivo para ser gradual e com um anúncio prévio é dar às pessoas tempo para reajustarem seus arranjos e para induzi-las a fazerem isso. Muitos assumem contratos de longo prazo — para empregos, para emprestar dinheiro ou contrair empréstimos, para engajar-se em produção ou construção — com base em *antecipações* sobre a possível taxa de inflação. Esses contratos de longo prazo dificultam reduzir a inflação rapidamente, pois tentar fazer isso imporá custos pesados sobre muitas pessoas. Com o tempo, os contratos serão completados, renovados ou renegociados, e podem então ser ajustados à nova situação. Porém, a vantagem econômica da progressão gradual é em parte ou completamente contrabalanceada por uma desvantagem política. Uma crise pode gerar uma vontade política para apoiar um tratamento de choque. Mas a vontade política pode se desintegrar durante um ajuste prolongado.

Outro mecanismo que se mostrou eficaz para mitigar os efeitos colaterais adversos do tratamento da inflação é a inclusão em contratos de longo prazo de um ajuste automático para a inflação, ou o que é conhecido como cláusula de correção. O exemplo mais comum é a cláusula de ajuste de custo de vida incluído em muitos contratos salariais. Um contrato assim especifica que o salário por hora será aumentado em, digamos, 2% mais a taxa de inflação ou mais uma fração da taxa de inflação. Desta forma, se a inflação for baixa, o aumento salarial em dólares será baixo; se a inflação for alta, o aumento salarial em dólares será alto. Mas em nenhum caso o salário tem o mesmo poder de compra.

Outro exemplo se relaciona a contratos de aluguel de propriedades. Em vez de declarar o aluguel como um valor fixo em dólares, o contrato pode especificar que o aluguel será ajustado anualmente pela taxa de inflação. Os contratos de aluguel para o varejo normalmente especificam o aluguel como uma porcentagem das receitas brutas da loja. Tais contratos não têm uma cláusula de correção explícita, mas há uma implícita, visto que as receitas da loja tenderão a aumentar com a inflação.

Ainda outro exemplo é um contrato de empréstimo. Um empréstimo é tipicamente para uma soma fixa em dólares por um período fixo a uma taxa fixa de juros, digamos, US$1.000 por um ano a 10%. Uma alternativa é especificar a taxa de juros não a 10%, mas, digamos, a 4% mais a taxa de inflação, de modo que, se a inflação for de 5%, a taxa de juros será de 9%, e, se a inflação for de 10%, a taxa de juros será de 14%. Uma alternativa mais ou menos equivalente é especificar a quantia a ser reembolsada não como um valor fixo em dólares, mas como uma quantia em dólares ajustada à inflação. Em nosso exemplo simples, o emprestador deve US$1.000 somados à taxa de inflação mais os juros de 4%. Se a inflação for de 5%, a quantia devida seria de US$1.050 mais os juros de 4%; se a inflação for de 10%, US$1.100 mais os juros.

Com exceção dos contratos salariais, as cláusulas de correção não têm sido comuns nos Estados Unidos. Contudo, começaram a ser difundidas na década de 1970 e início dos anos 1980, especialmente na forma de financiamentos imobiliários com juros variáveis. E têm sido comuns em quase todos os países que passaram por taxas altas e variáveis de inflação por qualquer período prolongado.

As cláusulas de correção reduzem o período de tempo entre a redução do crescimento monetário e o ajuste subsequente de salários e preços. Desta forma, elas reduzem o período de transição e os efeitos colaterais no ínterim. Todavia, as cláusulas de correção estão longe de ser uma panaceia. É impossível corrigir *todos* os contratos (considere, por exemplo, o papel-moeda) e custoso corrigir alguns. Uma grande vantagem de usar dinheiro é precisamente a habilidade de realizar as transações de forma mais barata e eficiente. As cláusulas de correção reduzem essa vantagem. É muito melhor não ter inflação e não ter cláusulas de correção.

Há uma exceção com relação às cláusulas de correção. São uma medida permanente desejável no setor do governo federal. A Previdência Social [*Social Security*], outros benefícios de aposentadoria e muitos outros itens dos gastos governamentais são agora automaticamente ajustados à inflação. Porém, há duas falhas gritantes e indesculpáveis: alguns itens fiscais, como ganhos de capital e pagamentos de juros, e os empréstimos governamentais. Ajustar a estrutura fiscal da pessoa física e da pessoa jurídica à inflação — para que um aumento de 10% nos preços aumentasse os impostos em dólares em 10% e não, como acontece agora, em algo entre 10% e 15% em média — eliminaria a imposição de impostos mais altos sem terem sido votados. Isso acabaria uma "taxação sem representação". Ao fazer isso, reduziria as receitas do governo com a inflação e, daí, seu incentivo para inflacionar.

O caso dos empréstimos governamentais à prova de inflação é igualmente forte. O próprio governo dos EUA produziu a inflação que tornou a compra de títulos de dívida de longo prazo do governo um investimento tão ruim em décadas recentes. Integridade e honestidade com os cidadãos por parte de seu governo exige a introdução de cláusulas de correção nos empréstimos de longo prazo do governo.

O controle de salários e preços é, às vezes, proposto como uma cura para a inflação. Recentemente, visto que ficou claro que tais controles não são uma cura, têm sido estimulados como um mecanismo para mitigar os efeitos colaterais de uma cura. Afirma-se que eles serviriam essa função ao persuadir o público de que o governo tinha seriedade no ataque à inflação; isso, por sua vez, diminuiria as previsões de inflação futura que são inseridas em contratos de longo prazo.

O controle de salários e preços é contraprodutivo para esse propósito. Ele distorce a estrutura de preços, reduzindo a eficiência com a qual o sistema funciona. A menor produção resultante só aumenta os efeitos colaterais adversos de uma cura para a inflação, em vez de reduzi-los. O controle de salários e preços desperdiça o trabalho, por causa das distorções na estrutura de preços e por causa da imensa quantidade de trabalho que é empregada na construção, na aplicação e na evasão do controle. Esses efeitos são os mesmos, sejam os controles compulsórios ou denominados voluntários.

Na prática, o controle de preços e salários tem sido quase sempre usado como um substituto da restrição monetária e fiscal, em vez de ser um complemento a ela. Essa experiência levou os participantes do mercado a considerar a imposição de controles de preços e salários como um sinal de que a inflação está subindo, e não descendo. Desta forma, tem levado a expectativas de aumento inflacionário, e não o contrário.

Aparentemente, o controle de salários e preços é eficaz por um breve período logo após sua imposição. Os preços cotados, aqueles que entram nos números dos índices, são mantidos baixos porque há muitas formas indiretas de aumentar os preços e salários — diminuindo a qualidade dos itens produzidos, eliminando serviços, promovendo trabalhadores etc. Mas assim, quando se acabam as maneiras fáceis de evitar o controle, as distorções se acumulam, as pressões suprimidas pelo controle chegam a um ponto de ebulição, os efeitos adversos ficam cada vez piores e todo o programa colapsa. O resultado final é mais inflação, e não menos. Sob a luz da experiência de 40 séculos, apenas a perspectiva de curto prazo por parte dos políticos e dos eleitores pode explicar a recorrência repetida ao controle de preços e salários (SCHUETTINGER; BUDER, 1979).

Reforma Institucional para Promover a Estabilidade de Preços

Os repetidos altos e baixos no nível dos preços geraram uma vasta literatura oferecendo e analisando propostas para uma reforma institucional com o objetivo de promover a estabilidade de preços. Minhas próprias sugestões têm se concentrado em meios de garantir que a quantidade de dinheiro cresça a uma taxa relativamente constante.[6]

Recentemente, Robert Hetzel fez uma proposta genial que pode ser mais viável politicamente do que minhas primeiras propostas para uma mudança estrutural, mas que promete ser altamente eficaz para restringir o viés inflacionário que infecta o governo. Ele propõe que

---

6   Minha primeira proposta sistemática está em A Program for Monetary Stability (1960). A mais recente se encontra em "Monetary Policy for the 1980s" (1984).

> o Tesouro seja obrigado por lei a dividir sua emissão de títulos de dívida em cada vencimento em um título padrão e um título indexado. Os pagamentos de juros e do principal sobre o título indexado estariam vinculados a um índice de preços. Seria exigido que o Tesouro emitisse as duas formas de títulos em quantidades iguais.
>
> O rendimento de mercado sobre o título padrão, que faz pagamentos em dólares correntes, é a soma de um rendimento real (ajustado à) e a taxa de inflação esperada pelos investidores. O rendimento de mercado sobre o título indexado, que paga juros em dólares de poder de compra constante seria, em contraste, simplesmente um rendimento real. A diferença nos rendimentos sobre os dois tipos de títulos mensuraria a inflação que os investidores esperam durante o tempo de vida dos títulos (1991, p. Al4).

Ao explicar sua proposta, Hetzel observa:

> O longo período de tempo entre as ações de política monetária e a inflação significa que é difícil associar ações políticas específicas à taxa de inflação. As mudanças na inflação esperada registradas nas mudanças na diferença entre os rendimentos entre títulos padrão e indexados forneceria uma avaliação imediata e contínua pelo mercado dos efeitos esperados sobre a inflação causados pelas ações (ou inações) atuais de política monetária.
>
> Um cálculo feito pelo mercado da inflação esperada constituiria uma restrição útil na política inflacionária. O comportamento do Fed considerado inflacionário pelo mercado produziria um aumento imediato no rendimento dos títulos padrão e um aumento na diferença entre os rendimentos sobre os títulos padrão e indexados. Os proprietários dos títulos padrão, mas não dos títulos indexados, sofreriam uma perda de capital. De fato, todos os credores que recebessem pagamentos em dólares no futuro se sentiriam ameaçados. A facilidade em associar aumentos na inflação esperada com ações específicas de política monetária encorajará os credores a exercer uma pressão que se oporia às pressões políticas para trocar a estabilidade de preços pelos ganhos na produção em curto prazo (1991, p. A14).

Igualmente importante, um cálculo da inflação esperada feito pelo mercado possibilitaria monitorar correntemente o comportamento do Fed e responsabilizá-lo. Isso é difícil no presente devido ao "longo período de tempo" ao qual Hetzel se refere entre as ações do Fed e a reação do mercado. Além disso, o cálculo do mercado forneceria informações ao próprio Fed para orientar sua atuação, algo que agora lhe falta.

Uma extensão da proposta de Hetzel seria o decreto de uma legislação que exigisse que o Federal Reserve mantivesse a diferença entre as duas taxas de juros inferior a um valor especificado, por exemplo, de 3 pontos percentuais. Isso disponibilizaria um guia congressional para a política monetária muito mais específico do que qualquer coisa na lei presente. Tem havido propostas recentes de legislação exigindo que o Fed busque uma inflação zero. O objetivo é desejável, mas esse tipo de exigência não pode ser monitorado de forma eficiente nem imposta — mais uma vez, por causa do "longo período de tempo", que visitaria os pecados (ou o reverso) das atuais autoridades monetárias sobre seus sucessores. Esse problema não aparece com uma exigência baseada na diferença entre as duas taxas de juros.

Qualquer exigência desse tipo deve vir acompanhada por sanções definidas — como a remoção do cargo ou uma redução no salário —, caso não seja cumprida.

Um Estudo de Caso

A experiência recente do Japão é quase uma ilustração de um livro didático sobre como curar a inflação. Antes de 1973, o país vinha seguindo uma política monetária de fixar a taxa de câmbio do iene em termos de dólar. Em 1971, depois que o presidente Nixon fechou a janela de ouro e encerrou a flutuação do dólar, desenvolveu-se no Japão uma forte pressão para manter o preço do iene em alta. Para enfrentar a pressão, o banco central japonês comprou dólares com um dinheiro recentemente criado, o que aumentou o estoque monetário. Em princípio, os japoneses poderiam ter esterilizado os acréscimos ao estoque monetário ao vender obrigações denominadas em ienes, mas não fizeram isso. Consequentemente, a quantidade de dinheiro começou a crescer em taxas cada vez maiores. Em meados de 1973, estava crescendo a mais de 25% ao ano.[7] Como mostra a Figura 6, a inflação só reagiu cerca de dois anos depois. Mas, no início de 1973, começou a crescer rapidamente, e em 1975 estava a mais de 20% ao ano.

Esse aumento drástico na inflação provocou uma mudança fundamental na política monetária. A ênfase mudou do valor externo do iene — a taxa de câmbio — para seu valor interno — a inflação. O crescimento monetário foi fortemente reduzido, de mais de 25% ao ano para entre 10% e 15%. Foi mantido nesse patamar, com pequenas exceções, por cinco anos. (Devido à alta taxa de crescimento econômico do Japão na época, o crescimento monetário nesse patamar foi consistente com os preços mais ou menos estáveis. A taxa comparável para os EUA fica entre 3% e 5%.)

Cerca de dezoito meses após o crescimento monetário começar a cair, a inflação seguiu seus passos, mas levou dois anos e meio até que caísse abaixo de dois dígitos. A inflação foi mantida praticamente constante por dois anos, apesar de um leve aumento no crescimento monetário, e depois começou a se mover rapidamente para zero, em reação a um novo declínio no crescimento monetário.

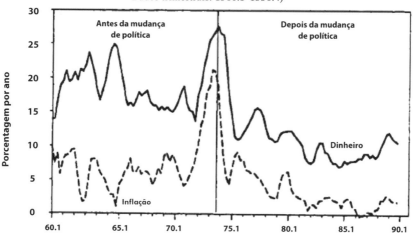

FIGURA 6
Efeitos da mudança na política monetária no Japão sobre a inflação dois anos depois
Dados trimestrais: 1960.1–1990.4)

Observação: as datas para o dinheiro são de dois anos antes do que as datas para a inflação.

---

7   Agradeço a Yoshio Suzuki pelos dados detalhados e atualizados do Japão.

Os números sobre a inflação no gráfico são para o deflator, ou seja, um índice de preços para a produção como um todo. O panorama para os preços de vendas no atacado foi ainda melhor. Na verdade, caíram depois de meados de 1977. A mudança ocorrida no Japão depois da guerra, de trabalhadores de setores com baixa produtividade para setores altamente produtivos, como automóveis e eletrônicos, significou que os preços dos serviços subiram fortemente em relação aos preços das *commodities*. Como resultado, os preços ao consumidor subiram com relação aos preços de vendas no atacado.

Há duas coisas dignas de nota na Figura 6. Primeiro, o crescimento monetário não estava apenas mais alto, mas também muito mais variável antes da mudança de política do que depois. Segundo, com um período de tempo de dois anos, a tendência da inflação foi de imitar até as mínimas oscilações no crescimento monetário depois da mudança de política. Como o crescimento monetário, a inflação ficou mais baixa e menos variável. Embora não esteja no gráfico, a produção também ficou menos variável depois da mudança de política.

O Japão não escapou dos efeitos colaterais de sua cura. Passou por um crescimento menor na produção e mais desemprego depois da diminuição do crescimento monetário, especialmente durante 1974, antes da inflação começar a reagir de forma notável ao menor crescimento monetário. O ponto mais baixo foi alcançado no fim de 1974. A produção começou então a se recuperar e dali em diante só cresceu, mais modestamente do que no boom da década de 1960, mas ainda assim em uma taxa altamente respeitável — mais de 5% ao ano. Como o gráfico mostra, depois de 1983, o crescimento monetário começou a crescer gradualmente, e a inflação também, depois de 1985.

O controle de salários e preços não foi imposto em nenhum momento durante a descida forçada da inflação. E essa manipulação ocorreu ao mesmo tempo que o Japão estava se ajustando aos preços mais altos do petróleo.

Conclusões

Cinco verdades simples expressam praticamente tudo que sabemos sobre a inflação:

1. A inflação é um fenômeno monetário que surge de um aumento mais rápido na quantidade de dinheiro do que na produção (embora, é claro, as razões para o aumento de dinheiro podem ser muitas).
2. No mundo atual, o governo determina — ou pode determinar — a quantidade de dinheiro.
3. Há apenas uma cura para inflação: uma taxa mais lenta de aumento na quantidade de dinheiro.
4. É preciso tempo (mensurado em anos, não em meses) para que a inflação se desenvolva; é preciso tempo para curar a inflação.
5. Efeitos colaterais desagradáveis da cura são inevitáveis.

Os Estados Unidos embarcaram no aumento de seu crescimento monetário cinco vezes entre 1960 e 1990. A cada vez, o maior aumento monetário foi seguido primeiro por uma expansão econômica, depois pela inflação. A cada vez, as autoridades diminuíram o crescimento monetário para estancar a inflação. Um crescimento monetário mais lento foi seguido por uma recessão inflacionária. Ainda mais tarde, a inflação caiu e a economia melhorou. Até agora, a sequência é idêntica à da experiência japonesa entre 1971 e 1975. Infelizmente, até a década de 1980, os EUA não demonstraram a mesma paciência japonesa para continuar as restrições monetárias pelo tempo suficiente. Em vez disso, o governo norte-americano reagiu de forma exagerada à recessão ao acelerar o crescimento monetário, dando início a outra rodada de inflação e condenando o país a uma inflação ainda maior, além de mais desemprego. Por fim, na década de 1980, os EUA começaram a demonstrar um pouco de persistência. Quando o crescimento monetário mais rápido no final de 1982 foi seguido pela expansão econômica, o Fed exerceu a restrição monetária em 1987 muito antes da inflação chegar ao seu pico anterior, embora não tenha sido antes de subir consideravelmente acima do ponto mais baixo alcançado em meados da década de 1980. Mais uma vez, o Fed está buscando exercer as restrições necessárias para reduzir a inflação de forma permanente a níveis baixos — e, novamente, estamos passando (no momento em que escrevo este capítulo (julho de 1991), por uma recessão inflacionária, que parece ter acabado, ou que está prestes a acabar, embora a inflação ainda não tenha caído consideravelmente.

Fomos enganados por uma falsa dicotomia: inflação ou desemprego. Essa opção é uma ilusão. A opção real é se temos mais desemprego como resultado de uma inflação maior ou como um efeito colateral temporário de uma cura para a inflação.

CAPÍTULO 9

Chile e Israel: Políticas Idênticas, Resultados Opostos[1]

O CHILE, EM **1979**, E ISRAEL, EM **1985**, ADOTARAM MEDIDAS DE POLÍTICA monetária idênticas para o mesmo propósito. O resultado foi um desastre para o Chile e um sucesso excepcional para Israel. Os dois episódios fornecem um exemplo notável sobre como a mesma ação monetária pode levar a resultados muito diferentes, dependendo das circunstâncias. Os episódios também servem para esclarecer a diferença fundamental entre dois padrões monetários superficialmente semelhantes: taxas fixas de câmbio e uma moeda unificada.

CHILE

Quando o general Augusto Pinochet derrubou o governo de Salvador Allende, que estava no poder no Chile desde novembro de 1970, e o substituiu por uma junta militar em setembro de 1973, ele herdou uma economia combalida e uma inflação de mais de 500% ao ano. Durante o estágio inicial do regime de Pinochet, os oficiais militares receberam

---

1   Agradeço a Dan Gressel e a Arnold Harberger pelas informações sobre o episódio do Chile e a Haim Barkai e a Michael Bruno pelas informações sobre o episódio em Israel.

a responsabilidade pela política econômica, e a inflação aumentou ainda mais — a consequência direta de financiar um grande déficit pela criação de dinheiro.[2]

Em 1974, Pinochet percebeu que as medidas radicais eram necessárias para conter a inflação. Sendo assim, decidiu adotar um programa radical de reforma — que havia sido desenvolvido por um grupo de economistas que passaram a ser chamados de "os garotos de Chicago", ou *"Chicago boys"*, pois quase todos eles haviam feito pós-graduação na Universidade de Chicago. Em 1975, ele nomeou alguns desses economistas para seu gabinete. Eles cortaram os gastos governamentais e os empregos públicos de forma muito forte, reprivatizaram empreendimentos que haviam sido assumidos pelo governo de Allende e removeram os controles sobre preços, salários, importações e exportações. Essas mudanças permitiram uma drástica redução na criação de dinheiro. A inflação caiu rapidamente. Mensurada pelo deflator implícito no cálculo do PIB real, a inflação caiu de 694% em 1974 para metade disso (342%) em 1975, e para menos de 46% em 1979. Depois de um difícil ano transacional, durante o qual a renda real caiu 13%, a economia despontou. O crescimento real teve uma média de 7,5% por ano de 1975 a 1980. As taxas de câmbio estrangeiras flutuaram até junho de 1979, havendo uma permissão para o peso chileno depreciar em relação à taxa maior de inflação no Chile do que nos Estados Unidos e em outros países industrializados.

Em junho de 1979, o ministro das finanças tomou a fatídica decisão à qual me referi no primeiro parágrafo: fixar o peso chileno ao dólar americano, ou seja, especificar uma taxa de câmbio fixa na qual o banco central chileno estaria preparado para trocar pesos por dólares americanos e vice-versa. O governo tomou esse passo na esperança de

---

2   Pinochet assumiu em setembro de 1973, e o pico da taxa de inflação nos preços ao consumidor, comparada com o mesmo mês do ano anterior, foi alcançado em abril de 1974.Usando os termos mais simples, os gastos governamentais em 1973 representavam 44% do produto interno bruto (PIB), e a receita de impostos explícitos atingiram 20% do PIB, deixando um déficit de 24% na renda nacional. Nessa altura, a habilidade do governo para pegar emprestado da população ou do exterior havia basicamente desaparecido, e o único recurso para financiar o déficit era a criação de dinheiro. Além disso, a população havia aprendido durante a inflação como economizar com o dinheiro criado pelo governo, então o estoque monetário em circulação havia caído para uma pequena fração do PIB, algo em torno de 3% ou 4% do PIB. Para financiar um déficit de 24% na renda nacional com um imposto sobre o estoque monetário precisaria, portanto, de um imposto entre 600% e 800%, e o deflator em 1974 era cerca de 700% mais alto do que em 1973.

cimentar os ganhos que já haviam sido conquistados para reduzir a inflação e para facilitar uma redução ainda maior.

A base para tal esperança é conhecida: comprometer o Chile a uma taxa de câmbio fixa forneceria uma disciplina externa que, por sua vez, inibiria a criação excessiva de dinheiro. Enquanto o manteve seu compromisso, desistiu de qualquer controle independente sobre a quantidade de dinheiro, que teria de ser o necessário para manter os preços no país compatíveis com os preços nos EUA (para dizer o fato em termos relativamente supersimplificados). Por dois anos, a esperança se cumpriu. Em 1980, a inflação caiu para 29%, em 1981 para 12%, enquanto a produção cresceu 8% em 1980 e 6% em 1981 (veja a Figura 1). A manutenção da taxa fixa de câmbio foi facilitada por — e sem dúvida recebeu contribuições de — um grande influxo de capital estrangeiro, especialmente em 1981 (HARBERGER, 1984, tabela 1).

FIGURA 1
Chile: Alteração Percentual Ano a Ano da Renda Real e do Deflator, 1977–1986

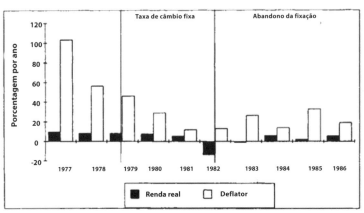

Fonte: Banco Central de Chile, 1986.

Infelizmente para o Chile, pouco tempo depois de ter fixado a taxa de câmbio, os Estados Unidos adotaram uma política monetária severamente restritiva para conter a inflação da década de 1970. A inflação nos EUA atingiu seu pico em 1980, e depois desacelerou fortemente, acompanhada por uma severa recessão que durou até o fim de 1982. A mudança feita pelos EUA na política foi acompanhada por uma grande apreciação no valor cambial do dólar americano no exterior — de 18% entre 1980 e 1981, outros 13% de 1981 a 1982, e mais 23% de 1982 a 1985. Caso o Chile tivesse continuado a permitir a taxa de câmbio flutuar, poderia ter compensado a valorização do dólar americano ao deixar o peso chileno se depreciar perante o dólar americano, enquanto permanecia razoavelmente estável com relação a outras moedas importantes. O fato é que essa opção foi descartada. O Chile foi forçado a permitir que sua moeda acompanhasse a valorização do dólar americano em relação a outras moedas estrangeiras. Para aumentar os problemas chilenos, o preço do petróleo em dólar mais do que dobrou entre 1979 e 1981, e o preço do cobre em dólar, que representava a maior exportação do Chile, caiu mais de 25% de 1980 a 1981, e quase 40% entre 1980 e 1982.

Os efeitos combinados da apreciação do dólar americano, a duplicação do preço do petróleo e a queda praticamente pela metade do preço do cobre foram desastrosos para a economia chilena. Nos preços e salários anteriores em pesos, os produtos chilenos ficaram muito mais caros para outros países que não os Estados Unidos em termos de suas próprias moedas, e os produtos desses países, com exceção do petróleo, ficaram mais baratos em pesos. Além disso, a recessão nos EUA reduziu a demanda por produtos chilenos. Para limitar qualquer escoamento de suas reservas de moedas estrangeiras, o Banco Central do Chile adotou uma política monetária restritiva. Para haver continuidade no crescimento econômico, os preços nominais e os salários teriam de ser diminuídos drasticamente, algo para o qual eram inflexíveis.[3] De fato, continuaram a subir, propulsionados em parte pela indexação retroativa. Como resultado, o Chile entrou em uma grande recessão, muito mais severa que aquela nos EUA: a produção real caiu 14% em 1982 e mais 1% em 1983 (veja a Figura 1).

---

3   Além disso, como enfatiza Herberger, a mudança das condições comerciais e uma forte redução no influxo de capital exigiram uma redução nos salários reais para um ajuste pleno, o que não era possível devido a uma limitação jurídica. No entanto, a redução no influxo de capital foi, pelo menos em parte, por si só um resultado da fixação do peso chileno e a valorização do dólar. A fixação do câmbio sem dúvida encorajou o forte influxo de capital em 1980 e 1981. A valorização do dólar causou o efeito oposto, ao tornar os investimentos no Chile menos atrativos para investidores estrangeiros em moedas que não o dólar. Soma-se a isso que seu efeito no balanço de pagamentos do Chile e a situação econômica interna aumentaram os temores de uma desvalorização em relação ao dólar, o que desencorajou os investidores em dólar.

A pressão política e econômica forçou a resignação de Sergio de Castro em 1982, o ministro das finanças que havia tomado a decisão de fixar a taxa de câmbio. A fixação foi abandonada em agosto de 1982, e foi permitido que o peso se depreciasse em termos de dólares americanos. Os efeitos adversos continuaram até 1983, mas, em 1984, a economia estava crescendo novamente, a uma taxa anual de 6%.

Mesmo se o Chile não tivesse fixado o peso ao dólar, ainda assim teria passado por uma recessão, juntamente com uma grande parte do mundo, e por causa das alterações nos preços do petróleo e do cobre. Porém, a recessão teria sido muito menos severa. O Chile pagou um alto preço por sua experiência de fixação do peso.

Israel

O Chile fixou sua moeda ao dólar americano depois que o país reduziu exitosamente a inflação de três dígitos para dois dígitos baixos. O país fez isso na esperança de que seria o último passo no controle inflacionário.

Israel fixou sua moeda ao dólar americano como parte de uma reforma inicial proposta para controlar a inflação. A inflação do país estava a uma taxa anual de 500% no segundo trimestre de 1985, logo antes da implementação desse programa de estabilização econômica no mesmo ano. As principais características do programa eram: "Uma desvalorização de 20% do shekel em relação ao dólar e a fixação de uma nova taxa de câmbio nesse nível; uma redução substancial do déficit orçamentário envolvendo principalmente cortes de subsídios. Um congelamento temporário de salários e preços funcionaria como complemento das políticas de renda" (BARKAI, 1990a, pp. 147–148). A força motriz para colocar isso em prática era uma "política monetária muito estrita [...] que fez o que se esperava dela: agir como uma medida temporária e permitir que uma política fiscal restritiva [...] ganhasse força e, de forma correspondente, permitir a absorção fiscal para sustentar a pressão para baixo na liquidez" (BARKAI, 1990a, p. 151). Nesses aspectos, a reforma israelense tinha uma semelhança muito próxima com os passos iniciais tomados pelo Chile para conter sua hiperinflação de 1975.

A principal diferença foi que a reforma israelense incluiu uma taxa de câmbio fixa e um congelamento temporário de salários e preços, passos com a intenção de aumentar a credibilidade da proposta do governo para diminuir a inflação e, desta forma, facilitar a transição para uma taxa inflacionária menor. A reforma foi um sucesso espetacular. A inflação caiu de uma taxa anual de 500% no segundo trimestre de 1985 para uma taxa de 18% nos dois primeiros trimestres de 1986, e de 20% nos doze meses de 1986. Desde então, a inflação perm aneceu entre 15% e 20% (BARKAI, 1987; BRUNO; MERIDOR, 1990).[4] Houve uma desaceleração econômica significativa, embora apenas moderadamente severa, em reação à reforma. A desaceleração foi breve e seguida por uma rápida recuperação entre 1986 e 1987. Depois, porém, houve uma reação atrasada na forma de uma recessão mais severaque durou dois anos (BRUNO; MERIDO, 1990).

Fixar o shekel ao dólar contribuiu ao sucesso da reforma de Israel, pois dois dos desenvolvimentos que tinham condenado à fixação chilena estavam, por um feliz acaso para Israel, invertidos. O dólar atingiu o pico na taxa de câmbio estrangeira no início de 1985, e depois desvalorizou entre 1985 e 1990 praticamente o mesmo que havia valorizado de 1980 a 1985. Além disso, o preço do petróleo, que atingiu seu pico em termos de dólar em 1981 e caiu gradualmente até 1985, despencou em 1985. A desvalorização do dólar significava que o shekel também desvalorizou em relação a outras moedas, encorajando as exportações e desencorajando as importações, desta forma contribuindo para uma redução em um balanço adverso de pagamentos. Soma-se a isso o fato de que Israel, como importador de petróleo, conseguiu se beneficiar totalmente da queda no preço do petróleo em dólar.

Israel manteve a fixação com o dólar por apenas treze meses. Em agosto de 1986, o shekel foi fixado a um conjunto de moedas dos principais parceiros comerciais de Israel, seguido por desvalorizações em intervalos irregulares para compensar a diferença entre a inflação aproximada de 20% em Israel e a

---

4   Em outro artigo, Barkai (1990b) compara as reformas feitas praticamente na mesma época em Israel, na Argentina e no Brasil. A de Israel foi um sucesso; as outras duas foram um fracasso, diminuindo a inflação apenas brevemente. Ele atribui a diferença à execução em Israel de uma política monetária estrita e a uma redução no déficit governamental, em contraste com o fracasso nos outros dois países por não terem conseguido fazer isso.

inflação mais baixa de seus parceiros comerciais.⁵ No entanto, os treze meses durante os quais o shekel estava fixado ao dólar também foi o período da desvalorização mais rápida da moeda norte-americana. Em agosto de 1986, o dólar já havia desvalorizado 32% a partir de seu valor máximo no início de 1985.⁶

Nunca subestime o papel da sorte no destino das pessoas e das nações.

Por que a Taxa Fixa de Câmbio é Uma Política Duvidosa?⁷

Os exemplos de Chile e de Israel ajudam a ilustrar a diferença entre dois sistemas de taxa de câmbio superficialmente semelhantes, mas basicamente muito diferentes.

O primeiro é uma moeda unificada: o dólar nos 50 estados dos EUA e no Panamá; a libra esterlina na Escócia, na Inglaterra e no País de Gales, também tendo sido a moeda na Irlanda em épocas anteriores.

Um exemplo um pouco mais complexo é o dólar de Hong Kong. Antes de 1972, estava unificado com a libra esterlina por meio de uma bolsa de câmbio que estava preparada para converter os dólares de Hong Kong em libras a uma taxa fixa, mantendo em reserva uma quantidade de libras esterlinas igual ao valor em libras esterlinas da moeda corrente em circulação em dólares de Hong Kong.⁸ Desde a reforma monetária de 1983, o dólar de Hong Kong foi unificado com o dólar americano por meio de um mecanismo semelhante de bolsa de câmbio.

Da mesma forma, sob o padrão-ouro pré-Primeira Guerra Mundial, a libra, o dólar, o franco e o marco eram meros nomes diferentes para quantidades fixas e específicas de ouro, assim, constituíam uma área monetária unificada.

A principal característica de uma área monetária unificada é que ela tem no máximo um banco central com o poder de criar dinheiro — "no máximo", porque nenhum banco central é necessário com uma moeda-*commodity* pura. O Sistema do Federal Reserve dos EUA tem doze bancos

---

5   O shekel foi desvalorizado em janeiro de 1987, dezembro de 1988, janeiro de 1989, junho de 1989 e setembro de 1990, a 12%, 5%, 8%, 4% e 10%, respectivamente.

6   Com base no "valor de câmbio médio ponderado do dólar americano em relação às moedas de dez países industriais" do Conselho do Federal Reserve.

7   Esta seção se vale fortemente de Friedman (1989).

8   Essa bolsa de câmbio foi o sistema padrão para as colônias britânicas durante o apogeu do Império Britânico.

regionais, mas há apenas uma autoridade central (Open Market Investment Commitee — Comitê de Investimento no Mercado Aberto) que pode criar dinheiro. A Escócia e o País de Gales não têm bancos centrais. Quando Hong Kong unificou sua moeda com o dólar, deixou aberta a possibilidade de dar à bolsa de câmbio poderes de banco central e, antes do episódio na Praça da Paz Celestial na China, as autoridades honconguesas estavam considerando a introdução de alterações que, em efeito, teriam convertido a bolsa de câmbio em um banco central. Um dos poucos efeitos positivos vindos do que aconteceu na China foi o descarrilhamento desse projeto.

Com uma moeda unificada, a manutenção de taxas fixas de câmbio entre as diferentes partes da área monetária é estritamente automática. Não há necessidade de nenhuma autoridade monetária ou de outro tipo intervir. Um dólar em Nova York é um dólar em São Francisco, uma libra na Escócia é uma libra no País de Gales, mais ou menos talvez o custo de transporte da moeda ou das transferências contábeis — assim como, com o padrão-ouro do final do século XIX, a taxa de câmbio entre o dólar e a libra variava em US$4,8865 apenas pelo custo de transporte do ouro (produzindo os denominados pontos de ouro). De igual modo, 7,8 dólares de Hong Kong é basicamente apenas outro nome para 1 dólar americano, mais ou menos uma pequena quantia para os custos transacionais. Não são necessárias operações financeiras para que a bolsa de câmbio de Hong Kong mantenha a coisa assim, a não ser sua obrigação de dar 7,8 dólares de Hong Kong por US$1, e vice-versa. E sempre pode fazer isso, pois mantém um volume de ativos em dólares americanos que é igual ao valor em dólares da moeda em circulação de Hong Kong.

Um sistema alternativo é aquele adotado por Chile e por Israel: taxas de câmbio entre moedas nacionais fixadas em valores acordados, que devem ser mantidos pelos bancos centrais nacionais separados ao alterar ("coordenar" é o termo favorito) a política monetária doméstica conforme necessário.

Muitos proponentes de uma moeda comum europeia consideram um sistema de taxas fixas de câmbio, como o atual Sistema Monetário Europeu (SME, ou EMS — European Monetary System), como um passo rumo a uma moeda unificada. Acredito que tal visão é um grave erro. Na minha opinião, um sistema de taxas fixas de câmbio entre moedas nacionais é pior do que qualquer um dos extremos: uma moeda verdadeiramente unificada ou moedas nacionais vinculadas por taxas de câmbio com flutuação livre. Nas atuais condições, os bancos centrais nacionais não terão a possibilidade de moldar suas políticas com os olhos apenas postos nas taxas de câmbio de suas moedas no nível acordado. A pressão para usar a política monetária para propósitos domésticos será irresistível de tempos em tempos. E, quando isso ocorrer, o sistema de câmbio se tornará instável.

O contraste entre o comportamento do Chile e o de Hong Kong é, de certo modo, um exemplo obscuro desse fenômeno. O banco central do Chile estava, compreensivelmente, indisposto ou incapaz de tomar as medidas deflacionárias drásticas que teriam sido necessárias para manter a taxa fixa do peso em 1982. De forma semelhante, Israel teve desvalorizações repetidas desde que fixou o shekel ao dólar em 1985 e a um conjunto de moedas em 1986. Por outro lado, Hong Kong não recorreu a esse sistema depois de unificar sua moeda com o dólar americano em 1983. O país ajustou-se à valorização subsequente de sua moeda face a outras moedas que não o dólar americano ao permitir que os preços e os salários se ajustassem. O exemplo é obscuro porque grande parte da valorização do dólar americano ocorreu antes de Hong Kong unificar sua moeda com o dólar americano.

Taxas fixas de câmbio podem ser mantidas por determinado período por meio de fluxos de capitais organizados pelo governo, por controles de câmbios estrangeiros ou por restrições sobre o comércio internacional. Mas há amplas evidências no momento de que são, na melhor das hipóteses, expedientes temporários, e que, em geral, levam à conversão de probleminhas em crises enormes.

Certamente foi essa a experiência com Bretton Woods antes de 1971. As mudanças na taxa de câmbio foram inúmeras e muitas vezes massivas. O sistema funcionava com a condição de que os Estados Unidos seguissem uma política moderadamente não inflacionária e permanecessem passivos com respeito aos controles sobre a movimentação de capital e de câmbio impostos por outros países.

Tem sido igualmente verdade com relação à sucessão de arranjos monetários no Mercado Comum: a União Europeia de Pagamentos (European Payments Union), a "serpente", o atual SME. Nenhum desses arranjos conseguiu evitar as crises de câmbio e as alterações na taxa de câmbio, e vários deles simplesmente fracassaram. O SME vem trabalhando razoavelmente bem, pois a Alemanha se mostra disposta a desempenhar o papel que os EUA desempenharam com Bretton Woods, o de buscar uma política moderadamente não inflacionária e de tolerar os controles de movimentos de capital e de moedas estrangeiras impostos por outros países-membros. Suspeito que o SME também fracassará se algum dia a Alemanha não esteja mais disposta a seguir essas políticas, o que também pode acontecer pela unificação da Alemanha Ocidental e Oriental.

Muitos observadores dão crédito ao SME por permitir que seus membros, notavelmente a França, reduzissem a inflação em anos recentes. Não há dúvidas de que a política anti-inflacionária francesa ganhou muito mais credibilidade pelo fato de a França ser membro do SME, ou seja, a partir de seu vínculo com o marco alemão, relativamente estável. Todavia, o declínio na inflação foi um fenômeno mundial que, de jeito nenhum, ficou limitado aos membros do SME.

Na minha opinião, a explicação para o declínio mundial da inflação está ligada ao fim do Bretton Woods. Isso levou à adoção de um sistema monetário mundial que não tem precedentes históricos. Pela primeira vez na história do mundo, até onde eu saiba, todas as principais moedas são puramente fiduciárias [fiat] — não como uma resposta temporária a uma crise, como ocorreu com frequência no passado em países específicos, mas como um sistema permanente com a expectativa de que dure. Os países do mundo estão navegando por mares desconhecidos. É compreensível que na primeira década dessa jornada todos os tipos de coisas possam acontecer, e, em particular, aconteceu de fato uma explosão inflacionária. Tal explosão mundial descreditou a ideia simplória de que havia qualquer compensação de longo prazo entre a inflação e o desemprego, reduziu os benefícios fiscais decorrentes da inflação e aumentou a aversão pública à inflação. Tornou-se politicamente lucrativo para os países seguirem políticas consistentes com uma forte redução inflacionária. Isso ocorreu no SME, mas também no Japão, na Grã-Bretanha, nos Estados Unidos e em grande parte do mundo, com exceção dos países agrupados por uma fixação de câmbios. (Para uma análise mais completa, veja o Capítulo 10.)

Em 1987, a Grã-Bretanha seguiu o exemplo do Chile e de Israel por alguns meses quando o então ministro das finanças, Nigel Lawson, tentou fixar a libra ao marco da Alemanha Ocidental, em três marcos por libra, numa época em que a libra estava com a tendência de valorizar com relação ao marco. O resultado foi um forte aumento no crescimento monetário que levou a tentava a um término intempestivo e deixou um legado de inflação e de altas taxas de juros.

A Grã-Bretanha tentou novamente em 1990, quando decidiu se juntar ao SME, em efeito fixando sua moeda ao marco alemão, embora com uma margem ampla de ±6% em torno do valor central designado. A taxa inflacionária do país estava alta quando se juntou ao SME — cerca de 13% — quando comparada com as taxas da Alemanha, da França, do Japão e dos Estados Unidos, embora muito menor do que a taxa em vigor em Israel, quando adotou seu programa de reforma monetária. A Grã-Bretanha estava animada em fazer parte do SME pelo mesmo motivo que o Chile e Israel ao fixarem suas moedas com o dólar americano — dar mais credibilidade a uma política anti-inflacionária anunciada. Assim como no caso desses dois países, o resultado na Grã-Bretanha provavelmente depende do comportamento futuro da moeda com a qual fixou a sua própria. Se o marco se comportasse como o dólar americano o fez depois de 1985, os britânicos, assim como os israelenses, podem considerar a jogada como um grande sucesso. No entanto, considerando o comportamento passado do marco, tal resultado parece altamente improvável — embora não possa ser descartado, tendo em vista o pesado fardo fiscal que a Alemanha assumiu para promover o restabelecimento do antigo território da Alemanha Oriental. Se, por outro lado, a Alemanha continuar a manter a inflação baixa e o marco permanecer forte face a outras moedas importantes, os britânicos têm mais chances de sofrer o mesmo destino dos chilenos, de uma forma mais atenuada. Atenuada porque há poucas chances de que o marco valorizará em relação ao dólar e ao iene de qualquer forma que se pareça com o que o dólar americano valorizou em relação ao marco, à libra e ao iene entre 1980 e 1985. Contudo, mesmo se ocorrer uma valorização atenuada do marco, conjecturo que a Grã-Bretanha derrubará a fixação ou adotará uma nova taxa central.

Há muita conversa sobre estabelecer uma moeda única para o Mercado Comum. As propostas atuais exigem um movimento gradual rumo a uma moeda unificada final e a um único banco central. Os estágios intermediários reteriam bancos centrais separados para administrarem as taxas fixadas.

Uma moeda verdadeiramente unificada faz muitíssimo sentido. Mas para conquistá-la onde ela não existe — como na Europa atualmente — requer a eliminação de todos os bancos centrais, caso a moeda unificada seja uma moeda-*commodity* pura, ou de todos com exceção de um, se a moeda unificada for fiduciária ou parcialmente fiduciária.

Na Europa, a escolha óbvia por um único banco central seria o Bundesbank, que tem sido o banco dominante no SME. Mas isso exigiria a eliminação do Banco da Inglaterra, do Banco da França, do Banco da Itália e outros mais, ou sua conversão em divisões administrativas do Bundesbank. Uma alternativa possível é o Banco de Compensações Internacionais (Bank for International Settlements), o que, por sua vez, exigiria a eliminação do Bundesbank. É difícil considerar qualquer uma dessas possibilidades como uma opção séria.

Para mim, parece uma miragem completa esperar que um sistema de bancos centrais ligados por taxas de câmbio fixas e controladas possa vir a ser um ponto de passagem para uma moeda verdadeiramente unificada. Não será mais fácil abolir os bancos centrais depois que um sistema assim esteja em operação do que antes de seu início. E a possibilidade de um consórcio de bancos centrais operando como uma unidade, imitando um único banco central, parece-me também uma opção improvável.

Cerca de quatro décadas atrás (em 1950), passei alguns meses como consultor da agência dos Estados Unidos para o Plano Marshall, analisando o plano para a Comunidade do Carvão e do Aço de Schuman, precursora do Mercado Comum. Na época, cheguei à conclusão de que a unificação econômica na Europa, definida como um único mercado relativamente livre, era possível apenas em conjunção com um sistema de taxas de câmbio com livre flutuação. (Eliminei a possibilidade de uma moeda unificada por motivos políticos, se não me falha a memória.)

Desde então, a experiência tem apenas fortalecido minha confiança nessa conclusão, ao mesmo tempo que me deixa mais cético de que um sistema com taxas de câmbio com livre flutuação seja politicamente possível. Os bancos centrais interferirão — sempre, é claro, com as melhores intenções. Não obstante, mesmo as indecentes taxas de câmbio flutuantes me parecem preferíveis às taxas fixas, embora não necessariamente a uma moeda unificada.

CAPÍTULO 10

Política Monetária em um Mundo Fiduciário

VIMOS NO CAPÍTULO 2 QUE SURGIU UM SISTEMA MONETÁRIO MUNDIAL SEM precedentes históricos: um sistema no qual todas as moedas importantes do mundo estão, de forma direta ou indireta, em um padrão-papel-moeda não resgatável — diretamente, se a taxa de câmbio da moeda for flexível, embora possivelmente manipulada; indiretamente, se a moeda for unificada com outra moeda com base fiduciária (por exemplo, desde 1983, o dólar de Hong Kong). As consequências finais desse desenvolvimento estão envoltas em incerteza.

O sistema surgiu aos poucos desde a Primeira Guerra Mundial. A partir de então e até 1971, grande parte do mundo estava efetivamente em um padrão-dólar, enquanto os Estados Unidos, embora estivesse ostensivamente em um padrão-ouro (com exceção de um breve intervalo em 1933 e 1934), estavam de fato em um padrão fiduciário combinado com um programa de governo para fixar o preço do ouro. O acordo de Bretton Woods basicamente apenas ratificou essa situação, apesar de toda a conversa sobre o papel do ouro e suas provisões para alterações nas taxas de câmbio.

Nos Estados Unidos, a mudança gradual do papel monetário do ouro foi marcada por dois marcos principais: (1) a proibição da posse privada de ouro em 1933 e (2) a eliminação da necessidade de reservas de ouro para os depósitos do Federal Reserve em 1965 e para as suas notas em 1968. O fechamento da janela de ouro feito pelo presidente Nixon em 1971, que removeu tanto o vínculo formal entre o ouro e o dólar quanto a simulação de que os EUA estavam em um padrão-ouro, simplesmente jogou uma pá de cal em um processo já em andamento. Os estoques de ouro registrados nos livros contábeis dos bancos centrais são uma relíquia de eras, embora permaneça uma pequena chance de que, em uma data futura, voltem a ser novamente mais do que isso. A remoção em 1974 da proibição da posse particular de ouro nos EUA foi, de uma forma paradoxal, um tributo para o fim do papel monetário do ouro.

A ação do presidente Nixon foi precipitada por um surto inflacionário nos EUA na década de 1960. Por sua vez, o fim dos acordos de Bretton Woods ajudou a produzir a continuação e a aceleração da inflação durante a década de 1970, tanto nos Estados Unidos quanto em grande parte do restante do mundo.

Uma inflação irregular e altamente variável estimulou o interesse na reforma monetária. A inflação trouxe à luz do holofote o péssimo desempenho das autoridades monetárias, reforçando e dando mais credibilidade às conclusões sobre a política anterior a que diversos acadêmicos haviam chegado (incluindo Anna Schwartz e eu em *Monetary History*).

Além disso, a inflação nos EUA provocou um aumento nas taxas de juros nominais que converteu o controle do governo, por meio da Regulação Q, das taxas de juros que os bancos poderiam pagar a partir de impedimentos menores a graves à regularização efetiva dos mercados de crédito. Uma reação foi a invenção dos fundos mútuos (de investimento) do mercado financeiro como uma forma de permitir que os pequenos poupadores se beneficiassem de altas taxas de juros no mercado. Esses fundos demonstraram ser uma porta de entrada para a inovação financeira, que forçou o relaxamento imediato e subsequente abandono do controle sobre as taxas de juros que os bancos poderiam pagar, assim como o enfraquecimento de outras regulações que restringiam as atividades dos bancos e de outras instituições financeiras. Tal desregulação, da forma como ocorreu, chegou tarde demais e ficou muito limitada para impedir uma forte redução do papel dos bancos, como eram tradicionalmente definidos, no sistema financeiro dos EUA como um todo. Esses bancos agora representam uma fatia muito menor do mercado de crédito do que antes. Seu lugar foi tomado por instituições não bancárias como Sears Roebuck, American Express, Merrill Lynch, e assim por diante.

Um efeito particularmente notável da inflação e da subsequente desregulação foi a crise da poupança e dos empréstimos, que está impondo custos extremamente pesados no seguro nacional sobre depósitos para poupanças e empréstimos, e, assim, nos pagadores de impostos, e está ameaçando a solvência da Corporação Federal de Seguro de Depósitos (FDIC — Federal Deposit Insurance Corporation).[1]

A inflação irregular e as taxas de juros altas e variáveis produziram desenvolvimentos semelhantes em outros países. Como resultado, há uma pressão pela desregulação em todo o mundo.

Vale a pena destacar como há pouquíssimos precedentes para a presente situação. Em todos os registros históricos, como observado nos Capítulos 2 e 8, o dinheiro-*commodity* tem sido a regra. Sempre que o dinheiro era

---

[1] Durante os primeiros 30 anos, depois que a FDIC e a FSLIC (Federal Savings and Loan Insurance Corporation — Corporação Federal de Seguro de Poupanças e Empréstimos) foram instituídas, as falências foram poucas e raras, seja a de bancos comerciais ou instituições de poupança e empréstimos. Embora os depositantes não tivessem nada a perder com o risco excessivo assumido pelos bancos, os possuidores de ações tinham. Assim, desde que houvesse um suporte substancial de capital, os proprietários (ou, no caso das instituições mútuas, os gestores) tinham amplos incentivos para evitar o risco excessivo. A inflação acelerante da década de 1970 produziu um aumento nas taxas de juros que enfraqueceram o valor líquido dos bancos e das instituições de poupança e empréstimos, que concediam empréstimos conforme a demanda e emprestavam a prazo. As instituições de poupança e empréstimos estavam particularmente vulneráveis, pois seus ativos consistiam basicamente em financiamentos imobiliários com taxas fixas por longos períodos. Uma vez que o valor líquido é eliminado, os bancos têm um incentivo para se engajar em atividades de risco: é aquela conhecida ideia de "cara, ganha o banco, coroa, os pagadores de impostos perdem". Assim, o final da década de 1970 produziu um aumento substancial de falências de bancos e um salto catastrófico de poupanças e empréstimos. Caso o crescimento monetário tivesse sido restringido a partir de 1970, a inflação acelerante teria sido evitada e o número de falências anuais de bancos e de poupanças e empréstimos ainda estaria em apenas um dígito, apesar das falhas nos sistemas de seguros.

predominantemente moeda ou lingote, a inflação muito rápida não era fisicamente viável. A extensão da desvalorização ficava limitada pela relação do valor de uma determinada quantidade física do metal precioso com o metal base usado como liga. Foram necessárias a invenção e a grande difusão do uso do papel-moeda para viabilizar o tipo de inflação rápida que vem ocorrendo em tempos mais recentes.

Ao avaliar as experiências passadas com tais episódios, Irving Fisher escreveu, em 1911: "O papel-moeda não resgatável quase que invariavelmente demonstrou ser uma maldição ao país que o emprega" (1929, p. 131). A experiência, desde que Fisher escreveu, certamente está de acordo com sua generalização. Aquele período testemunhou a série mais extensiva de desastres do papel-moeda na história: as hiperinflações que seguiram a Primeira e a Segunda Guerra Mundial; as inflações rápidas e as hiperinflações em muitos países Sul-Americanos e em outros países ao redor do mundo, especialmente nos diversos países menos desenvolvidos; e, mais recentemente, é claro, a experiência inflacionária mundial da década de 1970.

O fim dos padrões de moeda metálica e a emergência de um sistema monetário mundial no qual todos os países, nas palavras de Fisher, têm um "papel-moeda não resgatável" produziu duas correntes de literatura econômica, uma sendo científica e a outra, popular. A literatura científica aborda a reforma monetária e o papel do governo em fornecer o que os economistas denominam dinheiro externo, ou seja, dinheiro que não é uma promessa de pagamento, mas apenas dinheiro — moedas feitas integralmente de ouro em um padrão-ouro, papel-moeda e depósitos no Federal Reserve sob o atual padrão dos EUA. A literatura popular é alarmista e fala sobre o dinheiro forte, sendo praticamente toda ela baseada na proposição de que a generalização de Fisher continuará a se sustentar e de que o mundo está inevitavelmente condenado a uma inflação galopante a menos que e até que as nações principais adotem novamente um padrão-*commodity*.

O curioso é que tem havido pouca intersecção entre essas duas correntes. Na minha opinião, a literatura científica evadiu-se em grande escala da questão levantada pela literatura popular: as condições que produziram o atual sistema monetário sem precedentes estão acompanhadas dos desenvolvimentos que alteram a possibilidade de que o sistema seguirá o caminho de todos os padrões anteriores de papel-moeda? O restante deste capítulo oferece algumas observações experimentais e preliminares sobre essa pergunta.

A inflação, como destacado no Capítulo 8, sempre foi uma alternativa atraente de fonte de receitas, visto que ela permite que os governos imponham de fato uma taxação sem a necessidade de qualquer votação, e, nas palavras de Keynes, "de uma maneira que nem um homem em um milhão consiga perceber" (1920, p. 236). No entanto, a existência de um padrão-*commodity* amplamente apoiado pela população servia como controle da inflação. A opinião pública é certamente o principal motivo pelo qual as hiperinflações, e até as inflações muito rápidas, têm sido relativamente raras nos países mais avançados. Em períodos de paz e na ausência de distúrbios civis difundidos, a população tem conseguido impor uma pressão nos governos para que mantenha o dinheiro convertível, caso a convertibilidade tenha sido suspensa, para retornar a uma situação na qual possa ser novamente convertível.

O desafio fundamental que agora enfrentamos para reformar nossas instituições monetárias e fiscais é encontrar um substituto para a convertibilidade em moeda que desempenhe a mesma função: manter a pressão sobre o governo para se abster de recorrer à inflação como uma fonte de receitas. Em outras palavras, devemos encontrar uma âncora nominal para o nível de preços que substitua o limite físico de uma *commodity* monetária.

Não é possível dizer se a generalização de Fisher feita em 1911 de que "o papel-moeda não resgatável quase que invariavelmente demonstrou ser uma maldição ao país que o emprega" permanecerá verdadeira nas próximas décadas. A experiências recentes de países como a Argentina, a Bolívia, o Brasil, o Chile, o México e Israel apoiam sua generalização. Porém, são todos países menos desenvolvidos, e podem ter mais em comum com o tipo de país que Fisher tinha em mente do que com os países mais avançados de hoje em dia. A experiência desses países mais avançados — Japão, EUA e os membros do Mercado Comum — dá base para um otimismo maior. As pressões sobre os governos para obterem recursos para usos governamentais sem impor impostos explícitos são tão fortes hoje nesses países quanto anteriormente. Todavia, contrapressões se desenvolveram e reduzem a atratividade política da inflação do papel-moeda. A revolução da informação reduziu muito o custo de aquisição da informação e permitiu que as expectativas reagissem de forma mais rápida e precisa às turbulências econômicas, incluindo alterações na política governamental. Consequentemente, tanto a população em geral como os mercados financeiros se tornaram mais sensíveis à inflação e mais sofisticados com relação a ela do que em tempos passados.

Como o Capítulo 8 destaca, a inflação fornece recursos aos governos de três maneiras: primeira, as emissões de dinheiro pelo governo constituem um imposto explícito de inflação com base nas posses em dinheiro; segunda, a inflação pode provocar um aumento sem qualquer votação nos impostos explícitos como resultado do fracasso em ajustar à inflação pelo menos alguns dos componentes da base do imposto de renda, ou do enquadramento da renda para efeitos de imposto de renda; terceira, a inflação reduz o valor real das dívidas em aberto emitidas a taxas de juros que não incluem uma margem suficiente para a inflação futura. Os recentes desenvolvimentos econômicos, políticos e financeiros corroeram grandemente a potência de todas as três fontes de receitas.

A respeito da primeira, os números para os Estados Unidos sugerem a tendência. O dinheiro-base, ou a base monetária, permaneceu destacadamente constante em cerca de 10% da renda nacional a partir do século XIX até a Grande Depressão. Depois, subiu fortemente, atingindo um pico de aproximadamente 25% em 1946. Desde então, a relação entre dinheiro-base e renda nacional vem caindo, e, em 1990, chegou a 7%. Para uma sociedade moderna na qual os impostos e gastos governamentais ficam entre 30% e 50% — às vezes até mais — da renda nacional, esse componente é talvez o menos importante dos três. Mesmo se a inflação não reduzisse a relação entre o dinheiro-base e a renda nacional (o que faria sem sombra de dúvidas), um aumento anual de 10% na base renderia atualmente como receita ao governo dos EUA apenas de 0,7% a 1% da renda nacional. Outras inovações financeiras provavelmente reduzirão ainda mais a relação entre o dinheiro-base e a renda nacional, mesmo não considerando o efeito da inflação, tornando essa fonte de receitas ainda menos potente. Acredito que as mesmas tendências estejam presentes em muitos outros países, de modo que essa fonte de receitas também se tornou menos importante para eles.

O segundo componente de receitas — a fluência de suporte de enquadramento para imposto de renda — provavelmente é muito mais importante do que o primeiro. Certamente foi esse o caso nos Estados Unidos em décadas recentes. A inflação sujeitou as pessoas de renda baixa e moderada a níveis de imposto de renda que nunca poderiam ser aprovados explicitamente em votações.

Um resultado desse aumento de faixa tributária foi a pressão política que levou à indexação do imposto de renda sobre pessoa física à inflação, o que eliminou grande parte, porém não totalmente, essa fonte de receitas.[2] Desconheço a situação em outros países, mas suspeito que em todos os lugares onde houve uma inflação substancial, também houve uma indexação substancial da estrutura de impostos sobre a pessoa física.

O terceiro componente também é extremamente importante. No fim da Segunda Guerra Mundial, as dívidas federais de longo prazo dos EUA somavam 106% da renda nacional anual. Em 1967, a dívida caiu para 32% da renda nacional, apesar dos repetidos déficits no orçamento federal oficial. Desde então, ela subiu à medida que os déficits continuaram e aumentaram, mas, ainda assim, para apenas 46% atualmente. O crescimento real explica parcialmente a redução da proporção do déficit, mas a inflação tem sido a principal explicação. A inflação converteu as taxas de juros nominais positivas, nas quais a dívida havia sido emitida, em taxas reais negativas *ex post* (veja a Figura 1 no Capítulo 2).

---

2   Os efeitos residuais mais importantes da inflação no imposto de renda sobre a pessoa física surgem da incapacidade de ajustar os ganhos de capital e as taxas de juros à inflação. Os ganhos nominais de capital e as receitas nominais de juros estão sujeitos à taxação, não os valores nominais de ganhos reais de capital e as receitas reais de juros. Também há efeitos residuais no imposto de renda sobre a pessoa jurídica.

Os desenvolvimentos nos mercados financeiros corroeram fortemente essa fonte de receita. As pressões do mercado dificultaram que os governos emitissem dívidas de longo prazo a baixas taxas nominais. Um resultado nos Estados Unidos foi a forte redução do prazo médio de vencimento da dívida federal durante a inflação da década de 1970 — de nove anos e um mês para a dívida pública negociável no mercado em 1946 para apenas dois anos e sete meses em 1976. Depois de flutuar apenas levemente acima desse nível durante o restante da década de 1970 e início da de 1980, o prazo médio de vencimento aumentou à medida que a inflação caiu, alcançando seis anos e um mês em 1990. Com exceção das condições dos tempos de guerra, é muito mais difícil converter taxas positivas de juros nominais em dívidas de curto prazo em taxas reais negativas *ex post* pela inflação imprevista do que com dívidas de longo prazo. Diversas décadas de inflação historicamente alta e variável dificultaram muito mais produzir uma inflação imprevista de qualquer magnitude para qualquer período substancial do que há uma ou duas décadas, quando as percepções da população ainda refletiam o efeito de um nível de preços relativamente estável em longos períodos.

No Reino Unido, o governo agora emite títulos de dívida ajustados pela inflação. Para esses títulos, não há formas de o governo se beneficiar com as taxas negativas de juros reais *ex post*. Há muito tempo há apoio nos EUA para que o Tesouro emita títulos semelhantes, porém, até o momento, ele não tem se mostrado disposto para tanto. No entanto, a pressão para emitir títulos com poder de compra sem dúvida intensificaria se a inflação nos EUA se tornasse novamente alta e variável.

Pode ser que diversas décadas de um nível de preços relativamente estáveis em longo prazo acalmaria novamente os proprietários de ativos e os levasse a considerar as taxas de juros nominais equivalentes a taxas de juros reais. Mas esse certamente não é o caso atualmente.

Resumindo, a inflação se tornou menos atraente como uma opção política. Considerando um público votante muito sensível à inflação, ela pode ser, no momento, politicamente lucrativa para estabelecer arranjos monetários que tornarão o presente papel-moeda não resgatável uma exceção à generalização de Fisher.

A experiência recente fornece certo suporte para essa opinião. O episódio inflacionário da década de 1970 foi severo pelos padrões que se tornaram aceitáveis nos Estados Unidos, no Reino Unido, no Japão e em outros países avançados durante o século XIX e a maior parte do século XX (embora fosse moderada em comparação com a experiência de muitos outros países do mundo). Foi suficientemente severa para gerar pressões políticas que levaram a políticas de desinflação em todo o mundo ocidental, políticas de restrição do crescimento monetário e de aceitação do desemprego substancial temporário como uma forma de evitar a inflação continuada.

A inflação caiu nos Estados Unidos de dígitos duplos para dígitos únicos baixos, e há um amplo apoio à intenção do Federal Reserve, repetidamente declarada, de reduzi-la ainda mais do nível entre 3% e 5% que vem se mantendo desde 1983.

Como vimos no Capítulo 8, o Japão talvez forneça o exemplo mais impressionante. No início da década de 1970, a inflação naquele país alcançou níveis muito acima dos 20%. O governo e o Banco do Japão reagiram de forma rápida e eficiente, diminuindo fortemente a taxa de crescimento monetário. Continuaram a manter uma taxa relativamente estável de crescimento monetário. Como resultado, a inflação não apenas foi levada a níveis baixos, mas o país também escapou dos intensos altos e baixos na inflação que infestaram muitos outros países.

A Alemanha oferece um exemplo totalmente diferente de como a experiência pode alterar a atratividade política da opção inflacionária. Ao longo do período pós-Segunda Guerra Mundial, o país tendeu a ter uma inflação mais baixa que a do Reino Unido, dos Estados Unidos e da maioria dos países ocidentais. A razão parece ser claramente os efeitos de longo prazo da hiperinflação pós-Primeira Guerra mundial, reforçada pela experiência pós-Segunda Guerra Mundial da inflação suprimida, que incapacitou o sistema monetário e forçou o recurso às permutas.

Da mesma forma, o Reino Unido teve sucesso por um tempo ao reduzir fortemente a inflação depois de ter sofrido uma taxa inflacionária de dois dígitos e apesar do aumento concomitante do desemprego. Esse também foi o caso da França e de outros países do Mercado Comum que vincularam suas moedas por meio da União Monetária Europeia.

O aparente declínio da lucratividade política da inflação é uma fonte de promessa, mas está longe de ser uma garantia de que a generalização de Fisher fique obsoleta. Os governos normalmente atuam sob pressões de curto prazo de formas que causam consequências adversas em longo prazo. Israel, no início da década de 1980, oferece um exemplo evidente. O país continuou a recorrer à inflação sob condições que a tornaram uma fonte fraca de receitas; de fato, nas circunstâncias específicas de Israel, a inflação pode ter sido um dreno nos recursos governamentais em vez de uma fonte de receitas. Todavia, em 1985, como vimos no capítulo anterior, Israel também tomou passos decisivos para encerrar a inflação.

Ainda assim, a pergunta permanece sem resposta sobre se a tentação de usar dinheiro fiduciário como uma fonte de receitas levará a uma situação que em última instância force um retorno a um padrão-*commodity* — talvez um padrão-ouro de um tipo ou outro. A alternativa promissora é que nas próximas décadas os países avançados consigam desenvolver instituições e sistemas monetários e fiscais que forneçam um controle eficaz na propensão para inflacionar e que conceda novamente a uma grande parte do mundo um nível de preços relativamente estável durante um longo período de tempo.

A resposta final apenas virá no decorrer da história durante as próximas décadas. Qual será essa resposta depende crucialmente de nosso sucesso em aprender com os episódios históricos como aqueles que foram examinados neste livro. Esse processo de aprendizagem está em curso há séculos, desde o primeiro surgimento de uma análise sistemática do dinheiro e das instituições financeiras. Ele entrou em um estágio novo e urgente à medida que o mundo se aventura em terrenos nunca antes explorados.

CAPÍTULO 11

Um Epílogo

Nós cobrimos uma ampla gama de espaço e tempo no curso de nossas explorações — das clássicas Roma e Grécia aos modernos Israel e Chile, com todos os tipos de paradas no meio. Embora tenhamos explorado em detalhe apenas alguns episódios, tocamos indiretamente muitos outros.

Acredito que meus leitores ficaram impressionados, como eu fiquei, depois de quase meio século de um estudo minucioso sobre o fenômeno monetário, com o papel universal que o dinheiro desempenha, com a ampla aplicabilidade de algumas proposições relativamente simples sobre o dinheiro, e, contudo, com a dificuldade que o público em geral e até mesmo as autoridades monetárias têm em entender e aplicar tais proposições. Georges Clemenceau, o primeiro-ministro da França no fim da Primeira Guerra Mundial e um dos arquitetos do Tratado de Versailles, destacou certa vez: "A guerra é um assunto sério demais para ser confiado aos militares." Tenho o parafraseado muitas vezes ao dizer que o dinheiro é um assunto sério demais para ser deixado aos bancos centrais.

O dinheiro é um elemento tão crucial para a economia — e ao mesmo tempo também grandemente invisível — que até mesmo o que aparentam ser mudanças insignificantes na estrutura monetária podem ter efeitos imprevistos e de longe alcance. Deixar de fora apenas uma frase em uma lei, como na Lei de Cunhagem de 1873, pode atormentar — de fato, chegar quase a moldar — a política e a economia de uma nação durante décadas. Os inventores na Escócia e os mineradores na África do Sul podem colocar um ponto final na carreira política de uma estrela nascente nos Estados Unidos. Apaziguar um pequeno grupo de legisladores influentes nos EUA pode ter um efeito sobre o fato de a China acabar ou não como um Estado comunista. A mesma decisão monetária tomada por dois países diferentes pode ter resultados opostos, pois as decisões são feitas com seis anos de diferença — um desastre em um caso, um triunfo no outro. Uma mudança no regime monetário pode levar o mundo a navegar por mares monetários desconhecidos por mais de uma década de instabilidade e turbulência antes que as questões comecem a ser resolvidas, mas ainda sem haver um mapa confiável e acordado do curso futuro da viagem monetária. E a litania poderia ser estendida muito mais além dos episódios abordados por este livro.

Talvez a proposição mais importante e mais minuciosamente documentada, porém rejeitada de forma obstinada, é que "a inflação é sempre, e em todos os lugares, um fenômeno monetário".[1] Essa proposição é conhecida de alguns acadêmicos e comerciantes há séculos, senão milhares de anos. Contudo, ela não impediu autoridades governamentais de ceder à tentação de penalizar seus súditos ao desvalorizar seu dinheiro — taxação sem representação — ao mesmo tempo que negam vigorosamente que estão fazendo qualquer coisa do tipo e atribuem a inflação resultante a todos os tipos de diabos encarnados.

Isso tampouco é coisa da história antiga. Não é necessário voltar no tempo além da década de 1970 nos Estados Unidos e em outros países avançados. Ceder àquela tentação é a fonte dos apertos desesperadores da Argentina, do Brasil, da Nicarágua e de inúmeros outros países da América Latina. A hiperinflação plena mais recente ocorreu na Bolívia, que felizmente agora reformou seu sistema monetário, embora pagando

---

1 Acredito que a primeira vez que publiquei a afirmação com essas palavras tenha sido em Friedman (1963), que foi reimpresso em Friedman (1968, p. 39).

um alto preço com a perda de produção, a miséria e os padrões de vida diminuídos. E suspeito que o mundo verá mais episódios de alta inflação e de hiperinflações plenas dentro das próximas décadas.

Os rápidos aumentos na quantidade de dinheiro produzem a inflação. Diminuições fortes produzem a depressão. É uma proposição igualmente documentada. Não está diretamente documentada neste livro, embora tenha havido referências a alguns de seus episódios: a depressão entre 1873 e 1879 nos EUA, os anos de depressão no início da década de 1890, a grande contração de 1929 a 1933 que levou Franklin Delano Roosevelt à Casa Branca e preparou o terreno para o programa de compra de prata da década de 1930.

Por que essas e outras proposições igualmente documentadas sobre o dinheiro são negligenciadas com tanta frequência nas definições de políticas? Um motivo é o contraste entre a forma pela qual as coisas aparecem ao indivíduo e como são para a comunidade. Se você for ao mercado comprar morangos, poderá comprar quantos quiser ao preço definido, sujeito apenas ao estoque do vendedor. Para você, o preço é fixo e a quantidade é variável. Mas suponha que todo mundo, de repente, ficou com vontade de comer morangos. Para a comunidade como um todo, a quantidade total de morangos disponível em determinado momento é uma quantidade fixa. Um aumento repentino na quantidade demandada ao preço inicial só pode causar um aumento suficiente no preço para reduzir a quantidade demandada à quantidade disponível. Para a comunidade em geral, a quantidade é fixa e o preço é variável — exatamente o oposto do que é verdade para o indivíduo.

Tal contraste é verdadeiro para a maioria das coisas. Na área do dinheiro da qual temos tratado, você, como um indivíduo, pode guardar qualquer quantia em dinheiro que desejar, sujeito apenas ao nível de sua riqueza. Mas sempre há uma quantia total fixa de dinheiro, determinada principalmente pela Reserva Federal se o dinheiro for definido como a base monetária, ou pelo Fed e pelos bancos se o dinheiro for definido mais amplamente.

Você pode guardar mais apenas se outra pessoa guardar menos, contudo, não há nada em sua situação pessoal que o torne ciente disso.

Para você como um indivíduo, um aumento na renda é algo bom, não importa se a fonte final seja o aumento de sua própria produtividade ou a impressão de dinheiro pelo governo. No entanto, para a comunidade em geral, as duas fontes são muito diferentes: a primeira é uma bênção, enquanto a segunda pode ser uma maldição, como foi o caso na fábula do helicóptero do Capítulo 2.

É natural que as pessoas generalizem a partir de suas experiências pessoais de modo a acreditarem que o que lhes é verdadeiro, também o é à comunidade. Acredito que essa confusão seja a base da maioria das falácias econômicas — sejam sobre dinheiro, como no exemplo que acabamos de discutir, ou sobre outro fenômeno econômico ou social.

Também é algo inerentemente humano personalizar tanto o bom quanto o ruim, atribuindo todo o mal que acontece à má intenção de outra pessoa. Porém, as boas intenções também têm as mesmas chances de serem frustradas por equívocos assim como por um demônio invisível. O antídoto é encontrado na explicação, não na recriminação.

A importância de uma compreensão correta das relações econômicas em geral e das questões monetárias em especial é vividamente salientada por uma declaração feita há mais de dois séculos por Pierre S. du Pont, deputado de Nemours, à Assembleia Nacional Francesa. Falando sobre uma proposta para emitir *assignats* adicionais — o dinheiro fiduciário da Revolução Francesa –, ele disse: "Senhores, é um costume desagradável a que somos levados muito facilmente pela aspereza das discussões, presumir as más intenções. É necessário sermos indulgentes quanto às intenções; devemos acreditar que são boas, e aparentemente são; mas não precisamos ser nada indulgentes com a lógica inconsistente nem com o raciocínio absurdo. Os maus lógicos cometeram mais crimes involuntários do que os homens maus que o fizeram intencionalmente [25 de setembro de 1790]" (citado em FRIEDMAN, 1977, p. 471).

REFERÊNCIAS

BAGEHOT, Walter. *Lombard Street*. Londres: H. S. King, 1873.

BAGEHOT, Walter. *Some Articles on the Depreciation of Silver and on Topics Connected With It*. Londres: H. S. King & Co., 1877. Reimpresso em *The Works of Walter Bagehot*, vol. 5, editado por Forrest Morgan. Hartford, Conn.: The Travelers Insurance Co., 1891.

BANCO CENTRAL DE CHILE, Dirección de Estudios. *Indicadores económicos y sociales 1960–1985*. Santiago, Chile: Banco Central do Chile, 1986.

BARKAI, Haim. "Israel's Attempt at Economic Stabilization". *Jerusalem Quarterly*, Verão de 1987, pp. 3–20.

BARKAI, Haim. "The Role of Monetary Policy in Israel's Stabilization Effort". In: *Transcript of the Symposium on American-Israel Economic Relations* (ocorrido de 5 a 7 de junho de 1988). Nova York: American Israel Economic Corporation, 1990. (a)

BARKAI, Haim. "The Role of Monetary Policy in Israel's 1985 Stabilization Effort". Working Paper WP/90/29. Washington: Fundo Monetário Internacional, abril de 1990. (b)

BARNES, James A. "Myths of the Bryan Campaign". *Mississippi Valley Historical Review* 34 (dezembro de 1947): 367–400.

BARNETT, Paul S. "The Crime of 1873 Re-examined". *Agricultura/History* 38 (julho de 1964): 178–81.

BRANDT, Loren; SARGENT, Thomas J. "Interpreting New Evidence about China and U.S. Silver Purchases". *Journal of Monetary Economics* 23 (1989): 31–51.

BRUNO, Michael; MERIDOR, Leora (Rubin). "The Costly Transition from Stabilization to Sustainable Growth: Israel's Case". Artigo de discussão 90.01. Jerusalém: Banco de Israel, janeiro de 1990.

BRYAN, William Jennings. *The First Battle*. Chicago: W. B. Conkey Co., 1896.

CAGAN, Phillip. "The Monetary Dynamics of Hyperinflation". ln: *Studies in the Quantity Theory of Money*, editado por Milton Friedman. Chicago: University of Chicago Press, 1956.

CAPIE, Forrest. "Conditions in Which Very Rapid lnflation Has Appeared". ln: *The National Bureau Method, lnternational Capital Mobility and Other Essays*, editado por Karl Brunner e Allan H. Meltzer. Série de Conferências sobre Políticas Públicas em Carnegie-Rochester, vol. 24. Amsterdã: North-Holland, 1986.

CAROTHERS, Neil. *Fractional Money*. Nova York: Wiley & Sons; Londres: Chapman & Hall, Ltd., 1930.

CHANG, Kia-ngau. *The lnflationary Spiral*. Cambridge: Technology Press of Massachusetts lnstitute of Technology; Nova York: Wiley; e Londres: Chapman & Hall, Ltd., 1958.

CHANG, P. H. Kevin. "Commodity Price Shocks and lnternational Finance". Dissertação de doutorado. Massachusetts Institute of Technology, 1988.

CHOU, Shun-hsin. *The Chinese lnflation*, 1937–1949. Prefácio por C. Martin Wilbur. Nova York e London: Columbia University Press, 1963.

COMMAGER, Henry. "William Jennings Bryan, 1860–1925". ln: *There Were Giants in the Land*. lntrodução por Henry Morgenthau, Jr. Nova York e Toronto: Farrar & Rinehart, 1942.

CULBERTSON, John M; *Macroeconomic Theory and Stabilization Policy*. Nova York: McGraw-Hill, 1968.

DEANE, Phyllis. "New Estimates of Gross Nacional Product for the United Kingdom, 1830–1914". *The Review of lncome and Wealth* 14 (junho de 1968): 95–112.

DOWD, Kevin. "The Mechanics of the Bimetallic Standard". Artigo de discussão não publicado. Nottingham, Inglaterra: Universidade de Nottingham, abril de 1991.

DRAKE, Louis S. "Reconstruction of a Bimetallic Price Level". *Explorations in Economic History* 22 (abril de 1985): 194–219.

EDGEWORTH, Francis Y. "Thoughts on Monetary Reform". *Economic Journal* 5 (setembro de 1895): 434–51.

ENCYCLOPAEDIA BRITANNICA, 11ª ed. (1910). S.v. "Gold".

ENCYCLOPAEDIA BRITANNICA, 1970 ed. S.v. "Panic".

FEAVEARYEAR, Albert. *The Pound Sterling.* 2ª ed., revisado por E. Victor Morgan. Oxford: The Clarendon Press, 1963.

FETTER, Frank W. *Development of British Monetary Orthodoxy, 1797–1875.* Cambridge: Harvard University Press, 1965.

FETTER, Frank W. "Monetary Policy". ln: *Monetary and Financial Policy*, por Frank W. Fetter e Derek Gregory. [Dublin]: Irish University Press, 1973.

FISHER, Irving. "The Mechanics of Bimetallism". *Economic Journal* 4 (setembro de 1894): 527–37.

FISHER, Irving. *Appreciation and Interest.* Monografia da Associação Econômica Americana, 1º sem., vol. 11, nº 4. Cambridge, Mass.: American Economic Association, 1896.

FISHER, Irving. *Purchasing Power of Money.* Nova York: Macmillan, 1911. 2ª ed. Nova York: Macmillan, 1913. Nova ed. Nova York: Macmillan, 1929.

FRIEDMAN, Milton. *A Program for Monetary Stability.* Nova York: Fordham University Press, 1960.

FRIEDMAN, Milton. *Inflation: Causes and Consequences.* Bombay: Asia Publishing House, 1963. Reimpresso em Milton Friedman, *Dollars and Deficits.* Englewood Cliffs, N.J.: Prentice-Hall, 1968.

FRIEDMAN, Milton. *The Quantity Theory of Money and Other Essays.* Chicago: Aldine, 1969.

FRIEDMAN, Milton. "Money". *Encyclopaedia Britannica*, 15ª ed. (1974).

FRIEDMAN, Milton. "Nobel Lecture: Inflation and Unemployment". *Journal of Political Economy* 85 (junho de 1977): 451–72.

FRIEDMAN, Milton. "Monetary Policy for the 1980s". In: *To Promote Prosperity: U.S. Domestic Policy in the Mid-1980s*, editado por John H. Moore. Stanford, Calif.: Hoover Institution Press, 1984.

FRIEDMAN, Milton. "The Resource Cost of Irredeemable Paper Money". *Journal of Political Economy* 94, parte 1 (junho de 1986): 642–47.

FRIEDMAN, Milton. "Quantity Theory of Money". In: *The New Palgrave: A Dictionary of Economics*, vol. 4, editado por John Eatwell, Murray Milgate e Peter Newman. Nova York: Stockton Press, e Londres: Macmillan, 1987.

FRIEDMAN, Milton. "The Case for Floating Rates". *Financial Times* (Londres), 18 de dezembro de 1989.

FRIEDMAN, Milton; SCHWARTZ, Anna J. *A Monetary History of the United States,* 1867–1960. Princeton: Princeton University Press, 1963.

FRIEDMAN, Milton; SCHWARTZ, Anna J. *Monetary Statistics of the United States.* Nova York: Columbia University Press, 1970.

FRIEDMAN, Milton; SCHWARTZ, Anna J. *Monetary Trends in the*

United States and the United Kingdom. Chicago: University of Chicago Press, 1982.

FROMAN, Lewis A. "Bimetallism Reconsidered in the Light of Recent Developments". *American Economic Review* 26 (março de 1936): 53–61.

FURNESS, William Henry. *The Island of Stone Money: Uap and The Carolines.* Filadélfia e Londres: J. B. Lippincott Co., 1910.

GIFFEN, Sir Robert. *The Case Against Bimetallism.* Londres: G. Bell & Son, 1892. 4ª ed. Londres: George Bell & Sons, 1896.

GREENWOOD, John G.; WOOD, Christopher J. R. "The Chinese Hyperinflation: Part 1. Monetary and Fiscal Origins of the lnflation, 1932–45". *Asian Monetary Monitor* 1, nº 1 (setembro-outubro de 1977): 25–39. (a)

GREENWOOD, John G.; WOOD, Christopher J. R. "The Chinese Hyperinflation: Part 2. The Crisis of Hyperinflation, 1945–49". *Asian Monetary Monitor* 1, nº 2 (novembro-dezembro de 1977): 32–45. (b)

GREENWOOD, John G.; WOOD, Christopher J. R. "The Chinese Hyperinflation: Part 3. Price Stabilization after the 1949 Revolution". *Asian Monetary Monitor* 2, nº 1 (janeiro-fevereiro de 1978): 27–34.

HAMILTON, Alexander. Treasury Report on the Establishment of a Mine, 28 de janeiro de 1791. Reimpresso em *Documentary History of Banking and Currency in the United States,* vol. 1, editado por Herman E. Krooss. Nova York: Chelsea House Publishers, 1969.

HAMILTON, Earl J. "Prices and Wages at Paris under John Law's System". *Quarterly Journal of Economics* 51 (novembro de 1936): 42–70.

HARBERGER, Arnold C. "Chile's Devaluation Crisis of 1982", versão não publicada em inglês de "La crisis cambiaria chilena de 1982" em *Cuadernos de Economía* 21, nº 63 (agosto de 1984): 123–36.

HETZEL, Robert. "A Better Way to Fight Inflation". *Wall Street Journal*, 25 de abril de 1991, p. A14.

HOFSTADTER, Richard. *The American Political Tradition and the Men Who Made it*. Nova York: Alfred A. Knopf, 1948.

HOFSTADTER, Richard. "William Jennings Bryan: 'Cross of Gold' Speech, 1896". In: *An American Primer*, vol. 2, editado por Daniel Boorstin. Chicago: University of Chicago Press, 1966.

HOOVER, Ethel D. "Retail Prices after 1850". In: *Trends in the American Economy in the Nineteenth Century*. National Bureau of Economic Research Studies in Income and Wealth, vol. 24. Princeton: Princeton University Press, 1960.

HUANG, Andrew Chung. "The Inflation in China". *Quarterly Journal of Economics* 62 (agosto de 1948): 562–75.

HUGHES, Jonathan. *American Economic History*. 2ª ed. Glenview, Ili.: Scott, Foresman & Co., 1987.

HUME, David. "Of Interest" (1742). In *Essays, Moral, Political and Literary, vol. 1 of Essays and Treatises*. Uma nova ed. Edinburgh: Bell & Bradfute, Cadell & Davies, 1804. (a)

HUME, David. "Money" (1742). In *Essays, Moral, Political and Literary, vol. 1 of Essays and Treatises*. Uma nova ed. Edinburgh: Bell & Bradfute, Cadell & Davies, 1804. (b)

JASTRAM, Roy W. *Silver: The Restless Metal*. Nova York: John Wiley, 1981.

JEVONS, William Stanley. *The Coal Question*. Londres: Macmillan, 1865.

JEVONS, William Stanley. *Money and the Mechanism of Exchange*. Londres: H. S. King & Co., 1875. 9ª ed. Londres: Kegan Paul, Trench, Trübner & Co., Ltd., 1890.

JEVONS, William Stanley. *Investigations in Currency and Finance*, editado por H. S. Foxwell e publicado postumamente. Londres: Macmillan, 1884.

KEYNES, John Maynard. *The Economic Consequences of the Peace*. Nova York: Harcourt, Brace & Howe, 1920.

KEYNES, John Maynard. *A Tract on Monetary Reform* (1923). In: *The Collected Writings of M. Keynes*, vol. 4, editado por E. Johnson e D. E. Moggridge. Londres: Macmillan, 1971.

KREPS, T. J. "The Price of Silver and Chinese Purchasing Power". *Quarterly Journal of Economics* 48 (fevereiro de 1934): 245–85.

LAUGHLIN, James Laurence. *The History of Bimetallism in the United States*. 1886. 2ª ed. Nova York: D. Appleton & Co., 1895.

LEAVENS, Dickson H. *Silver Money*. Bloomington, Ind.: Principia Press, 1939.

LERNER, Eugene M. "Inflation in the Confederacy, 1861–65". In: *Studies in the Quantity Theory of Money*, editado por Milton Friedman. Chicago: University of Chicago Press, 1956.

LINDERMAN, Henry R. *Money and Legal Tender in the United States*. Nova York: Putnam's, 1877.

MARSHALL, Alfred. *Official Papers*. Londres: Macmillan, 1926.

MARTIN, David A. "The Impact of Mid-Nineteenth Century Gold Depreciation upon Western Monetary Standards". *Journal of European Economic History* 6 (inverno de 1977): 641–58.

MISES, Ludwig von. *The Theory of Money and Credit*. Traduzido por H. E. Batson. New Haven: Yale University Press, 1953.

NATIONAL EXECUTIVE SILVER COMMITTEE. *Silver in the Fifty--first Congress*. Washington: Gray, 1890.

THE NEW PALGRAVE: *A Dictionary of Economics*, vol. 4, editado por John Eatwell, Murray Milgate e Peter Newman. Nova York: Stockton Press, e Londres: Macmillan, 1987. S.v. "Walker, Francis Amasa".

NEWCOMB, Simon. "Has the Standard Gold Dollar Appreciated?" *Journal of Political Economy* 1 (setembro de 1893): 503–512.

NICHOLSON, J. Shield. *A Treatise on Money.* Edinburgh e Londres: W. Blackwood & Sons, 1888. 3ª ed. Londres: Adam e Charles Black, 1895.

NUGENT, Walter T. K. *Money and American Society*, 1865–1880. Nova York: Free Press, 1968.

O'LEARY, Paul M. "The Coinage Legislation of 1834". *Journal of Political Economy* 45 (fevereiro de 1937): 80–94.

O'LEARY, Paul M. "The Scene of the Crime of 1873 Revisited: A Note". *Journal of Political Economy* 68 (agosto de 1960): 388–92.

PARIS, James D. *Monetary Policies of the United States*, 1932–1938. Nova York: Columbia University Press, 1938.

RAWSKI, Thomas G. *Economic Growth in Prewar* China. Berkeley: University of California Press, 1989.

REAGAN, John H. ln: U.S., Congress, Senate, *Congressional Record*, 51º Cong., 1ª sess., 1890, 21, parte. 3:2830.

REDISH, Angela. "The Evolution of the Gold Standard in England". *Journal of Economic History* 50 (dezembro de 1990): 789–805.

RICARDO, David. *The High Price of Bullion.* 4ª ed., corrigida. Londres: John Murray, 1811. Reimpresso em *The Works and Correspondence of David Ricardo*, vol. 3: Pamphlets and Papers, 1809–1811, editado por Piero Sraffa. Cambridge: University Press (para a Royal Economic Society), 1951.

RICARDO, David. *Proposals for an Economical and Secure Currency.* 2ª ed. Londres: John Murray, 1816. Reimpresso em *The Works and Correspondence of David Ricardo*, vol. 4: Pamphlets and Papers, 1815–1823, editado por Piero Sraffa. Cambridge: University Press (para a Royal Economic Society), 1951.

RICARDO, David. Minutes of Evidence Taken before the Secret Committee on the Expediency of the Bank Resuming Cash Payments, 4 de março de 1819. (a) Reimpresso em *The Works and Correspondence of David Ricardo, vol. 5: Speeches and Evidence*, editado por Piero Sraffa. Cambridge: University Press (para a Royal Economic Society), 1952.

RICARDO, David. Minutes of Evidence Taken before the Lords Committee Appointed a Secret Committee to Enquire into the State of the Bank of England, with Reference to the Expediency of the Resumption of Cash Payments at the Period Now Fixed by Law, 24 de março de 1819. (b) Reimpresso em *The Works and Correspondence of David Ricardo, vol. 5: Speeches and Evidence*, editado por Piero Sraffa. Cambridge: University Press (para a Royal Economic Society), 1952.

ROCCAS, Massimo. "lnternational Bimetallism Revisited". Artigo apresentado no Segundo Congresso Anual da Associação Econômica Eurppeia, Copenhague, Dinamarca, agosto de 1987.

ROCKOFF, Hugh. "The 'Wizard of Oz' as a Monetary Allegory". *Journal of Political Economy* 98 (agosto de 1990): 739–60.

ROLNICK, Arthur J.; WEBER, Warren E. "Gresham's Law or Gresham's Fallacy?" *Journal of Political Economy* 94 (fevereiro de 1986): 185–99.

SAINT MARC, Michele. *Histoire Monétaire de la France*, 1800–1980. Paris: Presses Universitaires de France, 1983.

SALTER, Sir Arthur. *China and Silver.* Nova York: Economic Forum Inc., 1934.

SCHUETTINGER, Robert L.; BUTLER, Eamon F. *Forty Centuries of Wage and Price Contrais.* Washington: Heritage Foundation, 1979.

SCHUMPETER, Joseph A. *History of Economic Analysis*, editado por Elizabeth Boody Schumpeter. Nova York: Oxford University Press, 1954.

STEWART, William M. "Silver the Money of the People". In: *Papers and Addresses before the First National Silver Convention Held at St. Louis, 26, 27 e 28 de novembro de 1889*, editado e compilado por E. A. Elliott. St. Louis: Buxton & Skinner Stationery Co., 1889.

T'ANG, Leang-Li. *China's New Currency System*. Xangai: China United Press, 1936.

TIMBERLAKE, Richard H. Jr. "Repeal of Silver Monetization in the Late Nineteenth Century". *Journal of Money, Credit, and Banking* 10 (fevereiro de 1978): 27–45.

U.S. BUREAU OF THE CENSUS. *Historical Statistics of the United States, Colonial Times to 1970.* Bicentennial ed. Washington: Government Printing Office, 1975.

U.S. COMMISSION ON THE ROLE of Gold in the Domestic and International Monetary Systems. *Report to the Congress*. Vol. 1. Washington: Government Printing Office, março de 1982.

U.S. SECRETARY OF THE TREASURY. *Annual Report of the State of the Finances for the Fiscal Year Ended June 30, 1899.* Washington: Government Printing Office, 1899.

U.S. SECRETARY OF THE TREASURY. *Annual Report for 1928*. Washington: Government Printing Office, 1928.

WALKER, Francis A. "The Free Coinage of Silver". *Journal of Political Economy* 1 (março de 1893): 163–78.

WALKER, Francis A. "Address on International Bimetallism", Schoolmasters' Club of Massachusetts, Boston, 7 de novembro de 1896. (a) In: *Discussions in Economics and Statistics*, vol. 1, editado por Davis R. Oewey. Nova York: Holt, 1899.

WALKER, Francis A. *International Bimetallism*. Nova York: Holt, 1896. (b)

WALRAS, Léon. *Elements of Pure Economics*. Traduzido por William Jaffé. Homewood, Ili.: Irwin, 1954.

WARREN, George F.; PEARSON, Frank A. *Prices*. Nova York: Wiley, 1933.

WARREN, George F.; PEARSON, Frank A. *Gold and Prices*. Nova York: Wiley, 1935.

WHITE, Andrew Dickson. *Fiat Money and Inflation in France*. Nova York: Appleton & Co., 1896.

WIGNALL, Christian. "The Fall of Silver: Part 1. China and the Silver Standard". *Asian Monetary Monitor* 2, nº 4 (julho–agosto de 1978): 33–43. (a)

WIGNALL, Christian. "The Fall of Silver: Part 2. The Last Years (1914-1935)", *Asian Monetary Monitor* 2, nº 5 (setembro–outubro de 1978): 28–39. (b)

YANG, Lien-sheng. *Money and Credit in China*. Cambridge: Harvard University Press, 1952.

YANG, Peixin. *Inflation in Old China* (em chinês). Pequim: People's Publishing Co., 1985.

YEH, K. C. "Capital Formation in Mainland China, 1931–1936 and 1952–1957". Dissertação de doutorado. Columbia University, 1964.

YOUNG, Arthur N. *China's Wartime Finance and Inflation*, 1937–1945. Cambridge: Harvard University Press, 1965.

YOUNG, Arthur N. *China's Nation-Building Effort*, 1927–1937. Stanford, Califórnia: Hoover Institution Press, 1971.

ÍNDICE

A

acordo de Bretton Woods 117, 227
África do Sul
    e o processo de cianeto 96
alcoolismo 196
Alemanha
    hiperinflação 12
Allende, Salvador 176
    derrubar 176
área monetária unificada 221
Argentina 175
    hiperinflação 175
    mudanças monetárias 21
    assignats 43
    hiperinflação 123
assignats franceses 123
ativo
    real vs nominal 25
Ativos, rendimento nominal dos 27
Austrália
    inundação de ouro na, 39

B

Bagehot, Walter X, 14
    Lombard Street 14
Banco Central 221
Banco da França 5
Banco dos Estados Unidos 53
Barnes, James 98
    campanha presidencial de 1896 98
Baum, Frank 61
    O Mágico de Oz 61
Belmont, August 72
Biddle, Nicholas 53
bimetalismo X, 109

bimetalismo internacional 130
Bland-Allison, Lei 64
Bolha de Mississippi 175
Bolívia 238
    hiperinflação 238
Borah, William E. 147
Boutwell, George 60
Brandt, Loren
    China, crise econômica 166
Brasil 175
    hiperinflações 175
Bretton Woods 227
    acordo 227
Bryan, William Jennings 95, 97
    A Primeira Batalha 114
    candidato presidencial 95
    carreira política 97

C

Cagan, Phillip 165
Caixa, saldos de 20
Califórnia 39
    inundação de ouro 39
Callaghan, James 191
Capie, Forrest 174
Cardenas, Lazaro 156
    México 156
    reforma monetária 156
Carolinas, ilhas 3
Casa da Moeda 51
Castro, Sergio de 218
Chang, Kia-ngau
    China
        inflação 144

Chang, P. H. Kevin
  China
    crise econômica 171
Chase, Salmon P. 54
Chiang Kai-shek 144, 158
Chile 215
  hiperinflação 219
China 156
  hiperinflação 144
cianeto para a extração de ouro 96
cigarros
  como moeda 14
cláusulas de correção 206
Clemenceau, Georges 237
Cleveland, Grover 98
Commager, Henry 100
commodities
  e a oferta de dinheiro 66
  e declínio de preço 105
  Guerra Civil 96
Comunidade do Carvão e do Aço de Schuman 226
congelamento de preços 219
contrato de empréstimo 205
crime de 1873 51, 58, 105
Crime de 1873. *Consulte* Lei de Cunhagem
Cunhagem, Lei de 237
cunhagem livre 51
custo
  do dinheiro 23

D

Darrow, Clarence 100
deflação 103, 104
  e a demanda por ouro 102
  e o movimento da prata 103
  e o processo de cianeto 103
deflação nominal
  e a ilusão do dinheiro 169
de Gaulle, Charles 21

reformas monetárias 21
demanda de prata 87
depreciação 174
desmonetização
  da prata 140, 144
dinheiro 9
  característica especial do 28
  conceito abstrato de 16
  demanda de 19–28
  denário 42
  dracma 42
  equação da quantidade de 36
  ilusão do 104
  oferta de 17–19
  utilidade do 22–24
dinheiro circulante
  certificados de prata 151
  dólares 51
dupla coincidência da permuta 22
du Pont, Pierre S. 240

E

Edgeworth 129
  padrão bimetálico 129
emprego
  e inflação 190
equação cruzada de Slutsky 92
Erhard, Ludwig 13
Estados Unidos
  políticas monetárias nos, 228–231

F

fábula do helicóptero 39
Federal Reserve 19
fei 3–5
Fetter, Frank 137
Fiat, sistema monetário 118
Filão de Comstock 39, 140
Fisher, Irving 37
Forrest, William 96
França

bimetalismo 119, 120, 136
cunhagem da prata 133
desmonetiza a prata 152
Fundo Monetário Internacional 117

G

governo
   e sistema monetário 41
Grande Depressão 157
grupo pró-prata 74
Guerra Civil 54
Guerra Civil Americana 185

H

Hamilton, Alexander 119
Hanna, Mark 99
Hetzel, Robert
   cura da inflação 208
hiperinflação
   Bolívia 238
   Brasil 183
   Chile 219
   China 173
   Hungria 178
   impressão de dinheiro 163
   Primeira Guerra Mundial 12
   reformas monetárias 184
   Revolução Russa 12
hiperinflação chinesa 173
Hong Kong 222
   unificado com a libra esterlina 221
   unificado com o dólar americano 221
Hume, David 28

I

Ilhas Carolinas 3
ilusão do dinheiro 172
indexação 129
Índia
   prata 157
   saída do padrão-ouro 157

inflação 176, 187, 213
   como fonte de renda 231
   cura para a 196–200
   e commodities 153
   e os comunistas 144, 165
   e Sistema Monetário Europeu 224
   lobby da agricultura 143
invasão japonesa 163
Israel 219
   e a inflação 236
   e o papel-moeda 232
   vinculado ao dólar americano 219
Iugoslávia
   inflação na 176

J

Jackson, Andrew 53, 54
Japão
   crescimento da produção no 177
   cura da inflação 210
   e o petróleo importado 187
   inflação 235

L

Law, John 175
legislação da prata 151
lei bancária de 1935 19
lei Bland-Allison 64, 65, 106
lei das tarifas 106
lei de 1934 150
lei de auxílio à agricultura 143, 148
lei de compra de prata 64, 106, 149
lei de cunhagem 50–52, 96
   alegação de suborno 58
   Linderman 59
   no Congresso 61
lei de Gresham 42, 52
lei de impostos federais 193
lei de Pittman 145
lei de reintegração 84, 96
lei do preço único 167

Linderman, H. R. 59

M

MacArthur, John S. 96
Marshall, Alfred 129
McKinley, William 95, 100
Mercado Comum
    crises de câmbio 223
    e União Monetária Europeia 236
    moeda única 225
    taxa inflacionária 236
metalismo 15
México
    e cunhagem da prata 156
moeda Continental 12
moeda corrente 11
moeda corrente da Constituição 105
Morgenthau, Henry 161

N

Newcomb, Simon 36
Nicarágua
    hiperinflação na 238

O

oferta de dinheiro
    inflação 66, 151
oferta e demanda 27–36
OPEC
    culpada pela hiperinflação 187
ouro vs prata 135

P

padrão bimetálico 51
    da França 122
Padrão bimetálico 56
    Fisher 126
    Hamilton 119
    Jevons 132
    Marshall 129
    Nicholson 131

Walker 111
Walras 125
padrão monometálico 135
Pânico bancário (1893) 72
Pânico bancário 1893 72
Pânico bancário (1933) 6
partido democrata
    padrão prata 147
Partido Greenback 105
petróleo importado
    e inflação 187
Pinochet 216
pleno emprego 190
poder de compra 193, 195, 199, 205, 209
políticas de desinflação 235
políticas monetárias 227–236
pontos de ouro 57
prata
    crescimento do dinheiro forte 143
    programa de compra de, 144
Prata, depreciação da 134
preço real da prata 81
primeira batalha 114
processo de cianeto 97

R

Rawski, Thomas
    estoque monetário chinês 166
Redish, Angela
    sobre o padrão-ouro 135
reforma monetária israelense 219
renda 20
Revolução Americana 11, 12
Robert W. 96
Roccas, Massimo 127
Rogers, James Harvey
    condições econômicas da China 161
Roma
    depreciação em, 43
Roosevelt, Franklin Delano 143
    legislações do New Deal 143

programa de compra de prata 239
Rússia
   hiperinflação 175

S

Salter, Sir Arthur
   condições econômicas na China 160
Sargent, Thomas 166
Schwartz, Anna 166
senhoriagem, taxa de 51
Seyd, Ernest
   desmonetização da prata 58
Sherman, John 60
sindicatos
   culpados pela inflação 176
sistema fiduciário 43, 44, 119
sistema monetário
   e governo 41
Sistema Monetário Europeu 222
   e inflação 224
sistema monetário fiat 118

T

taxa de câmbio 115
taxa de câmbio fixa 219
taxas de câmbio 57

U

União Europeia de Pagamentos 223
União Monetária Europeia
   e Mercado Comum 236
utilidade
   do dinheiro 22

W

Walker, Francis A. 111

Y

Yang, Liensheng 174
Yap
   dinheiro de pedra 15
Yeh, K. C. 166
Young, Arthur N. 160

Este livro foi impresso nas oficinas gráficas da Editora Vozes Ltda.,
Rua Frei Luís, 100 – Petrópolis, RJ.